当代高等教育改革与教学实践创新

周 亮 著

中国书籍出版社
China Book Press

图书在版编目（CIP）数据

当代高等教育改革与教学实践创新 / 周亮著 . -- 北京：中国书籍出版社，2024.5

ISBN 978-7-5068-9865-2

Ⅰ.①当… Ⅱ.①周… Ⅲ.①高等教育—教育改革—研究—中国 Ⅳ.① G649.21

中国国家版本馆 CIP 数据核字（2024）第 093269 号

当代高等教育改革与教学实践创新
周 亮 著

图书策划	成晓春
责任编辑	张 娇　成晓春
封面设计	博健文化
责任印制	孙马飞　马 芝
出版发行	中国书籍出版社
地　　址	北京市丰台区三路居路 97 号（邮编：100073）
电　　话	（010）52257143（总编室）（010）52257140（发行部）
电子邮箱	eo@chinabp.com.cn
经　　销	全国新华书店
印　　刷	天津和萱印刷有限公司
开　　本	710 毫米 ×1000 毫米　1/16
字　　数	263 千字
印　　张	14.5
版　　次	2024 年 8 月第 1 版
印　　次	2024 年 8 月第 1 次印刷
书　　号	ISBN 978-7-5068-9865-2
定　　价	92.00 元

版权所有　翻印必究

前　言

随着党和政府对教育事业的高度重视和投入加大，我国高等教育得到了快速发展，目前，我国已成为世界上高等教育在学人数最多的国家。因此如何树立以提高质量为核心的高等教育发展观，创新教育教学模式与方法，全面提升课程建设与完善体制改革，全面提高高校人才培养质量、科学研究水平、社会服务能力和文化传承创新能力，如何提高高等教育国际化水平与教育管理水平，带动高等教育质量全面提高，是新形势下高等教育面临的新挑战。

我国高等教育应从教育理念的改革入手，探索有利于创新教育的教学模式，加强科技创新能力建设，坚持产学研结合，加强创新文化建设，扩大高校对外开放，增加科技创新投资。高等教育要适应全球发展和时代变化，把立德树人融入思想道德教育、文化知识教育、社会实践教育各环节，加快形成更高水平的教育教学体系。

本书共分为七个章节。第一章为高等教育改革概述，主要从高等教育改革的背景与内涵、高等教育改革的特性与时代使命、高等教育改革的目标与现状、高等教育改革的实施路径四个方面展开论述；第二章为高等教育课程建设改革，主要围绕高等教育课程建设概况、高等教育课程建设问题、高等教育课程建设策略、国内在线课程建设研究四个方面展开论述；第三章为高等教育管理体制改革，依次介绍了高等教育管理体制改革的理论基础、高等教育管理体制改革的沿革与现状、发达国家高等教育管理体制改革的经验、高等教育管理体制改革的路径、高等教育管理信息化研究五个方面的内容；第四章为高等教育人才培养模式改革，依次介绍了高等教育人才培养任务、高等教育人才培养模式的构建、高等教育人才培养的改革策略三个方面的内容；第五章为高等教育质量管理改革，分为五部分内容，依次是高等教育质量建设的主体与体系、高等教育质量提升的路径、高等教育质量评估体系改革、高等教育质量监测体系研究、高等教育质量保障体系研究；第六章为高等教育教学实践体系，主要从高等教育教学计划管理、高等教育教学运行管理、高等教育教学管理制度三个方面展开研究；第七章为高等教育教学实践创新，依次介绍了高等教育教学创新的思路、高等教育教学方法创新、高等教育教学模式创新、高等教育教学文化创新四个方面的内容。

  本书在撰写的过程中，得到了许多专家学者的帮助和指导，参考借鉴教育改革研究同人的学术文献，在此表示真诚的感谢。由于作者水平有限，书中难免会有疏漏之处，希望广大同行及时指正。

周亮

2023 年 11 月

目 录

第一章 高等教育改革概述 ·· 1
  第一节 高等教育改革的背景与内涵 ······························ 1
  第二节 高等教育改革的特性与时代使命 ······················· 10
  第三节 高等教育改革的目标与现状 ····························· 15
  第四节 高等教育改革的实施路径 ································· 20

第二章 高等教育课程建设改革 ····································· 28
  第一节 高等教育课程建设概况 ···································· 28
  第二节 高等教育课程建设问题 ···································· 39
  第三节 高等教育课程建设策略 ···································· 42
  第四节 国内在线课程建设研究 ···································· 51

第三章 高等教育管理体制改革 ····································· 67
  第一节 高等教育管理体制改革的理论基础 ·················· 67
  第二节 高等教育管理体制改革的沿革与现状 ··············· 72
  第三节 发达国家高等教育管理体制改革的经验 ············ 80
  第四节 高等教育管理体制改革的路径 ························· 88
  第五节 高等教育管理信息化研究 ································ 93

第四章 高等教育人才培养模式改革·······99
  第一节 高等教育人才培养任务·······99
  第二节 高等教育人才培养模式的构建·······103
  第三节 高等教育人才培养的改革策略·······113

第五章 高等教育质量管理改革·······125
  第一节 高等教育质量建设的主体与体系·······125
  第二节 高等教育质量提升的路径·······139
  第三节 高等教育质量评估体系改革·······141
  第四节 高等教育质量监测体系研究·······151
  第五节 高等教育质量保障体系研究·······154

第六章 高等教育教学实践体系·······177
  第一节 高等教育教学计划管理·······177
  第二节 高等教育教学运行管理·······179
  第三节 高等教育教学管理制度·······183

第七章 高等教育教学实践创新·······187
  第一节 高等教育教学创新的思路·······187
  第二节 高等教育教学方法创新·······196
  第三节 高等教育教学模式创新·······201
  第四节 高等教育教学文化创新·······220

参考文献·······225

第一章 高等教育改革概述

本章为高等教育改革概述，主要从高等教育改革的背景与内涵、高等教育改革的特性与时代使命、高等教育改革的目标与现状、高等教育改革的实施路径四个方面展开论述。

第一节 高等教育改革的背景与内涵

一、高等教育改革的背景

随着我国经济的不断发展，传统产业在持续升级，新兴产业也在迅速崛起。这一现象标志着我国国内经济已经步入了新的常态，这种新常态不仅推动了各个产业的变革，也引发了社会各个领域的深刻转型。新常态下的经济转型对我国社会领域产生了深远影响。随着产业结构的优化，劳动力市场也面临着调整。一方面，新兴产业对人才的需求不断提高，对高素质、创新型人才的需求尤为旺盛；另一方面，传统产业的转型升级也对劳动力市场的培训和再教育提出了新的要求。与此同时，全球的科技和产业革命正在改变着世界的科技、经济与政治格局。要想适应这种快速变化的国内外环境，高等教育需要进行深刻的体制和机制改革，以更好地服务和支持国家的经济社会发展。同时，深化改革和创新发展也是高等教育工作者共同面临的任务。研究高等教育相关问题和具体策略对于适应时代发展需求、提高教育质量、推动高等教育事业发展至关重要。在新时代的背景下，高等教育应积极适应变革，不断探索创新，为培养更具竞争力的人才和促进国家繁荣发展做出贡献。

（一）高等教育深化改革面临的新背景

1. 全球新一轮科技和产业革命兴起

自21世纪伊始，科技发展日新月异，尤其在人工智能、信息技术等领域取得了显著突破。这些新技术的广泛应用，不仅催生了许多新兴行业，而且对世界产业结构产生了深远影响，引发了一系列变革。

科技和产业的关系越来越密切，相互依存、相互促进。不同学科和技术之间的交叉融合已经达到了前所未有的深度，二者之间的界限变得越来越模糊。这种深度融合为产业的发展带来了无限的可能。信息技术与制造业、服务业的深度融合，使得企业的经营范围得以不断扩大，推动了产业的升级和转型。这种融合使得产业之间的交融越来越紧密，打破了传统产业之间的界限。新兴产业形态不断涌现，与传统产业相互交错、融合发展。这些变化不仅体现在产业之间的交叉融合上，在单一产业内部表现更为显著。高新技术在产业领域的广泛应用为企业带来了更高的附加值。生产技术水平的提高大大提升了生产效率。在这个过程中，企业间的竞争也变得更加激烈。面对全球科技与产业发展的新形势，各国政府已经深刻认识到科技创新和高素质人才在国家发展中的核心作用。为了积极应对这一挑战，各国纷纷加大了科技研发投入，优化了人才培养机制，致力于培养一支具备国际竞争力的高素质人才队伍。在当前的背景下，我国高等教育必须进行改革，以适应社会发展的需要。同时，联合国教科文组织已经制订了《教育2030行动框架》，该框架对高级技术技能人才的培养提出了新的要求，以适应全球科技产业的发展趋势。因此，我国高等教育亟须进行适应性调整，以更好地满足经济社会发展的迫切需求，为国家繁荣昌盛提供有力的人才保障。

2. 新经济蓬勃发展，传统产业转型升级

全球科技和产业革命在全球化浪潮中不断涌现，中国作为世界经济的重要一环，也在这场变革中发挥着关键作用。中国的新经济形态迅猛发展，不断涌现出各种新的模式、业态、技术和产业。这些新经济力量不仅促进了全社会的消费升级，激发了社会经济的活力，而且优化了经济结构，为中国的持续发展注入了新的动力，有力地推动了高新技术的广泛应用。新经济的发展与科学技术的进步密切相关，创新能力在当前时代成为重要的竞争力，创新也成为推动社会经济发展的核心动力，同时，新经济的发展也引起了生产关系的重塑，改变了生产力的发

展路径和形态，构建了新的劳动、资本、商业和创新逻辑。这些变化和影响使得新经济与传统经济有着显著的差异。新技术的出现和应用改变了产业格局和商业模式，为传统产业提供了革新和升级的契机。在当今世界，不论是新经济的繁荣发展，还是传统产业的华丽转身，知识、技术和创新都无疑是推动这些变革的重要引擎。它们不仅为产业进步提供了源源不断的动力，更是成为现代社会经济发展的重要支柱。因此，人力资源作为承载这些要素的关键载体，已经逐渐成为现代产业经济中的核心要素。

高等教育机构作为培养这些高素质、复合型技术技能人才的重要摇篮，肩负着前所未有的重任。它们不仅要传授给学生丰富的理论知识，还要培养他们的实践能力、创新思维和团队协作精神。只有这样，才能为社会输送真正有用的人才，为国家的经济发展贡献力量。在我国经济发展步入新阶段的背景下，高等教育必然需要进行深度的调整和转变。这不仅包括教育模式的改革、课程内容的更新，还包括师资队伍的建设和教学方法的创新。只有这样，高等教育才能更好地适应国内社会经济形势的发展要求，为我国经济的持续发展提供有力的人才保障。

（二）高等教育深化改革面临的新挑战

1. 就业市场急剧变化

随着全球科技和产业革命的深入发展，经济格局和产业形态正在经历深刻的重塑。这一过程不仅给就业市场带来了巨大的机遇，也给就业市场带来了前所未有的挑战和变革。在我国，传统产业的转型升级与新经济的繁荣共同推动了就业市场的变化，就业结构和市场需求正面临着一场全面而深刻的调整。目前，就业市场呈现出三大新趋势。

第一，经济高质量发展使得就业市场对技能型人才需求增加。随着我国经济步入高质量发展阶段，对技能型人才的需求日益凸显，为人才市场注入了新的活力。创新、技术及知识成为推动新经济及传统产业发展的重要驱动力，为产业升级提供持续能量。特别是在新兴产业与传统产业中，高新技术的广泛应用，使得对具备先进知识和技术的人才需求迫切。高技能人才需求的快速增长，已成为推动经济社会发展的关键力量。在这样的背景下，高等教育需要紧跟市场需求的变化，加快创新发展的步伐，以培养适应新时代需求的高素质人才。高等教育应该调整课程设置、教学方法，加强实践教育和产学研合作，促进学生创新能力和实践能力的培养，以满足社会对高技能人才的需求。通过适应市场需求，高等教育可以更好地服务经济发展和产业升级，推动创新和技术进步，为经济高质量发展提供强有力的人才支持。这样的举措也有助于加速新经济和传统产业的转型升级，推动经济持续健康发展。

第二，职业细分的加剧和市场对综合素质的要求提高，具备跨界能力的人才将在职场中更具竞争优势。移动互联网的普及推动了数字化和信息化的进程，社会的需求也变得愈发多样化。这种变化催生了大量专业化的职业产生，如穿搭师、程序员等。这些新兴职业要求从业者具备专业技能，能够运用各种工具和技术解决问题，并提供符合客户需求的服务。然而，仅仅具备专业技能可能已经不够了。由于市场竞争的加剧，企业和雇主对员工的要求也越来越高。他们希望招聘到既有专业技能，又具备其他综合素质的人才。这些综合素质涵盖了沟通能力、团队合作能力、创新思维、问题解决能力、领导才能和良好的服务意识等。跨界人才具备在多个领域或专业领域之间流动和适应的能力。他们可能不仅擅长某一个领域，而是具备多个领域的知识和技能，能够在不同的职位和行业中灵活应对。这样的跨界人才在求职过程中更具竞争优势，因为他们能够为雇主提供更广泛的价值和灵活性。跨界人才能够适应多样化的工作需求，为企业带来更大的价值。因此，不仅要注重专业技能的发展，而且要不断提升综合素质，以保持竞争力和适应性。

第三，新兴行业人才需求量增加，而传统行业的就业机会竞争越发激烈。随着新经济的崛起和国家政策的支持，许多新兴行业如互联网、电子商务和物流等得到了迅速发展。这些行业的兴起打破了传统行业的格局，创造了更多的就业机会。这也导致了这些行业对人才的需求量大增。随着新兴行业的发展，人才供应和需求之间的平衡出现了失衡情况。在一些地区，特别是发展较为迅猛的地区，出现了人才供不应求的情况。这意味着新兴行业对于高素质、专业能力强的人才的需求无法得到满足。由于供需不平衡，新兴行业对于人才的竞争也变得更加激烈。相比之下，传统行业的情况较为不同。由于新兴行业的发展，一些传统行业的就业机会减少，导致传统行业的求职竞争愈发激烈。

2. 教育改革任务依旧繁重

首先，在教育技术方面，信息化教育已经成为现代教育发展的趋势，它在促进师生互动、激发学生学习兴趣以及减轻教师负担方面具有巨大潜力。然而，我国在教育技术方面仍存在不足，包括信息化教学水平不高、信息化建设水平较低等问题。提升教育技术水平，充分利用现代信息通信技术，对于提高高等教育的教学质量和学生的信息素养非常重要。

其次，在教育内容方面，随着科技的进步和产业的变革，各个学科门类的知识和信息不断涌现和演进。这些新知识和信息不仅仅是学科内部的发展，还涉及跨学科、交叉领域的研究成果。高等教育需要能够及时捕捉到这些新成果，并将其纳入教学内容中。否则，教育内容就会陈旧过时，无法满足社会和市场的需求。当前我国高等教育教材编订周期偏长，教材编写、选定和推广的过程较为烦琐，需要多个环节的协调和审查，导致时间周期较长。这样一来，教育内容就无法及时反映最新的学科发展动态。加快教育内容的更新和调整对于高等教育至关重要。只有保持教育内容的及时性和前瞻性，才能培养出符合社会和市场需求的高素质人才。同时，这也需要高等教育管理部门和政策制订者的支持和配合，简化教材编订流程，鼓励教师的创新和实践，以推动高等教育内容的快速更新，并适应社会发展的要求。

最后，在教育管理体制机制方面，随着我国高等教育的快速发展，管理体制机制的改革和创新势在必行。当前，政府职能转变不彻底、高校与市场之间关系不畅、教育管理中存在的政策冗余和制度僵化等问题亟待解决。同时，社会性力量在高等教育中的参与不足，导致教育供给与市场需求脱节。为推动高等教育创新发展，必须加强管理体制机制的改革。要更加注重市场需求和社会反馈，加强行业组织和企业的参与，以实现高等教育与市场的有效对接，同时，要进一步转变政府职能，理顺高校与市场的关系，优化教育管理政策，增强制度的灵活性和创新性。通过改革和创新高等教育的管理体制机制，可以有效激发社会各方参与高等教育的积极性，提高教育供给与市场需求之间的匹配度。这将有助于推动我国高等教育事业持续健康发展，为经济社会发展提供有力的人才保障和智力支持。

3. 教育环境复杂多元

一方面，互联网的普及带来了信息爆炸和知识碎片化的问题。青少年可以通过互联网接触到各种各样的信息，但信息质量和真实性难以保证。同时，社交媒体和网络平台导致的社会舆论和思潮的形成，影响着学生的价值观和思维方式。高等教育需要更加关注互联网时代的教育方式和内容，引导学生正确获取、评估和运用信息。另一方面，我国对外开放不断深化，民间经济和文化交流越来越频繁，西方文化元素传入我国也越来越多。这使得青少年的成长受到了不同文化的影响。高等教育需要意识到这种多元文化的影响，并尊重和包容多种文化观念，培养学生具备开放的国际视野和跨文化沟通的能力。

二、高等教育改革的内涵

改革，英文翻译为reform，在《现代汉语词典》中的释义为"把事物中旧的不合理的部分改成新的、能适应客观情况的过程"，例如：技术改革、经济体制改革、教育改革等。改革是政治、社会、文化、经济做出的改良革新，改革是指在现有的体制之内实行变革，是社会发展的强大动力。

变革，英文翻译为change，在汉语中指"改变事物的本质（多指社会制度）"，如社会变革。

改进，英文翻译为improvement，在汉语中指"改变旧有情况，使有所进步"，如改进工作。明确了改革、变革、改进、革新的基本含义，那么如何理解教育改革、教育变革、教育改进、教育革新的含义呢？

（一）教育变革

教育变革理论专家哈维洛克认为："教育变革就是教育现状所发生的任何有意义的转变。"[①] 这一界定中有三点是值得注意的：首先，教育变革意味着发生了有意义的改变。这种改变不仅仅是表面上的变化，而是教育实际状态从过去到现在产生了显著的根本性转变。其次，教育变革的标志是教育现状的实际变化。这意味着教育变革不仅仅是停留在理论层面或口头上的改变，而是要在实际的教育实践中产生显著的变化。这种变化涉及教育机构的运作方式、教学方法的改进、师生关系的调整等方方面面。只有当这些方面真正发生了实质性的变化，才能说教育发生了真正意义上的变革。无论人们有多么美好的想法，如果没有真正改变教育实践和机构的方式和方法，那么就不能称之为教育变革。教育理念需要通过实际行动来实现，只有在教育实践中产生了真正的变化，才能真正称之为教育变革。最后，教育变革是中性的，这代表着它本身并不是改进或进步。教育变革可能带来积极的影响，包括对教育质量的提升、学习成果的改善以及教学方法的创新。

---

① 鲁洁，冯建军，王建华，等.教育转型 理论、机制与建构[M].北京：教育科学出版社，2013：2.

这种积极的变化可以促进学生的学习效果，增强教育实践的有效性，提高教育体系的整体水平。然而，教育变革也可能带来消极的影响，导致教育倒退或引入一些不利于学生和教育系统的变化。这种消极的变化可能包括教育质量的下降、学习成果的恶化，以及教育体系的混乱等。这种情况下，教育变革并没有取得预期的效果，甚至可能给教育系统带来负面影响。

教育变革是一种长期的、渐进的变化，这意味着教育领域的变革并非短期内可以完成的一次性事件，而是需要经历长期持续的努力和逐步的改变。这种渐进性变化使得教育在历史长河中不断演变和发展，保持与时代发展同步，也是教育得以延续和进步的"基本法则"。

根据哈维洛克和古德的观点，教育变革可以分为两类：一是"有计划的教育变革"，指的是有明确变革目的、采用特定变革方案或策略推行的教育变革。有计划的教育变革通常是基于深思熟虑的决策和一系列计划，旨在应对教育系统中的现实问题或挑战。这些变革涉及政策调整、课程改革、教学方法创新、评估方式改进等方面，目的是提高教育质量和学生学习成果。高等教育改革、革新和改进等都属于这类变革；二是"自然的教育变革"，指的是没有明显目的性的变革，也没有专门变革方案和策略，这种变革更像是由于环境或其他因素的变化而自然发生的变化。自然的教育变革可能是对新需求或新情况的自主适应，也可能是根据教育从业者的经验和判断做出的调整。这种变革通常是根据实践和需求逐渐发展的，而非特定计划的结果，如学校规模根据人口变化自然缩小或扩大、教师根据情况随意调整教学方法等情况。古代的教育之所以演变成今天的现代教育，正是因为教育一直处于变革之中。这种变革的持续性和多样性使得教育能够适应不断变化的环境和需求，推动教育体系的不断发展和改进。

（二）教育改革

"所谓改革，即改旧、革新，通常指改变旧事物、旧制度。教育改革是指对落后的、不合理的教育状况，或教育思想、理论进行有计划、有目的的变革，使其获得预期的进步与发展的过程。"[①] 教育改革被认为是一项复杂而关键的议题。这些改革旨在应对教育体系中的挑战，提高教育质量并促进学生的学习成果。教

---

① 《现代教育理论》编委会.现代教育理论[M].郑州：河南人民出版社，2006：272.

育改革的深入研究不仅关注改革的实施，还探讨了改革的动机和目标。其中一些著作关注教育传统与改革之间的关系，探讨了改革可能面临的挑战和困难。另一些著作则从经济角度分析了教育改革与社会经济发展之间的复杂关系。这些著作的出现对于深化理解教育改革的原因、目标和实施方式起到了重要的推动作用，为教育政策制订者、教育工作者和研究者提供了有益的理论依据和实践指导，帮助他们更加系统地思考和推动教育改革进程。通过教育改革研究的不断深入，人们能够更好地认识到教育改革是一个复杂而多维的过程，需要全面考虑教育体系的各个方面以及社会、经济、文化等多个因素的相互作用。深入研究和理解教育改革对于推动教育发展、促进社会进步以及塑造未来的教育形式都具有重要意义。

不同学者和研究者对教育改革含义的理解会存在一定的差异。渐进论者强调教育改革是一个渐进的、持续的演变过程，是教育不断向前发展的必然路径。系统论者侧重于教育系统结构的调整和优化，将教育改革看作是整体教育系统功能的提升与优化。突变论者认为教育改革是通过某种突破性的变革来实现教育体系的根本性改进的过程，是一个质变过程。合理决策论者更注重教育决策的科学性和合理性，将教育改革理解为各种决策的合理化过程。这些看法各不相同，甚至有某种对立，但是也有某些共性。例如，都强调教育改革是一个过程，这说明了教育改革的时间周期性和计划程序性；再如，都强调教育改革的变革性质，或者是对结构功能的变革，或者是对决策的变革，或者是自然的渐进性的变革，或者是突发的飞跃性的变革。

因此，高等教育改革是一项有计划、有目的的行动，旨在改变落后的教育状况或教育思想，推动预期的进步与发展。其首要特性在于它是对未来的积极反映，通过改进不满意的现状、构建理想的教育体系，展现出改革的前瞻性和目标性。因此，高等教育改革绝非随意的行为，而是需要在科学的预测、规划和设计的基础上进行。与此同时，高等教育改革与高等教育政策的变化密切相关。这不仅仅是一种政策调整，更体现了政府对于教育变革的决心。具体来说，高等教育改革的推行往往伴随着国家或地方教育政策的调整与完善。与一般的教育变革和教育革新不同，高等教育改革是在政府的行政命令、政策文件、法律法规等框架下进行的，具有更为明显的行政色彩和强制力。值得注意的是，教育改革必须与国家政策保持一致，这样才能确保其目标的实现。因此，高等教育改革不仅需要关注教育领域本身的问题，还需要充分考虑国家整体发展的需要和政策导向。通过这样的方式，高等教育改革才能更好地服务于国家和社会的发展，为建设更加美好的未来做出贡献。

高等教育改革的目的在于改进现行高等教育体系的不足，消除其中的错误或瑕疵。关于改革的对象，学界存在不同观点。一种观点认为，改革应涵盖所有陈旧、不合理的方面，同时涵盖理论与实践两方面；另一种观点则主张，改革应主要聚焦于教育体制与课程规划。后者观点相较前者更被人们所认同。

（三）教育革新

尽管"教育革新"与"教育改革"是两个不同的概念，但许多重要组织或学者都对两者给予了几乎相同的界定。例如经济合作与发展组织（OECD）认为，"革新是一种按某种预期目标以改进实践的有意识的尝试"[1]。OECD 的文件还补充说，这个定义"也不排除与制订同旧的目标无关的新目标、新政策有关的革新"。波·达林（P.Dalin）也认为，"革新就是一种经深思熟虑的、旨在改进与既定目标相关的实践的尝试"[2]。不过，综观各种定义，还是迈尔斯（M.B.Miles）教授在《教育革新》一书中的界定最能反映这一新概念的特质，他认为"革新这个术语指的是深思熟虑的、新颖的、专门的变化，这种变化被认为在实现一个系统的目的方面更为灵验"[3]。这个定义有以下几点值得注意：首先，革新不是突发奇想，而是需要经过深入的研究和思考。革新是在专门的研究和实践基础上形成的，通过反复试验和调整，以提高系统目的的实现效果。革新的目的是更有效、更有针对性地实现一个系统的目标，使教育更加适应当下的社会需求和学生的发展需求。其次，革新是为实现更有效、更适应时代需求的改变，其本质是引入新的概念、技术、制度、标准、方法等。革新强调的是新颖性，即要有与传统不同的特点和特色。所以，高等教育革新这一概念更具专业的品质，更具科学的气息。不能随意把一项变革称为"革新"，就像我们不应该滥用"教育创新"这个概念一样。

关于高等教育革新的对象，学术界也有争论，有的认为革新的主要对象是管理学校和班级的方法，有的认为是课程和教学大纲。但在国际学术界获得更多认可的观点则认为，高等教育革新的对象是整个教育系统。从这个意义上说，高等

---

[1] 刘家访.教育原理[M].武汉：武汉大学出版社，2011：167.
[2] 东北师范大学网络教育学院组，郎志辉.当代教育改革 实践与反思[M].长春：东北师范大学出版社，2006：4.
[3] （美）汉森；冯大鸣等译.教育管理与组织行为[M].上海：上海教育出版社，1993：302.

教育革新的外延要比高等教育改革大。

（四）教育改进

教育改进是近年来才出现的概念，作为学术话语的"教育改进"一词大致起始于20世纪80年代。

关于教育改进有影响的定义，有学者认为教育改进不仅仅是一次性的变革，而是为了改善学校的教学条件，提高教育的质量，以更好地实现教育目标的一个有组织、全面的过程。从这一定义中，我们可以引申出以下思考：第一，教育改进关注的是教育发展。在教育变革的文献中，组织发展（Organization Development，简称OD）常被列于其中。所谓组织发展就是提升组织在不断变化环境里的学习与适应能力的过程。从教育发展的视角看教育变革，这是一个新的变化，它不仅重视变革这一过程本身，更重视实施变革组织的能力建设，这较过去是一大进步。第二，高等教育改进的目的是促进学校的整体变革。学校改进概念融入了系统思维，它既注重学校变革的系统性（它涉及学校文化、人事、财政、制度、课程、教学等方面），还注重学校变革的持续性，对外部环境变化保持敏感的反应和动态的适应。

关于高等教育改进的方式，学术界存在一定的争论，一种观点认为高等教育改进应该是在既定目标范围内不改变基本价值观和目标的情况下所进行的变革，另一种观点认为高等教育改进的重点在于改变既定目标和假设。目前，被广为认同的观点是：学校的环境正在迅速改变，学校的目标不应僵化不变，学校应该在各个方面持续发展，以适应不断变化的环境。

第二节 高等教育改革的特性与时代使命

一、高等教育改革的特性

（一）高等教育改革的社会制约性

高等教育改革作为社会体系的关键环节。高等教育改革往往受到社会宏观环境变迁的影响，是对社会变革的回应。因此，高等教育改革既对我国社会产生影响,又受到社会的制约在现代国家,高等教育被视为应对社会变革挑战的重要手段。因此,随着社会发展,高等教育需相应变革与调整。

21世纪全球社会面临新的挑战并表现出新的特征,如人们更加关注科技的实际应用和效益,而忽视了一些传统的价值观;又如,经济全球化导致了全球利益格局的重组,不同国家和地区的利益关系开始发生了变化再如,价值多元化导致不同文化之间的对抗和冲突,这可能会给全球社会带来一定程度的紧张局势。此外,现代信息技术的发展创造了第二生存空间,即人们在虚拟网络世界中的生活和活动,这也对社会产生了一系列影响。学习化社会导致高等教育体系出现了一系列变化。

种种变革使得人们开始对传统教育传授方式及其内容产生质疑,与此同时,网络教育等新型教育模式对传统学校教育提出了挑战。为应对现代社会所提出的各项挑战,人们对高校课程设置与教学模式提出了改革要求,传统的教育方式及手段也需作出相应的调整。这些变革对高等教育的知识体系产生了深远影响,为满足多元化的社会需求,高等教育要进一步加强实现市场化、自由化的改革。

(二)高等教育改革的文化连续性

高等教育改革作为全球社会变革的一部分,虽然在各国之间存在诸多差异,但受到文化多样性的影响,表现出强烈的文化连续性。

从全球范围来看,高等教育改革似乎具有一种特征:属于同一文化圈的国家,尽管其政治制度各不相同,但高等教育改革可能呈现出许多相似之处。这种现象可以解释为,文化作为一种共享的价值观念和行为规范,对高等教育改革产生了深远的影响。政治制度或许可以改变,但文化传统却难以割裂。因此,在同一文化圈内的国家中,高等教育改革往往会遵循相似的路径。然而,即便在政治和经济制度相似的国家中,其高等教育改革的路径也存在差异。这主要是因为,高等教育改革并非仅仅受政治和经济因素的影响,还受到文化传统、社会习俗等多种因素的制约。由于文化背景的不同,高等教育改革的具体措施和实施效果也会有所差异。这就是高等教育改革所体现的文化连续性。

(三)高等教育改革的相互借鉴性

在各国进行高等教育改革的过程中,各自的社会文化因素无疑对其产生了深远影响。然而，全球范围内的高等教育改革却呈现出相互关联、彼此借鉴的态势。这不仅推动了全球教育事业的持续发展，还促进了各国教育的共同进步。

第三次教育改革，起源于20世纪60年代末70年代初，这是一次全球性的教育思想革新。此次改革的核心理念之一便是"重视个性"。个性教育思想，强调尊重和发掘每个人的独特性，以实现个体的全面发展，是欧美国家教育思想的结晶。在我国，教育部门不仅注重团体精神的文化传统，而且认识到了个性教育的重要性，并在一定程度上借鉴了欧美国家的教育理念。这种借鉴并非全盘接收，而是在保留我国优秀传统文化的基础上，结合现实需求，对欧美教育理念进行创新性转化。在东方国家，尤其是我国，教育体系注重道德、智慧和技能的全面发展，强调学生的综合素质。这种教育理念在一定程度上弥补了西方教育过于注重专业知识、忽视人文素养的不足。因此，西方国家也可以就高等教育的改革向东方国家学习。正是基于这种认识，全球教育开始走向相互交流、相互学习的发展道路。

（四）高等教育改革的先进性

一般来说，高等教育改革都要使高等教育取得进步和发展。如果不能，那么这种改革是徒劳无益的。事实上，它也不能算作改革。但是，先进性并不是没有限度的，超越现实越远越好，它也包含一定程度的要求，即从实际出发，高等教育改革必须使被改革的对象在质与量上有实质性变化，既能使改革达到尽可能好的效果，而又不是不切实际、远不可及、缺乏可行性的。高等教育改革的进步性可以表现在不同层次，改革有助于全面提升教育质量，从而使整个国家的人才培养水平迈上新的台阶。具体到教育教学的各个环节，改革可以促使教学方法不断优化。

（五）高等教育改革的创造性

任何一种改革都是创新，用新的、先进的事物代替旧的、落后的事物。高等教育改革也是一个探索、创新的过程，同样应具有创造性，需要经过创造性试验来证明其新思想、新理论的有效性和可行性，否则高等教育改革是不可能发生的。高等教育改革的创造性体现在多个方面，如高等教育改革的创造性体现在对教育价值、教学方法等方面进行的深刻理论反思和更新；又如，高等教育改革的创造性还体现在采用最新的教育理论和实践经验指导改革;再如,高等教育改革的创造性体现在明晰和勇于设定未来发展的高远目标;此外,高等教育改革的创造性体现在针对长期发展规划和整体战略,采取具有前瞻性和全局性的改革措施等多方面。

(六)高等教育改革的系统性

高等教育是由各种要素组成的一个小系统,也是社会系统的一个有机组成部分。高等教育改革必然涉及教育系统内部各个要素的改革以及其他社会系统改革。这种系统性对高等教育内部而言,在横向上表现为各种因素的协调一致,在纵向上表现为各个环节、各种方略的紧密联系和统一两方面。无论是某一教学法的单项改革,还是学制、课程和教法的整体改革,都要以系统的理论与方法作基础。对教育外部而言,高等教育改革与有关的各项社会改革要配合一致,缺乏相应的配套改革,高等教育改革将难以取得成功。因此,在推进高等教育改革的过程中,必须重视配套改革的同步实施。例如高校毕业生分配制度的改革,首先要改革国家统包统分的制度,让大学生自谋职业;还必须配以劳动人事制度的改革、人才使用与管理制度的改革等。如果没有这些配套改革,单独进行分配制度改革是行不通的,即使强制执行,也会产生不良后果。所以不注意高等教育改革的系统性,就不可能达到预期的改革目标。

(七)高等教育改革的科学性

高等教育改革是一项极其复杂和富有创造性的社会实践活动,所涉及的问题、理论和技术很复杂,不容易被掌握和运用。因此,高等教育改革必须具有科学性,其科学性表现为高等教育改革决策的科学性、方案设计的科学性、实施过程的科学性和评价的科学性等。决策上的科学性,表现在对高等教育改革各种条件估计的充分性和教育改革结果预测的准确性、高等教育改革领导与管理的科学性等方面;方案设计的科学性,表现在高等教育改革各项因素的调配一致、功能的协调统一,具有严格的科学论证,设计方案的语言文字表述规范、准确等方面;科学论证严谨,语言文字精准无误,设计方案表述规范;评价的科学性关注评价结果的有效性、正确性,以及评价资料的客观性、准确性;实施过程的科学性,具体体现在创新、逻辑、灵活与有序等方面。

二、高等教育深化改革的时代性使命

（一）高等教育变革是历史发展之必然

适应性作为一个组织健康与有效的重要特质，充分展现了组织在时代发展进程中的自我完善与变革需求。在急剧动荡的时代背景下，组织变革成为维系生存的必然选择。人们对于变化的持续性与不可抗拒性有了更为深刻的认识，这进一步推动了教育历史中诸多变革的发生。这些变革充分证明，学校组织具备自发应对环境变化的强大能力。

高校作为社会重要的组织力量，应当具备应对时代变迁的敏锐性和引领变革的魄力。然而，对于那些未能深入理解历史进程或无法认同变革合理性的高校，可能会将变革视为盲目的追随，对改革产生误解。因此，在深化高等教育改革的过程中，人们必须理性看待改革的必然性和正当性，深刻认识到社会发展与高教改革之间的内在联系，从而更好地肩负起传承文明、引领社会进步的崇高使命。

（二）在高教改革与时代变革中探索变革规律

高等教育改革要遵循自身的规律。人们需要尊重客观规律，并根据实际情况有目的地运用规律于实践。教育改革是一个非线性的螺旋上升过程，政策效力会随时间变化。为确保平稳过渡，人们需要探索改革的历史性和周期性规律，并辅以适当的政策措施。

首先，了解高等教育改革的周期性规律需要考虑教育活动的历时性。改革不可急于求成，因为其是一个需要时间沉淀的过程。人们不应草率地将过去教育否定，而要正视文化特征，尊重历史传统。因此高等教育改革需兼顾现实条件和历史传统。然而，近年来的教育改革可能过于片面，忽略了质量，一味追求时间效益。改革者未充分考虑到强行打破规律可能带来的后果。

其次，在分析政策时间特征时，要考虑政策的时间节点和时效性。政策失效分为早期、偶然和耗损失效三个阶段。在早期阶段，决策者应深入剖析，而非仅看失效率。在耗损失效阶段，失效数量对揭示政策程序有决定性意义。为降低早期失效率，需深入研究周期效应和过渡期的辅助政策。把握发展规律有助于理解改革措施与实践结果的关系，对高等教育改革和社会转型有重要意义。

（三）在高教改革与时代变革中明确历史使命

高等教育改革的政治使命是培养符合国家发展需要且具有政治责任感的人才。高校作为主要的人才培养场所，与个人的发展密切相关。高等教育的政治使命还体现在关注公民平等受教育权利的实现，并引导人才进行学术追求和承担社会责任。自大学教育制度确立以来，高校一直站在人类思想进步的前沿，如北京大学发起的"五四运动"，开启了中国现代民主政治的先河，为政治文明和社会进步做出了重要贡献。

高等教育改革肩负着推动社会进步与个人发展的双重职责，这是其应有的社会担当。高等教育改革始终致力于培养具有独立精神与创新能力的个体，强调以人的发展为根本，关注个体生产能力的提升，同时关注个体道德素养的培育。这种以人为本的高等教育改革理念既契合多样化个性发展的需求，又追求人的全面发展，体现了人文精神与知识体系的融合，兼顾了人的社会化与时代精神相结合的发展诉求。

大学应深入挖掘社会真实需求，而非仅停留在满足社会期望的层面。高等教育的改革应当始终致力于推动社会文化的进步，并引领社会文化的潮流。在传承历史文化传统的基础上，高等教育应不断创新，以适应时代的发展和社会的变革。这不仅是教育在人类社会发展中的重要使命，也是高等教育改革的必然要求。

为确保高校能专注于科研与教学工作，我国政府对其提供了强有力的技术和经济支持。经济社会的回报方式在于将文化知识与科学技术转化为生产力，通过培养契合社会需求的人才，推动经济领域的技术创新，持续激发经济发展活力，实现社会经济的可持续发展。这一点不应被片面地理解为仅为经济建设服务。事实上，这也是高等教育改革所承担的经济责任。

第三节　高等教育改革的目标与现状

一、高等教育改革的目标

（一）建设优秀大学效应

高等教育改革不是为了高等的教育而是为了改革而改革。我们需要世界一流大学，改革的目的也是建成世界一流大学，很多"985大学"也大力宣传世界一流大学建设的成就，但真实的改革结果却不尽如人意。尽管在硬件设施和科研成果数量等方面，部分"985工程高校"接近"世界一流大学"的水平，但在杰出人才培养和学术创新方面，仍存在一定的差距。在这个背景下，我国高等教育改革亟待明确真正的改革目标，凝聚新的共识。此外，高等教育改革不能仅迎合外部评价指标或侧重硬件设施建设，而应坚守高等教育内在逻辑。

高等教育体制需要展开深入且全面的改革，而不仅仅是采取一些表面的改革措施。当前，高等教育体制中存在诸多问题亟待解决，改革刻不容缓。人创建了体制，体制需要人去不断完善和突破。只有这样，高等教育体制才能朝着更好的方向发展。高等教育发展水平与我国近年来迅速崛起的经济水平不相匹配，亟须加速推进高等教育改革。仅仅服务于政治目的或单纯迎合经济社会的发展需求，高等教育改革无法取得显著成果。如果要想取得满意的结果，那么在进行高等教育改革过程中，必须遵循大学的自治和学术自由这一重要指导原则。只有坚守这一法则，高等教育才能实现健康、全面的发展。因此，高等教育改革的出路不仅在于增加更多的改革措施或简单更新现有的改革方案，更应直面高等教育体制中的问题，并采取深层次、全面性的改革举措。

（二）促进社会软环境形成

近年来，我国高等教育界呈现出一种以行政级别为引导的改革趋势。这一变革导致大学内部的各个层面被划分为不同的级别。尽管以这些级别为导向的改革初衷可能是积极的，但仅仅通过行政级别或其他类似标准来衡量大学的重要性是有局限性的。大学的价值和学术意义无法完全通过行政级别来体现。过度依赖行政级别来评估大学可能会低估它们在社会中的重要地位和作用。长期以来，我国高等教育改革重视数量增长和表面变化，但缺乏实质性改变。

政治制度与大学制度之间的关系密切，前者会对后者产生深远影响。在一个国家的高等教育体系中，政治体制的性质与特点会直接反映在大学体制的运行与发展上。而高等教育的质量，则是衡量一个国家高等教育水平的重要指标，它关乎国家未来的科技、文化、经济等领域的发展。因此，政治制度与高等教育质量之间的关系不容忽视。在我国，高等教育改革受到政治体制改革的影响和制约。

政治体制改革的深度和广度，直接影响着高等教育改革的速度和效果。现代化政治体制的建立是实现高等教育现代化的关键，只有实现这一目标，才能为高等教育质量的提升提供有力保障。然而，如果没有根本性的政治体制改革，我国的高等教育改革和发展将难以取得实质性突破。即便在短期内涌现出几位杰出或获得诺贝尔奖的人才，也无法从根本上改变我国大学在国际一流大学中的相对薄弱地位。这种处境不仅影响我国高等教育的国际声誉，也无法证明我国已成为世界高等教育强国。要实现我国高等教育的跨越式发展，就要在政治体制改革方面取得突破。

阿西莫格鲁提出了两种制度概念：包容性制度和汲取性制度。在包容性制度下，经济增长的成果广泛惠及社会全体，人们的利益与行为相互匹配。然而，在汲取性制度下，经济增长的利益主要由特定群体享有，少数人占据大部分人的利益。自20世纪70年代以来，我国高等教育改革的基本框架可理解为"汲取性"制度。尽管重点建设在短期内取得了局部成功，但从长远角度看，这种方式掩盖了整体性问题。由于政府设计的重点建设制度存在缺陷，高等教育领域出现了寻租现象。因此，有必要重启改革，以促进社会软环境的形成，建立包容性制度与治理体系，同时，避免低水平大学制度与"特殊利益集团"的"锁定"。

二、高等教育改革的现状

（一）高等教育改革的政策支持现状

现代社会普遍依赖改革来推动发展，教育领域也不例外。自20世纪80年代以来，全球范围内的教育改革如同一场"政策流行病"。尽管改革在不同的社会和政治环境中存在差异，但各国的改革效果却具有惊人的相似之处。在中国，高等教育的发展与改革紧密相连，无法分清哪些是改革，哪些是发展，两者始终相伴相随。由于改革的频繁和广泛化，现代社会对改革产生了依赖，被称为改革的时代。

教育改革与发展，两者之间的关系并非简单的因果关系，而是复杂且多元的关系。它们相互独立，又相互依赖，形成了一种微妙的平衡。教育改革，从根本上来说，是为了推动发展，而发展的目标又反过来指导改革的方向。但改革并非总是能带来发展，有时候，没有改革的推动，发展也能悄然发生。这其中的关键，在于为何要进行改革，以及选择何种改革方式。教育改革常常涉及多个目标，具有多重性和不确定性。它可能源自一个微小的改变，却能引发一系列的连锁反应，带来意想不到的结果。而发展，则更像是一条确定的道路，有明确的目标和预期的结果。高等教育在此背景下，既要积极寻求创新，以应对社会的快速变化和科技的发展，又要保持稳定，确保教育的质量和学生能得到全面的教育。这需要高等教育在变革与保守、稳定和创新之间找到最佳的平衡点。

依据我国教育部《关于2013年深化教育领域综合改革的意见》，我国教育改革已步入关键阶段与深层次领域。然而，若以经济改革为参照，我国高等教育改革尚未触及实质性问题。《高等教育法》在高校办学自主权方面取得了一定突破，但实施过程中面临诸多困难。2010年颁布的《国家中长期教育改革和发展规划纲要（2010—2020年）》以及十八届三中全会提出了"全面改革六十条"。2017年，教育部等部门联合印发了《关于深化高等教育领域简政放权放管结合优化服务改革的若干意见》（以下简称《意见》），明确提出"破除束缚高等教育改革发展的体制机制障碍，进一步向地方和高校放权，给高校松绑减负、简除烦苛，让学校拥有更大办学自主权，激发广大教学科研人员教书育人、干事创业的积极性和主动性，培养符合社会主义现代化建设需要的各类创新人才，培育国际竞争新优势。"[①]2022年，教育部发布《教育部关于推进新时代普通高等学校学历继续教育改革的实施意见》。2023年由教育部会同多部委印发《普通高等教育学科专业设置调整优化改革方案》，这些政策文件的出台为我国高等教育改革提供了政策支持。

（二）高等教育"放管服"改革现状

2017年3月31日教育部等五部门颁布了《关于深化高等教育领域简政放权放管结合优化服务改革的若干意见》[②]，标志着高等教育领域的"放管服"改革正式启动。这一改革的目的是通过优化服务、放管结合和简政放权，提升人民群众对高等教育的满意度，切实办好高等教育。具体来说，此项改革将高校的自主办学权下放给地方政府和高校，同时要求关注高等教育的教师职称评审机制、内部

---

① 教育部.加快推进高等教育领域"放管服"改革[EB/OL].（2017-04-06）[2024-01-15].http://www.moe.gov.cn/jyb_xwfb/s271/201704/t20170406_301996.html.
② 教育部等五部门关于深化高等教育领域简政放权放管结合优化服务改革的若干意见[EB/OL].（2017-04-06）[2024-01-15].http://www.moe.gov.cn/srcsite/A02/s7049/201704/t20170405_301912.html.

治理、经费使用、薪酬分配制度、学科专业设置机制、人员管理、监管优化服务、编制及岗位管理制度等八个方面。然而，实施这一改革过程中也面临一些困境。

首先，在认知上可能存在渐进式改革与激进式改革冲突、碎片化改革与整体性改革冲突、数量速度与质量效益冲突等困境。渐进式改革与激进式改革之间的冲突意味着在推动变革时需要平衡改革的节奏和步调，确保改革的稳妥进行。碎片化改革与整体性改革之间的冲突可能表明需要考虑改革举措的整体效果和协同作用，而非单一、孤立的改革动作。另外，数量速度与质量效益的冲突可能要求在改革过程中注重质量和效益，并确保数量和速度的增长与质量的提升相衔接。

其次，在机制层面上，"放管服"改革可能面临政策供给的过快和过多，这可能会导致实际操作中的混乱和难以有效贯彻。因此，需要在政策供给方面进行合理安排，确保改革政策的有序实施和相互配套。

最后，在实施上可能会面临一些问题，包括缺乏统一标准的放权口径、放权范围不一致、放权承接不够有效等问题，同时高等教育服务意识不强、服务职能泛化、服务机制缺失等问题也会产生。高等教育简政放权面临的问题非常现实。缺乏统一的放权标准和有效的放权承接制度可能导致放权过程中的混乱和不确定性。此外，高等教育服务职能的泛化和机制的缺失可能会影响到服务质量和效果，因此需要重视服务职能的培育和机制建设。

为解决这些困境，需要在推进改革的过程中注重协调渐进和整体性的关系，明确放权的标准和范围，并加强对服务职能的培育和建设。另外，改革的政策供给也需要有序进行，避免政策因为供给过快、过多和混乱而导致无序的局面。总的来说，"放管服"改革推进对于促进高等教育发展具有积极的意义，但在具体实施过程中需要克服相应的困境和挑战，以提升高等教育的质量和效益。

（三）高等教育评价体制改革现状

伴随着我国社会经济的迅猛发展，对高等教育品质及效益的需求日益凸显，由此，高等教育评价体系的优化与提升显得尤为关键。因此，应在深化高等教育评价体系改革方面持续发力。我国对高等教育的评价主要涵盖了政府评价、院系评价、非政府组织评价、国际评价和学校评价等多个层面，这种多元化和多层级的评价方式有助于深入全面地了解高等教育的状况和问题，为针对性改进提供参考和依据。

现阶段，我国高等教育评价体制改革的典型特点主要体现在以下几个方面：首先，非政府组织评价机构逐渐建立；其次，评价主体之间的责任界限明确；第三，评价主体呈现多元化。近年来，我国高等教育评价体系不断完善，评价主体日益多样化，这无疑为全面了解高等教育的各个层面和细节提供了有力保障。多样化的评价主体带来了不同的视角和方法，有助于更加全面、深入地审视高等教育的发展状况，从而找出问题、改进措施，推动高等教育的持续发展。然而，在评价过程中，评价主体之间的责任界限明确、各自承担相应的评价职责，这有利于形成协同合作的评价体系。但同时，也要关注评价组织与政府之间的关系。如果这种关系处理不当，政府的过度干预可能会导致评价的客观性和公正性受到威胁。政府的干预可能会使评价过程受到影响，甚至导致评价结果与实际情况不符。这种现象不仅会影响评价的公正性，还会对高等教育的健康发展产生不良影响。

第四节　高等教育改革的实施路径

一、高等教育教学质量保障制度的顶层设计

（一）确保高校教育资源的制度安排

高校的制度设计是一项复杂而重要的任务，需要综合考虑多方因素。首先，应根据学校现有资源的现状和分布情况进行顶层设计，以确保制订的目标和具体制度安排能够与学校实际情况相匹配。此外，还需要充分考虑专业设置的需求、社区对学校的期望以及各类利益相关者的诉求，以确保制度设计与外部环境紧密契合。在进行教学资源分析时，需要深入剖析师资结构的合理性与优劣势、学生的整体素质与学习能力水平、管理者所秉持的理念与规划实力，还有校园的文化氛围及设施设备的先进性。特别需要关注的是对师资力量和管理者价值理念等重要资源的全面认知，并且明确其在教学质量提升中所扮演的决定性角色，同时，也不能忽视次要资源在某些情况下对教学产生巨大促进作用的潜力，因此需要在制度设计中妥善对待这些潜在的次要资源。

综上所述，高校在进行制度设计时，需深刻理解并充分利用各类资源，使它

们在教学中发挥最大作用，要全面考量资源的多样性、相互关联性以及在特定环境下的潜在影响力，以确保所制订的制度能够最大程度地推动教学的发展与提升。

（二）促进教学体系设计的制度优化

高等教育的教学工作依赖于丰富的教学资源，这是开展教学的基本前提。想象一下，如果教室里没有教科书、课件、实验器材等教学资料，教师如何向学生传授知识？因此，教学资源的重要性不言而喻。然而，资源的丰富只是教学工作顺利展开的必要条件，而非充分条件。换句话说，仅仅拥有丰富的教学资源是不够的，还需要建立健全的教学制度，才能确保教学过程的顺利进行。教学制度规定了教学的目标、流程、评价标准等核心问题，为教学工作提供了明确的指导。

在建立教学系统时，应注重制度化。高校管理者在制订规章制度时，需采用人性化的管理方式，为教师提供足够的资源支持，激励他们勇于创新，同时，考虑到学校的发展方向，使教师在更新教材和优化知识结构的过程中，能够遵循教学大纲来设计课程。这样能够确保教学的系统性和连贯性，同时激发教师的创造力，推动学校的持续发展。

对教学管理体制进行全面的优化。高校应以科学的管理和创新的体制为核心，充分挖掘大学的发展潜力，同时，确保各项规章制度之间的内在逻辑性，通过有效的激励措施来提升教师和学生的积极性，进一步强化教学管理水平。

（三）探究教育教学发展的制度创新

现代化教学保障制度的顶层设计是我国高校教育教学质量提升的有力支撑与坚实后盾。在当今信息化社会，教育行业正面临着前所未有的挑战，而教学保障制度的创新成为应对这些挑战的关键。制度创新不仅是教学发展的生命力所在，更是推动教育教学质量全面提升的有力保障。

首先，现代化教学保障制度的顶层设计应注重教育教学理念的更新。教育部门应把握时代发展趋势，立足我国实际情况，树立以人为本、以学生为中心的教育理念，将先进的教育思想贯穿于教育教学的全过程。

其次，教学保障制度应着重推进教学内容、方法与手段的改革。鼓励教师采用创新性教学方法，提高课堂教学质量，注重培养学生的实践能力、创新能力和综合素质。同时，充分利用现代信息技术，推进线上线下相结合的混合式教学，以满足学生个性化学习需求。

再者，教学保障制度要健全教学质量监控与评价体系。建立科学、合理、有效的教学质量评价标准，完善学生、教师、教学管理等多层面的评价机制，确保教学质量的持续提升。

此外，教学保障制度还需关注教师队伍建设。加强教师培训，提高教师的教育教学水平，激励教师积极参与教育教学改革，发挥其在提高教育教学质量中的关键作用。

最后，现代化教学保障制度应强化政策落实与执行力。各级教育部门和高校要高度重视教学保障制度的实施，加大政策宣传力度，确保各项改革举措落地生根。

总之，我国高校应立足现代化教学保障制度的顶层设计，不断推进教育教学质量的提升。通过制度创新，激发教学发展活力，为培养德智体美全面发展的人才奠定坚实基础。

二、着眼于多方协同模式保障机制构建

（一）综合化的高校人才培养评价监测机制

全面而深入地理解高等教育人才培养质量的实质，是提高高等教育人才培养质量的基本任务和关键制度保障。然而，教育者质量的评价具有主观性和抽象性，人才培养质量问题具有复杂性，因此难以实施具体的评价和监测操作。研究机构发布的大学排名等成果公信力不足，政府主管部门组织的评估工作易受行政化质疑，高等学校自我评价和主动监测的积极性不足，导致我国高等教育人才培养质量的评价与监控工作陷入困境。

借鉴国外高等教育质量评估与监控的成功经验，结合协同创新理念，构建评价主体以及涵盖多维指标的评价对象和多元标准的评价手段，是一种非常值得尝试的新路径。通过在政府支持下吸纳科研院所、企事业单位等高等教育服务"消费者"的参与，可以有效实现多方共同参与高校人才培养质量评估与监控工作，减少主观因素的干扰，提高评价的客观性和公信力。此外，由知名第三方中介组织牵头组织评估工作，也有助于提高评价的专业性和权威性。针对评价对象涉及

多维指标和多元标准的评价模式，可以更全面地评估学生在知识技能、交往能力、情感与价值观、动手能力与创造性等方面的能力，促进学生全面素质的培养。采用抽样测试、实地考察等综合化评价手段，也有助于获取更全面、准确的评价信息。如果经过实践证明该评估模式具有可操作性和科学性，那么可以进一步完善并在更大范围内进行试验和推广，形成更科学合理的高校人才培养质量评估模式，为高等教育质量的提升和持续改进提供有力支持。这种探索和尝试符合高等教育质量评估和监控工作的发展趋势，也有助于提高高校人才培养的质量和水平。

（二）建立跨越高校组织边界的资源共享机制

高等教育作为社会公益事业，投入巨大。在我国"穷国办大教育"的现实背景下，高校面临着教育资源短缺的困境。为应对此问题，高校可与外部合作伙伴展开深度协作，实现资源共享。协同创新为跨组织共享优质教育资源提供了新的模式与路径。高校可根据经济社会需求、人才培养规划和科研项目，与科研机构、企业、其他高校、政府乃至国际社会展开深入合作，实现互惠互利。这种合作关系有助于缓解资源短缺问题，推动人才培养和科研项目的顺利进行，并促进双方共同成长。通过项目合作，高校可与合作伙伴建立长期稳定的关系，共享优质资源，提升人才培养质量。

构建资源共享机制，初衷并非仅仅是解决资源的均衡分配问题，其更深层次的目标在于高效利用这些共享资源。在资源短缺的背景下，共享作为一种应对手段，其真正目标在于最大限度地利用共享资源，实现资源价值的最大化。深度资源共享是实现资源共享机制的关键，意味着合作伙伴单位的优质资源能够切实为高校的科研、教学及社会服务提供有力支持。这种支持不仅能够提升高校的教育质量，提高教学效果，还能够推动科研创新，促进社会服务的发展。在这个过程中，共享资源得到了实际的应用，其实际效能得到了充分发挥。

在现代社会，高等院校作为培养人才的重要基地，承担着推动社会发展的重要责任。为了更好地发挥高校的作用，构建高效、公平、共享的资源体系显得尤为重要。在实施资源共享策略的过程中，高等院校应以实现实质性共享为目标，避免形式主义、虚假宣传和表面工作作风。

首先，实质性共享要求高校在开展对外合作与资源共享活动中，要杜绝流于形式。这意味着院校间的合作应建立在真诚、务实的基础上，充分整合各方的优势资源,实现资源的优化配置。在这个过程中,高校要摒弃虚假宣传和表面工作,以实际行动推动资源共享,让广大学子受益。

其次,实质性共享要求高校充分利用所有可共享的优质资源。这些资源包括但不限于教育教学资源、科研活动资源以及社会服务资源。通过共享优质资源,高校可以提高教育教学质量,促进科研创新,为社会发展提供有力支持。此外,实质性共享还能促进高校间的交流与合作,提高整体教育水平。

再次,实质性共享要求高校将资源广泛应用于实际工作中。这意味着资源不仅要用于宣传或申报材料,还要在人才培养和科研工作中发挥实际效益。通过这种方式,高校可以实现有针对性的特定目标,为社会发展培养更多优秀人才。

最后,实质性共享有助于提高高校的竞争力。在资源共享的基础上,高校可以充分发挥各自的优势,提高教育质量和科研水平,从而在激烈的竞争中脱颖而出。同时,实质性共享也有利于提高高校的知名度,吸引更多优秀的学生和教师加入。

总之,高等院校在构建、规划及实施资源共享策略的过程中,应以实现实质性共享为目标。通过杜绝形式主义、虚假宣传和表面工作,充分让优质资源广泛应用于实际工作,由此高校可以实现人才培养和科研工作的全面提升,为社会发展作出更大贡献。在这个过程中,实质性共享将发挥重要作用,推动高等院校走向更加美好的未来。

(三)建立多元化的高校筹资机制和财务监管机制

在当前教育改革的背景下,协同育人作为一项重要的教育创新举措,得到了高校的广泛关注和积极参与。为了更好地推动协同育人工作的深入开展,高校需要在筹资机制上进行创新和多元化探索,以实现教育资源的优化配置和利用效率的最大化。目前我国大部分高校的资金来源主要依赖于政府财政拨款、学生学费和其他自营收入。这些资金在一定程度上保证了高校的正常运转,但同时也带来了资源单一、发展受限的问题,尤其对于协同育人这一创新性、实践性较强的教育模式,高校现有的资金来源难以满足其多元化、个性化的需求。

因此,为了实现协同育人工作的可持续发展,高校需要在筹资机制上进行创新。一方面,高校可以积极争取政府、企业和社会各方面的支持,拓宽资金来源渠道,减少对单一资金来源的依赖。另一方面,高校还可以通过产学研结合、校际合作等途径，共享优质教育资源，提高资源利用效率。此外，高校在筹资过程中还应注重资金使用的效益和效率，建立健全资金监管机制，确保资金用于协同育人工作的核心领域。同时，高校还需加强内部资金分配的合理性，充分调动各部门和教师的积极性，激发协同育人的创新活力。通过多元化筹资机制的创新和财务监管的加强，可以帮助高校降低对政府拨款和学生学费的依赖程度，实现办学资源的更加均衡和可持续利用。

（四）建立教学、科研与社会服务融合机制

协同创新策略聚焦于高校的科研职能。优秀的科研实力能够提升教育品质，推动人才培养以及强化社会服务。然而，协同创新与科研对教育质量的支撑并非无条件，只有将教学、科研和社会服务紧密结合起来，才能使科学研究对学校的教育水平提升真正产生效果。

当前一些国内的研究型甚至教学研究型大学内部存在着重视科研而轻视教学的现象。这种情况导致了资源、经费和政策等方面的不平衡，科研领域得到了更多的支持和关注，而教学和人才培养方面相对较弱。然而，要通过协同创新提升高校的科研水平，并以高水平的科研成果支撑整体人才培养质量的提高，需要努力将"教学、科研合一"的理念真正贯彻到实践中，并提供相应的制度保障。首先，高校应当重视教学工作，在师资、实验室和经费等资源分配上给予合理的支持，确保教学环境和条件与科研同等重要。其次，加强教师的教学能力培养和评价体系构建。为教师提供教学培训和指导，鼓励他们积极参与教学研究和教学改革，并将教学成果纳入绩效评估体系。另外，加强教学和科研之间的互动和协同，鼓励教师将科研成果融入教学内容和方法中，并为他们提供相应的支持和激励。最重要的是，建立健全的制度保障，包括优化教学管理体制、制订相关政策和规定，确保教学和科研工作在制度层面得到平衡发展和支持。通过这些措施，可以缓解"重科研、轻教学"的问题，实现教学和科研的良性互动，进一步提升高校的整体人才培养质量。

（五）开放高校管理团队优化配置机制

高等教育的管理体系是我国教育领域的重要组成部分，其发展与优化一直是社会各界关注的焦点。近年来，我国积极实施高校管理团队优化配置策略，以期

突破传统高等教育体系的组织界限，推动教育领域的专业人士引领高校发展，提供卓越的服务。这一策略的实施，不仅有助于提升高校的管理水平，更有利于推动我国高等教育事业的持续发展。在这个策略中，引入各类专业管理人才参与学校内部管理是至关重要的一环。以"专业主义"为导向，通过公开选拔和竞争选拔的方式，选拔并配置最适宜的人才担任高校管理岗位，从而全面发挥学校教育和学术生产力。这种做法，既能确保高校管理团队的专业性，又能激发团队成员的积极性和创造性，为高校的发展提供强大的人力支持。此外，协同创新的理念核心在于开放、包容与创新，以及优质资源的跨组织共享。这一理念的引入，对于当前高校领导和管理层的更新与优化具有重要的指导意义。它鼓励高校间资源共享，推动高校与社会各界的紧密合作，为高校的创新和发展提供了更为广阔的空间。

（六）优化调整人才培养规格

在新时代背景下，我国高等教育的改革与创新发展应以培养具备复合应用能力及个性创新能力的人才为宗旨，适时优化与调整人才培养标准。

高校在进行人才培养的时候，应聚焦国家战略和关键产业发展急需，加强战略紧缺和新兴交叉领域拔尖创新人才培养。加强基础学科拔尖人才培养，构建"一部六院"科教融汇协同育人机制，全面提升基础学科拔尖创新人才自主培养能力。深入推进未来技术学院建设，推动学科专业交叉融合，夯实未来技术原创人才培养。

高校应该强化交叉融合，深入推进新工科、新医科、新农科、新文科建设，引领高等教育提质创新发展。深化组织模式创新，加强特色学院建设，研究推进新型高水平理工科大学建设。深化培养机制创新，加快集成电路、储能、生物育种、医学攻关国家产教融合平台建设，深入实施产学合作协同育人项目，完善全国大学生实习信息平台，加快"1+X"复合型人才培养，着力构建专业全覆盖的认证体系。深化内容方法创新，实施战略性新兴领域教学资源建设计划，加快专门人才培养。

（七）加强专业融合集群发展

在全球新一轮科技和产业发展的推动下，各种具有共生性和互补性的产业依托互联网和现代物流系统紧密联系在一起，呈现出明显的集群化发展趋势和特征。在这个过程中，高校教育作为以技术技能教育为主要内容的教育类型，面临着前所未有的挑战和机遇。现代产业对高新技术的需求越来越旺盛，为更好地适应这一需求，高校教育必须优化专业种类和内涵，积极调整专业结构。为了实现这一目标，高校需要根据国家重点培育和发展的战略性新兴产业的要求，进行合理的专业布局和规划。通过调整和优化专业设置，高校可以促进新增专业与新兴产业的紧密对接，从而培养出大量高素质的技能型人才，以满足新兴产业岗位的工作要求。这意味着高校教育需要根据产业发展的趋势和需求进行前瞻性的专业设置，以确保毕业生具备与新兴产业相匹配的技能和知识，有能力胜任相关岗位工作。

  为实现高校教育的内涵式发展，提升服务和支撑区域产业经济发展的能力，高校必须紧跟现代产业集群化发展的步伐。在这个过程中，加强专业融合集群发展成为关键。高校应主动整合优势资源，促进各专业之间的交流与合作，实现跨学科、跨领域的融合创新。此外，高校还应重视与企业、产业界的合作，建立紧密的产学研合作关系。这将有助于高校更好地了解产业发展趋势，培养产业所需的人才，推动科研成果转化为实际生产力。同时，高校还需加强国际交流与合作，引进国外优质教育资源，培养具有国际视野和创新能力的高素质人才，助力我国产业升级和经济发展。

第二章 高等教育课程建设改革

"课程改革是教育改革中的一个核心问题，也是教育改革中最为复杂的系统工程。"[①] 本章为高等教育课程建设改革，主要围绕高等教育课程建设概况、高等教育课程建设问题、高等教育课程建设策略、国内在线课程建设研究四个方面展开论述。

第一节 高等教育课程建设概况

一、课程建设

课程建设的内容种类繁多，有着广泛的覆盖范围，是一个综合性的工程项目。就比如，如何选择教学理念，如何确定和调整课程的目标、框架，以及如何塑造学校的文化氛围等。一般来说，高校的课程建设应从五个不同的层面进行，这包括课程建设的核心理念、人才培养计划、教材的选择和编纂、课堂教学的组织和执行，还包括以促进学生学术成就为核心的课程评价。从系统论的角度看，课程建设涉及对课程的全面认识、设计、落实和改进。其最终目标是提高教学品质和成效。从宏观视角看，它也可能是指某一课程群或某一学科的课程制订；而从微观层面看，它可能是指某一特定课程的构建。本书从微观的角度探讨了课程建设，并以特定的课程为研究焦点。其研究内容涵盖了课程的核心理念、如何设定课程目标、如何选择课程内容、如何组织和实施课程教学等多个方面。

[①] 赵学勤. 北京市中小学教育科研促进学校发展成功案例研究[M]. 北京：首都师范大学出版社，2006：33.

二、高等教育课程建设的实践模式

（一）协同推进式课程建设模式

对于协同推进式课程建设模式，我们选择黄淮学院作为案例进行深入探讨。该学院的教师成功寻找到一条能够有效促进学校与当地特色深度结合的发展路径，从而构建出协同创新式课程建设模式。

1. 产生背景

黄淮学院在我国应用型高校的转型和发展中起到了开创性的作用。

（1）协同推进式课程建设模式的政策背景

黄淮学院一直以来都有着成为应用型本科高校的目标，它重视人才的就业能力、创业能力，以及其基础与发展潜力的培养。近几年，关于黄淮学院课程改革的研究不断涌现，同时也积累了大量的相关经验。下面我们主要描述该学院建工学院在乡村改造项目中，基于课程设计所开展的各项工作。

黄淮学院所处地域最为突出的问题就是农村的问题，在时代的不断发展当中，当地农村的青壮年背井离乡到城市中打工，使得老人与孩子留守乡村，虽然在客观上当地农民的收入水平有了一定的提升，但是，这也直接导致当地的经济社会发展遇到阻碍。习近平总书记就曾强调："农村绝不能成为荒芜的农村、留守的农村、记忆中的故园"[①]。在促进农村发展变革的政府文件当中，近年来已经提出了乡村振兴战略，并由各地政府牵头，积极组织专家与学者，对各地较为贫穷的农村进行考察，发现其中存在的症结，并吸收当地企业与高校优秀校友的力量，帮助较为贫困地区实现产业发展，并探寻可以走向富裕的道路。在开展计划的过程中，还十分重视实现当地产业链的延伸发展，

农业的功能，更好地发展了新型业态等方面的工作，以促进贫困地区的"三产"融合发展，从而使其成为脱贫攻坚的"高校样本"。我们的目标是打造一个乡村复兴的合作与创新平台，核心目标是满足各种重要的需求。为此，我们鼓励高等教育机构、科研单位、地方政府、农村地区和企业等多方合作，共同努力打造一个服务于乡村复兴的协同创新中心。此外，该计划为了确保贫困地区的"三

[①] 杨贵庆. 乡村人居 [M]. 上海：同济大学出版社，2020：19.

产"能够切实实现融合发展，选择重点关注扩展产业链、丰富农业的功能以及寻找新型业态等方面的内容，之所以这么做，主要是为创造出一个完美展示脱贫攻坚成效的典型。为实现乡村振兴的战略目标，各级政府、当地企业与高校等组织机构需要群策群力，创建出以满足各方需求为导向的协同创新中心。

（2）协同推进式课程建设模式的实践背景

学生通常在学校里学习理论知识，而在企业中则进行实际操作。然而，目前我国的产教融合体系还不够完善，并没有足够数量且具有丰富经验的教师，所以，在高校与企业共同推进教学与实践融合发展的过程当中，双方可能存在教学与时间无法协调配合的情况，基于此，将在很大程度上影响校企双方的合作进度与积极性，也会直接导致各类型的人才培养出现严重的问题。

为了解决上述校企双方合作不协调的问题，黄淮学院基于"乡村振兴"战略的需求，积极与信阳市明港镇的政府机构进行合作，在当地的贫困村当中成立了"拙匠书院"，它主要负责进行与建筑设计相关的设计工作。在2015年，这一工作室正式进行了转型，成为公司，并开始招募专职员工，从而发展壮大，逐渐在当地甚至在更为广大的范围内产生一定的知名度。"拙匠书院"成立的根本目的就是为了促进乡村治理模式振兴，通常情况下，它会利用各县文化创意产品的研发或是开展各类型的帮扶活动来实现这一目标。除此之外，在"拙匠书院"在社会中可以稳定地获得一定的经济利益之后，就能够与黄淮学院开展校企合作，为学院内的相关专业毕业生提供对应的实习岗位，使其能够在实践过程当中不断深化自身对于知识和技能的掌握。并且，在"拙匠书院"进行正式员工招聘的时候，也常会将黄淮学院相关专业的毕业生作为首选目标。就职于"拙匠书院"中的诸多教师，也能够在黄淮学院当中开展教学工作，而这也就能够保证学生可以获得"双师型"教师理论结合实践的教导。

经过总结与分析之后，我们能够明显发现，在各方的互动交流过程中，政府部门与学院的治理模式得到了有效改善，并使其治理能力也在一定程度上得到提升。之所以会出现上述变化，主要是因为工作室不再沿用传统的学术习惯进行管理，而是选择吸收各个优秀企业的管理经验，与此同时，在工作室实现管理模式上的变革之后，直接导致学院也在一定程度上受其影响，进行了符合学院实际情况的管理模式上的变革。另外，还需要关注的一点是，相比于传统的学院管理模式，现如今学院的学术规划与行政管理等方面的管理程序已经逐渐趋向于各企业的管理模式，这也直接导致学院管理方面的现行价值观完全与传统的价值观相悖。

2. 框架特点

（1）形成多元主体参与协同框架

考虑到政府部门的资金支持力度有限，以及其他机构带来的激烈竞争、公众对各项服务的期望，公立大学必须采取高效的策略，以便抓住机遇，克服困难与挑战，解决这些挑战的一个核心要素是有效地管理这些组织机构。所以说，我们在讨论的过程中也应格外重视治理系统和结构理论，但是需要注意的是，若只依赖系统和结构将难以解释治理的起因、过程，以及最后遭遇失败的原因。除此之外，我们还需要在微观层面开展深入的分析与研究工作，通过各种不同的手段，积极了解结构本身可能出现的各种突发情况。基于此，为了更好地解决治理过程中面临的复杂问题，以及面对各方问责，我们需要提前制订科学合理的应对方法。就比如"多重治理框架"的方案就存在一定的可行性。该框架涉及系统组织和个人两个维度。从结构治理、行动治理、运营治理方面进行建构。

对于我国的校企合作模式，如传统形式的 G—U 或 G—C 合作，教育领域的专家与学者有着极大的研究兴趣，且研究探讨资料颇为丰富。下面我们将要介绍的内容，有别于传统的校企合作形式，即新型的 G（Government）—C（College）—V（Village）—W（Workshop），其中 G 代表着政府，C 代表着大学，V 代表着村庄，W 代表着工作室，它们因为各自的利益诉求不同，所以会负责不同的公共治理任务。值得注意的一点是，很多时候，以上四者在地位上并不存在高下的区别，为了避免它们之间出现问题，政府、大学、村庄、工作室会根据各自的不同目标而制订符合自身需求的规则。从实践的角度看，教育改进共同体是通过实践平台或教师团队自然形成的，他们以开放和包容的心态接纳各种不同的改进参与者，这有助于更好地分配资源并增强课程建设的效果。

在前述框架的基础上，我们构建了一个包括村庄、学院、政府以及工作室在内的共同体架构。工作室居于核心位置，村庄、学院、政府则将工作室作为彼此之间交流和交换资源及信息的平台。并且，村庄、学院、政府、工作室会彼此影响，互相协调，使得学院能够获得一个方便进行课程建设的平台。

（2）协同推进中各主体各司其职

政府、大学、村庄、工作室需要严格落实自身工作职责，协同发展。其中为了切实保证乡村设施建设的资金与设备被严格监管，就需要政府直接负责相关工作，也需要积极承担对应的责任。在监管过程中，各级政府必须做到对上级政府负责，还需要严格审查乡村建设各项工作的最终结果。相比之下，参与到乡村建设中的大学只需要从对应的政府部门当中获取对应工作，并组织合适的教师与技术人员开展工作，并且，在此过程中，大学也需要组织学生参与其中，使其获得实践经验，在这一过程中，学生和教师共同承担着乡村建设的责任。对村民而言，在政府的资金支持下，他们还需要自行筹集资金。同时，随着乡村振兴发展，他们也需要从传统的农作物种植转向经济作物的种植，这导致他们面临着从未经历的收入风险问题。所以说，有一部分村民并不愿意参与这个改造项目，甚至还有部分村民对这个项目产生了反感，并对其进行了一定的损害。相较于其他主体，村民并不热衷于追求长远规划，而是更重视现实利益。对于大部分参与到这一项目中的学生来说，其最终目标就是熟练掌握各种知识与技能。值得注意的是，因为学生参与到乡村建设的实践工作当中，所以他们可以不断积累实践经验，并深化自身知识储备与技能掌握，除此之外，还能够在与不同类型的人交流当中提升自身交流水平。

（3）社会实践课与专业学习结合

很久之前，各级相关部门就强调了学生参与社会实践的重要性，并积极推进关于大学生社会实践保障机制的构建工作。因为国家政策的影响，近年来的各大高校开始面向学生进行社会实践课程的构建，并且，在乡村振兴战略提出之后，高校对于社会实践课程的关注程度日益增高。但是令人遗憾的是，在此过程中，大部分高校只重视学生的实践，而不再关注学生对于专业知识的掌握，这种有失偏颇的教学手段，严重影响了教学效果的发挥。为此，黄淮学院的教师就通过吸取各大高校的实践教学的经验，利用乡村振兴项目，创建"拙匠书院"，积极探索并实现了实践教学与专业知识教学的结合。

（4）理论与实践课程相结合的形式

在我国与土木、建筑相关的专业当中，对于学生的培养总是呈现出理论与实践分离的情况。很多在高校中学习的学生必须按照人才培养方案在学习了一定的理论知识之后，才能选修对应的实践课程。为了解决理论知识的学习与实践操作练习不紧密的问题，黄淮学院中相关专业的教师对专业课程教学进行了创新改革，创建了理论课程与实践课程相结合的教学模式，并依据学生的具体表现，对课程教学进行合理安排，使得学生能够获得全面培养，从而提升自身技能水平与专业素养。

（5）以"任务书"取代课程方案

对于高校的教师与学生来说，在对学生的阶段性学习进行评估的时候，多数会采用期末考试的方式，也有一些专业课程会使用论文或作品的方式进行学业水平的考核，需要格外关注的一点是，大部分高校对于学生的最终学习成果的评价依据就是考试成绩，并结合一小部分学生的日常表现，而这种不重视过程性评价的手段很难实现对学生正式学习效果的测评，也影响了学生与教师对学生真实学习情况的了解。

为了有效解决上述难题，学院通过社会实践课程结合专业领域的"项目书"，创新性地设计了与学生所学课程有着深厚联系的"任务书"，以确保学生能够及时了解自身需要学习的知识与技能，以及自身应当达成怎样的学习目标。利用"任务书"，学生也能够直观地了解与本专业相关的具体工作流程，教师也会对各个阶段的学生学习情况进行针对性评价，使得学生能够明确自身之后的学习重点与发展方向。

3. 改进措施

协同推进的课程建设模式在形成和发展过程中积累了宝贵的经验。对于当前的挑战，我们可以利用教育改进学的理念，基于自身推进和经验推广的整体改进，从以下多个角度思考。

（1）强化协同式工作机制，多主体合作解决课程问题

对于工作室来说，在利用协同推进的手段进行课程建设的过程中，其最重要的工作就是面向参加实训的学生进行教学，并积极推进当地的乡村改造工作。在村庄当中，工作室作为外来者需要尊重当地村民的利益，不过多牵扯。除此之外，因为工作室能够作为协调村庄内外资源的桥梁，所以可以在各方利益相关者出现冲突的时候，在获得各方信任的前提下，以第三方的身份主持协商工作，合理分配利益，从而消弭冲突。就比如，在旧有的协商模式当中，政府始终将自身作为

管理者，而当地村民又过度关注自身的眼前利益，所以双方很容易产生难以调解的冲突，若是要求双方进行彻底的信息交换甚至会激化这一冲突。此时，为了有效解决这一问题，就需要学院利用工作室介入其中，通过进行部分信息交换进行协商，探寻双方都能够接受的界限，并基于此，利用产教融合的手段，积极开展课程改革。

（2）完善高校课程体系，促进人才培养质量提升

观察学校的内部结构，我们可以发现，在人际关系上，学校已经明确地将自己定位为一个应用型高校，并且已经成为地方高校在应用型转型过程中的一个标志性例子。尽管生产关系经历了变革，但这并不意味着生产力也随之发生改变。高校并未积极进行课程体系改革，而且并未在产教融合当中承担更多的责任，只是一味地将大部分压力放在了产业的一侧。基于高校角度观察，我们应当认真执行应用型人才的培养计划，深入推进体制改革，确保高校转型顺利。为了更好地培养"双师型"教师，我们需要在人力和物力上提供帮助，减少他们的工作负担，鼓励他们在课程设计上进行创新和探索。此外，将事件课程系统化、规范化，并构建具有本地和本校特色的高等教育课程体系，是提高教师和企业积极性的关键。

（3）建设协同式评价体系，促进学校层面的应用转变

目前，对学校的评价方法主要还是以学术研究为导向，视学术研究为关键的评价准则。为了追求在学校和学科中的排名，学校投入了大量的资源和精力建设学术型的专业，并且，在现如今应用的评价体系当中，基于产教融合的实践课程，以及协同推进式的课程建设模式并没有积极地发挥自身作用。对于高校来说，现行的评价体系并不能很好地阐述高校自身教育改革发展的效果，所以需要相关的政府部门领头，由高校参与，结合产教融合试点专业建设，构建科学合理的协同式评价体系。通过应用这一评价体系，使得高校可以重视应用型人才的培养。

（二）同伴互助式课程建设模式

高校中的研究生已经熟练掌握了大学阶段的各类知识与技能，所以可以作为助教参与到高校教师的教学当中，值得注意的是，由研究生担任助教在国外的大学中极为普遍，他们主要负责教授本科生关于各类基础课程。在高校教育领域当中，可以通过高年级学生给低年级学生提供教学指导的方式提升教学管理效率，缓解当前高校教师数量短缺的压力，还可以提高学生的个人能力，达成双方共赢

的局面。在这种模式的研究过程中，我们选择合肥学院作为案例进行深入探讨。

1. 基础背景

合肥学院始终坚持进行应用型人才的培养，为此也在不断进行教学改革，以期实现有着自身特色的应用型人才培养体系的创新发展。除此之外，合肥学院还积极进行教育思想的反思，并顺应时代发展潮流对旧有的教育思想观念进行了变革，基于该理念的正确引领，开展全方位的实践活动，从而构建出一个系统化的应用型人才培养框架。现阶段，我们正处于转型的关键阶段，并根据当前国内外高等教育的发展新趋势，持续深化实践和理念的理解。

合肥学院在进行课程建设的过程当中，积极探索当地特色产业，并将学院内的专业与之对接，开展有着当地特色与学院特点的专业课程，始终坚持对当地的经济社会发展提供支持，利用自身丰富的教育教学经验，结合当地的发展情况，实现特色化的课程建设。

2. 概念特点

（1）同伴互助的概念与意义

为了有效促进同伴互助的教学模式的构建，合肥学院主要利用导生制实现这一目标。在我国，诸多高校对于导生制的运用主要就是选拔有着丰富的知识储备与熟练的技能技巧的高年级的学生，由这些学生负责低年级的学生教学中的辅助工作，从而更加方便教师的管理，也能够以同龄人的身份更为顺利地向低年级的学生开展思想教育的工作。另外，需要明确的一点是，导生制的存在可以在很大程度上缓解高校师资短缺、学生管理不完善的问题。现阶段的很多高校中的专业教师不仅需要完成自身的研究工作，还需要负责多个班级或专业的教学工作，他们经常需要承担多重职责，所以说，很难有针对性地对某些学生的具体情况进行关注。总的来说，想要及时了解学生在思想、学习等多个方面的实际表现并不容易。对于高年级的学生来说，担任学生助教并承担班级导师的工作，可以极大弥补现阶段高校在学生管理模式上的缺陷。

（2）完善的同伴互助式流程

合肥学院并不是第一个将班导作为高校学生管理工作的补充方式的，这一做法在多所高校中也得到了实际应用，特别是在那些重视应用型人才培养的高校当中，这一手段优势极大。值得注意的是，在导生制的构建上，合肥学院表现最为突出的一点就是实现了这一机制的体系化构建,除此之外,该学员还将这一体系广泛应用于课堂内外。

合肥学院将体系化的导生制应用于新生的教学当中,通过筛选足够优秀的高校级学生担任班导生,利用课堂内外的各种有效实践,为新生提供教学辅导,班导生会全面地参与到班级的不同类型活动当中,并经常为学生提供"点对点"的针对性指导。

在工作当中,每一名班导生都要负责管理一个班级,充当教师与学生之间的沟通桥梁和联系纽带,以促进学术风气和班级文化氛围的建设。班导生和新生在年纪上相差不大,因为他们是同龄人,所以他们之间的交流相对简单,没有代沟。相较于资深的教师,班导生在对新生的指导和教育方面有着更直接和更具体的表现。学生所面临的众多疑惑,班导生都能为其提供答案,这在很大程度上补足了辅导员、班主任和教师由于各种外部因素无法为每位学生提供指导的遗憾。

对于负责班导工作的高年级学生来说,在新生入学之前,他们需要和班级负责人进行深入且细致的沟通,之后在各方互相了解的前提下,进行迎接新生的活动筹备工作,并对新生进行初步了解。在新生入学之后,负责班导工作的高年级学生就需要通过各种手段对自己所负责的新生进行深入的了解,以便更好地开展教学辅导工作。在大部分高校当中,新生在对高校校园有着简单的了解之后就会开始接受一段时间的军训,在此过程中,负责班导工作的高年级学生就需要及时了解不同学生的军训情况,并为其中出现问题的新生提供帮助,使得参加军训活动的新生之间以及新生与教官之间能够维持良好的关系。之后,负责班导工作的高年级学生还应当积极参与到新生的班级管理工作当中,为新生的班委会构建以及各项班级活动的组织提供自己的经验支持。

(3)进行体系化的阵地建设

合肥学院提供的非正式课程主要集中在"课余时间"和"晚自习"这两个方面。与其他高校实行的班导制不同,在"导学、助学、督学"活动的设计上,合肥学院有着更为全面和体系化的表现,且表现出了极强的针对性,这就有效促进了学生进步。

班导生会伴随新生共同进行晚自习活动,由于晚自习的时间和地点都是固定的,这有助于活动的顺利进行。一般情况下,担任班导生职位的都是一些高年级的有着深厚知识储备并熟练掌握各项专业技能的党员或班级干部，他们作为新生的同龄人，能够以更为亲和的姿态与新生共同开展新知识的学习，并积极为这些新生解决学习中遇到的各种疑难问题。除此之外，学校还需要有意识地构建一个服务于各年级学生的平台，使得各年级的学生可以更为方便地进行彼此间的交流，一些高年级的学生也能借此为低年级的学生进行各类疑难问题的讲解。在其他的自习时间当中，班导生与学生们共同参与学习活动。在进行管理的过程中，他们也展现出了模范和领导的角色，这不仅确保了新生晚自习的有序进行，还为新生班级的学术氛围建设提供了坚实的支撑。

对于班导生与普通学生来说，课下的时间也十分宝贵，因为这些人的关系非常紧密，他们可以在业余时间随时向班导生咨询专业学习和日常生活中遇到的问题，从而获得有效的协助。另外，对于班导生来说，利用零散时间与新生交流，并积极参与各类有新生的活动，以一种"有经验的人"的身份，更有可能在学生群体中建立深厚的信任。这不仅有助于学生解决日常生活中遇到的问题，还能让学院更深入地了解学生的需求。

与传统意义上的助教工作有一定差异的是，基于班导制度诞生的助教极为关注与其他学生的协作，基于此，他们也能够在学习各项知识的过程中促进了自身的学术知识掌握程度和技能水平的提升，达到了双方都能受益和相互帮助的效果。

（4）形成模块化跨专业互助

合肥学院在课程设计方面，吸取了德国的教学经验，实施了模块化的教学方法。基于这个前提，在整个学校的范围内，通过实施导生制，促进了更广泛的相互帮助和学习活动的开展。在通识课程模块，学院从高年级的学生群体中筛选出一批表现出色的学生，让他们担任大学数学和公共英语的助教角色，这些学生将进行教学工作的辅助，帮助教师进行学生作业的批改，并及时对学生提出的疑问作出解答。对于合肥学院的导生来说，不但需要重视这些人的综合素质的培养，还需要进一步开展面向不同专业的导生与助教的辅助教学工作，就比如，可以要求英语专业的导生为其他专业学生的英语课程的学习提供帮助等。通过落实跨专业的帮助，使得导生、助教以及其他普通的学生在各方面都能够实现协调发展，也能够进一步培养学生互助的意识，使其能够在互相学习当中不断拓展自身知识领域的范围，进一步促进学生的核心素养的提升。

3. 改进措施

合肥学院利用导生制，使得导生与普通学生能够在学习中通过同伴互助的方式强化自身的综合素质，并积极构建体系化的课程建设模式然而需要注意的一点是，为了适应时代的发展，合肥学院现行的导生制需要进行一定程度上的完善与优化。

（1）扩大导生制的范围，将助教工作引入课程建设

一些研究人员提出，为了明确班导生和导师之间的区别，班导生应该更多地专注于管理活动，而不是学术研究。然而，正是这种分类方式，对导生制下普通学生与班级导生在学科知识和专业技能上的培养产生了直接的影响。合肥学院对导生制的作用进行了广泛的扩展，利用导生使得众多同龄的学生能够更好地获得专业上的成长。

（2）建立支持服务系统，完善导生的机制体制建设

在确定助教岗位的选拔标准时，首先需要考虑到各个高校的特定需求和实际情况。由于各高校的专业类型和专业之间的要求存在显著差异，因此，需要根据各专业的特定需求来制订有针对性的标准，以便更好地进行助教的选拔。在选拔班导生时，学院应主要关注学生对于管理技能掌握与熟练应用程度，而在选拔助教时，应更多地考虑学生的学科修养。制订规范的选拔标准可以帮助那些希望成为导生或助教的学生进行自我评价，从而可以有的放矢地促进自身能力的进步。此外，学校也能因此更加顺利地挑选出那些有能力胜任其职责的学生。接下来，我们需要组建一个支援团队，利用学校的各种资源，组建一个包括教师、杰出的导生和助教的教育团队，为导生和助教提供细致的培训和教育，确立一套有效的培训机制，以确保他们能够更加高效地完成任务。

（3）建立监督评价机制，加强同辈之间的正向促进

同龄人对大学生的价值观产生了深远且持续的影响，这种影响的深度可能超越了父母和教师所具有的作用。在当代社会背景下，同龄人对年轻人的成长产生的影响日益增强，这种影响甚至达到了改变传统文化传播模式的程度。为了更好地管理和监督班导生与助教的工作，我们需要进一步完善他们的监督和评价机制，并建立一个完善的管理系统。这不仅可以加强对他们价值观的培养，避免在学生之间形成权力真空，还可以确保他们的工作得到规范化保障，从而更好地支持这

些人的工作。为了有效激发导生与助教的工作热情，高校需要为其制订合理的培养策略与考核机制，使得那些有着突出工作表现的导生与助教能够获得荣誉与奖励。利用导生与助教，能够有效促进同龄人之间的价值观分享和文化传承。

（4）提高主动学习能力，提高对班导生群体的关注

在全球范围内，关于助教工作的研究主要集中在导生个人的成长和发展上。有研究表明，通过增强学生的学习自主性，并激发学生的学习兴趣，就能够更好地培养学生的独立学习能力。为了进一步拓展导生制的定义和应用范围，我们需要更多地关心那些负责导生工作的人员，强化其主动学习的意识，并培养其主动学习的能力，通过导生也能够进一步实现同龄人之间的辅导和指导，从而可以更好地增强高校对不同年龄段学生的关心和重视程度。

第二节　高等教育课程建设问题

根据目前各大高校的政策实施情况来看，课程建设已经得到了具体实施，并基于具体实施情况建立了相应的改进机制。其中，一些高校甚至已经基于政策要求逐渐形成了自己的课程特色。然而，令人遗憾的是，通过与国家或地方层面的"规划"政策目标相对照，我们能够明显发现，"执行"这一环节依然面临诸多挑战，与预定的目标仍有相当大的差距。

一、与地方经济与产业结合紧密度有待提高

一些高校在推动地方经济增长方面所作出的努力显然是不够的，需要进行改进。在人才培养方面，各大高校都明确了自己的人才培养目标，即"应用型人才"的培养。然而，尽管高校人才培养的主要目的是"服务地方"，但是值得注意的是，在课程建设方面，无论是在高校案例库、人才培养方案、课程方案，还是在高校公开发布的文献中，都很少将"促进地方经济发展"和"与地方产业相匹配"等概念作为重点与高校人才培养相联系。总的来说，若未对本地行业企业的需求进行深入的研究，那么，课程体系也就难以与地方经济发展实现完美对接。

首先，有些高校并没有充分结合学校所在地的地域特色营造校园文化氛围，而是选择就算在基础设施相对牢固、深厚的背景下，依然坚持使用传统的专业教

育体系。并且,在这一类学校的教学中,并没有将"为地方经济提供服务"和"与企业需求相结合"体现在课程设计中。与此同时,这一态度导致的问题也在部分高校对政策和当前状况的认识上得到较为明显的体现,就算这些高校在认识到转型发展的重要性的基础上对课程理念进行了较大程度的调整,这些理念的存在仍旧是无根浮萍,很难与学生建立较为紧密的联系。目前存在一个问题,那就是课程本身与教学、学生就业和经济发展的联系逐渐减弱;其次,尽管某些高校的课程设计上,对通识教育与实训教学有着一定程度上的重视,但是在具体的教学方案与考核方式的安排方面并没有进行细致的规划,并且,很多高校的考核评价手段也表现得较为落后,并未及时顺应时代潮流作相应革新,仍旧只关注引导学生死板地掌握大量知识,并通过单纯的纸笔考试的方式进行学习成果的最终评价,而这直接说明了一个最为根本的问题,要想真正地实现课程建设的改革还有很长的路要走。

二、对教师考核评聘改革关注力度亟须加强

对于小部分高校来说,在进行改革发展的过程中,最为关键的一方面就是对教师的考核方式进行改革,这主要是因为,教师作为教学的主要参与者,各项教学工作的开展都需要教师作为媒介。所以说,要想获得理想的改进效果,教师才是关键,只有教师在充分领悟相应的改革理念的前提下,在课程教学中积极落实改革方案,才能够获得理想中的改革效果。否则,一切努力都会被浪费。如果教师不进行相应的调整,无法深入理解并落实课程要求,那么课程建设的核心思想和内容将难以真正地被学生吸收并转化为他们的实际经验。并且,在一些高校中,对"双师型"教师团队的建设讨论相对较少,特别是在教师实际操作和教学技能的培训方面存在明显不足,这也直接影响了课程建设。

三、对课程评估评价改进重视程度尚待深入

对于大部分高校来说,自身并未在课程评估和评价体系构建方面有突出的表现,所以说,在课程评估方面能够作出有价值的优化改革建议的高校也较为稀缺。而且部分高校在"评估与评价"的参考点、块、面这三方面也存在明显的缺失。在课程建设实施方面,基础设施相对弱势的高校仍然处于一个比较初级的发展阶

段，这些学校在课程评估和评价改进方面主要集中在理念层面，并没有涉及评估指标或指数等具体内容。值得注意的是，对于那些具有较长转型发展历史和丰富经验积累的高校来说，它们已经构建了一套完整的高校课程评价指标体系，其中一些高校也对这些评价指标进行了深入的研究与论证。但是，令人遗憾的是，在部分高校当中，现如今仍旧面临着不使用已经建立的相应指标对出现的突出问题进行评估操作的情况，而且，这一现象十分普遍。到现在为止，无论是教育管理部门还是各个高校，都还没有建立起一个具有较高权威性、覆盖面积广阔，并能进行合理地比较与参考的高校课程建设指数。在课程评估和评价主体方面，大部分高校依然选择引入企业评价机制。相比之下，现如今已经有一些具有相对丰富转型经验的高校对课程考核方式进行了改革，并取得了较为出色的成果，例如对课程考核的方法进行改革，引入了"笔试+操作"和"笔试+项目"等多种考核方法，以及增加了对学生学习的主要过程与其获得的相应能力进行评价的比重。尽管现如今的很多高校在各个专业的应用型课程建设上都在不断地提高质量，但是，却很少有高校能够真正实现整体课程、人才培养的评价与评估体系的优化，并完成将创新的评估方法在实践教学中应用的目标。

四、对课程国际化建设发展全面性仍需挖掘

大部分高校并没有意识到课程国际化建设发展的正确方向，只有一小部分高校重视课程内容与教学策略的结合。现实情况是，与课程体系和专业设置的进步相比，大部分高校的工作进展相对缓慢。许多工作仍然局限于传统的高校评估框架当中，这部分高校并不重视教学，只是过分追求增加校内的国外学生比例，并没有利用国际合作深入开展人才培养工作。简单来说，高校的这一做法与政策的要求存在偏差，例如大规模地推进留学生的教育工作，并在积极尝试开展国际交流与招纳留学生等工作的过程中，只是把培养留学生作为其国际化教育的核心目标。这些高校为了能够实现学校自身的"国际化"，盲目地将大量教学资源偏向外国留学生，直接导致本土学生很难享受高校内部的国际化教学资源，并且，在很多时候，这部分高校与国外高校的合作交流并未深入。

第三节 高等教育课程建设策略

一、政策层面

对于高校的课程建设来说，政策起到了不可或缺的作用，其主要作用是为高校的课程建设提供了明确的发展路径和质量保证。在"总结再行动"这一环节，它应被视为需要特别关注的改进措施。

（一）以理念创新引领课程建设

对于高校来说，在开展改革工作之前，需要确保改革工作能够契合政府的改革理念，得到政府各项政策的支持。

1. 以完善的政策体系指导课程建设

现阶段，高校在课程建设上遇到了数量庞大的实际问题，其中最为明显的一个难题就是学校与企业之间的合作。为解决这一难题，地方政府在其中发挥了关键的领导作用，政府组织、协调并推进了高校与地方企业的合作，确保了学校与地方的有效互动以及产业与教育的深度融合，这无疑是解决这些问题的核心所在。所以，对于政府来说，首先需要转变旧有理念，积极推进高校改革工作的开展。

基于此，相关部门正式消除了阻碍高等教育改革和发展的体制机制障碍，并赋予地方和高校更多的权力，使得高校可以减轻负担，并获得更多的办学自主权。基于实施"放管服"改革的手段，我们可以打破制约高校发展的各种限制，利用不断的改革和创新，释放出新的发展潜力和利益空间，这不仅能激发高校在教学和育人方面的内生动力，还能有效刺激教学活动中教师积极性的发挥，进一步推动课程体系建设工作的开展，并促进高等教育人才培养整体质量的提高。

在高校进行转型和发展的过程中，面对省级政策与国家政策转化不足和政策不适应的问题，地方政府应当坚定地以理念为导向。第一点，我们需要更深入地探究高校的实际需求，之后根据需求进行放权，并针对性地制订策略，以确保各项行动与教师和学生的期望与高校的实际需求相匹配；第二点，在面对高校的需求时，政府应当在不违背法律法规、政策方针的基础上，对行政管理的各项流程进行一定程度上的简化，使得高校转型和发展失误问题可以得到有效遏制；第三点，政府需要深入评估其在高校的转型与发展当中的作用。政府应当有意识地弱化自身，积极为高校的转型发展提供合理的服务，帮助高校实现改革的深化。另外，政府应当有计划地对各大高校提供帮扶，使得有需要的高校在转型发展的过程当中能够获得一定程度上的政府的资金支持。由此，我们就能够以新的理念为导向，创新政策框架，并利用这些平台来改进课程和教学方法。

需要明确的一点是，高校若要获得更多的办学自主权，就需要政府相关部门进行一定程度上的放权。为此，政府在现阶段需要对自身进行行政观念的改革，使得高校的转型发展得到深化。

2. 以职业发展为驱动引导课程建设

对于高校来说，应当积极开辟特色化发展的道路，并且，对于高校来说，其主要作用是引导学生养成前瞻性的思考方式，使他们可以正确地看待这个世界。随着科技进步的步伐加快，各个行业的变迁也变得更为迅速。随着时间的推移，人们的职业选择范围也在逐渐扩大，他们所能够选择的职业不再仅仅局限于他们的专业，也能够选择更多种类型的职业。所以说，高校为顺应时代发展，更应当及时改变自身思路，重点关注与职业发展相对应的方向，并重视培养学生的职业技能和素质。

在课程设计方面，一些高校逐渐形成了自己的教学特色，这部分高校主要为单科大学，而另一些则是师范专业的院校。这些高校在满足自身发展需求的同时，也基于政策要求，已经独立开设或与当地的企业或部门进行合作，构建了产教融合的专业体系。然而，对大部分高校而言，这样的转变并没有深入影响课程层面，更多的只是在专业命名或合作合同上进行表面上的转型。就比如，有些高校在专业设计方面并不重视创新，他们更倾向于在已有的专业基础之上，进一步发展新的专业课程。另外，有些高校并没有按照常规流程来开设新的专业课程，而是根据每个人的需求来新增专业，这一行为虽然为教师提供了教学的便利，但却对学生的个人成长和学校的专业课程发展产生了严重的负面影响。所以说，高校应当在深入了解自身具体情况的基础之上，积极推进能够为当地的经济提供高效服务，并与本校学生极为契合的课程建设，根据具体发展情况，制订科学合理的计划，落实改进工作。

（二）以赋能增权推动课程建设

1. 赋予高校办学能力

虽然现阶段的很多政策都在放宽高校在办学与课程设置方面的自主权，但是需要注意的是，现如今高校建设在自主权上所面临的难题，依旧是制度的困境。值得注意的是，主要存在两方面的制度困境，其一就是外部制度困境，主要包括劳动人事制度和收入分配制度等方面，其二就是内部制度困境，主要包括高校办学体制、评价制度、管理制度等方面。

在培养人才的过程中，高校面临的主要挑战包括以下几点：无自主招生权，学生并未对课程产生较高的参与积极度，事实上，大部分学生并没有对自己所学的专业有足够的兴趣，所以也很难对其产生足够的学习欲望。为了解决这一难题，高校在录取学生之前，应当及时改革传统的选录手段，重视学生的综合素质。另外，为了促使高校能够招收更多对本校与本校所开设专业有着浓厚兴趣的学生，有关部门需要在一定范围内放松高校自主招生的权限，使其能够拥有更多的招收优质学生的渠道，为高校与学生提供双向选择的机会，由此就能进一步提升教师的教学与学生的学习效率，并刺激学生的学习自主性的提高，从而更好地培养学生。

2. 扩大课程设置权力

现阶段，我国的高等教育传统依然被高等教育的课程体系沿用，未做改变，主要表现为，高校的培养目标和人才培养标准是由中央统一设定的，除此之外，各专业的名称和内涵，以及课程内容也被统一规定。但是令人遗憾的是，这种课程管理方式会严重限制高校多样化的发展需求，也不能激发高校的课程建设的积极性，与此同时，高校也很难有机会为社会培养出各方面都契合的人才，在面对上述问题的时候，高校应当根据实际情况对各专业的课程教学内容进行调整与改善。值得注意的是，很多高校的课程建设框架依旧局限于"结构"这一概念，这使得很多高校并不重视符合时代发展趋势的各类新知识、新技能与高校教学的融合。所以说，要想有效促进高校教学的发展，就需要确保高校在课程设置自主性方面能够拥有更大的权利。要想实现这一目标，第一点就需要对教育行政进行调整，在有力的监管下，我们不应再对课程内容和组织方式施加任何限制，而是应以职业成长和人才培训的目标为导向；第二点，在高校的层面上，不再严格掌控课程设置的自主权，使得基层的系所能够掌握课程设置的决策权；第三点，在各个系所的层面上，有必要对本校和本专业的内涵以及学生的特性进行深入的研究，并基于社会的具体需求，结合当地经济发展趋势，全面地改进课程建设，提高最终教学效果。

二、高校层面

大部分高校在现阶段还没有建立起完善的课程体系，也并未对这一体系的建设有足够的重视，对于高校来说，若是不扭转这一偏见，那么高校的课程教学就很难成体系。并且，对于各类课程的规划来说，一些高校至今仍然在沿用传统的必修与选修相结合的教学模式，令人遗憾的是，这种教学模式直接导致了大量的过时且低质的课程教学内容出现在学生的学习过程当中。对于高校来说，要想培养出高质量的应用型人才，就需要始终坚持对学生的重视，使得学生能够作为教学课程的主体存在。另外，在课程体系的设计方面，高校需要及时吸取各方意见进行优化创新。

（一）提升高校课程管理能力

在高校的管理中，课程的建设被视为核心工作，而课程的管理也会直接影响教学的最终效果。提高课程设置的自主权需要在政策层面进行，与此同时，还应当重视高校在课程管理方面的专业能力的提升。现如今，许多高校的院系就有一定的能力来进行课程设置，但是需要注意的是，在课程管理上，它们还需要被高校统一管理。通常情况下，不论是哪个专业领域，同一所高校都会沿用一套相似甚至完全一致的课程管理体系。在高校内部，尚未建立起对课程管理的全面认识，大多数课程建设和改进仅仅局限于教学方法和内容的转变上，没有形成一个完整的课程建设和管理体系。所以说，我们应当根据相关政策要求，积极开展课程的系统化建设，并同时建立各项外部管理体制和运行机制。

改进需要一步一个脚印，在课程建设改进图谱中，并不是所有的步骤都需要高校不加停顿地全部完成，高校更应该努力确保所有课程的质量，并合理协调不同课程的发展。在实践过程中，主要采用两种不同的课程管理策略来优化课程建设，这两种方法都是各高校可以借鉴的。其中一个方法是保持课程名称不变，对其中存在的各项内容进行必要的修订完善，之后由系所主导创建课程处，利用集体备课与讨论等多种方式，将课程的各个阶段进行相应的调整和优化。另一种方法是直接删除某些课程内容，特别是在技术进步、迅速更新的专业中，因为某些内容已经不再适应时代发展，所以可以直接删除。从宏观角度看，我们需要建立一个科学合理的课程进出流程，这样可以根据时代变化及时对相关课程内容进行调整，从而更有效地展现课程建设的成果，并更好地培养应用型人才。

（二）加强通识教育课程建设

对于大部分高校来说，在进行课程设计的过程中，应当强化学生核心素养的培养，重视应用型的知识教学，但是需要注意的是，在进行应用型知识的教学过程当中，需要将其与通识教育进行结合，以确保二者并重。若是只关注应用型知识而不重视通识教育，那么高校的课程就会失去其存在的根基，高校也就很难培养出既具备卓越素质，又能满足各项工作要求，并持续展现创新能力的应用型人才，也就很难创作出高质量的应用型科研成果。

通识教育作为一种培养人才的方式，不但能够涵盖学生所学专业以外的各项知识与技能，还包括对某些知识体系相对有限的专业进行调整和改进。并且，更为关键的是，还能够引导学生在本科教育的各个领域中取得成长和进步。这种教育方法不仅仅局限于课堂内的学习，还涵盖了专业选择、课程设置、选课方法、课外活动等多个方面。需要明确的一点是，通识教育和专业教育之间的关系并不是相互排斥的，专业教育是通识教育的一个重要组成部分。

现如今，在我国高校的教学当中，人们始终认为科学与人文并不能够融合。我们应该摒弃传统的刻板观念，确保人文精神能够以所有的知识体系为基础，并通过有逻辑的人文教育持续发展。为此，高等教育机构应利用通识课程来加大人文教育的力度。当高校被冠以"应用型"的标签时，这并不意味着它们在贬低大学的核心价值观。对于很多高校中盛行的面向市场需求的教学模式，我们应当对其加以正视，积极促进学生综合素养培养工作的全面落实。

鉴于未来社会的复杂性和多变性，高质量的通识教育模式能更好地培养具有丰富专业知识的人才，使他们能够更好地适应工作环境的多样化转变。所以说，我们必须推进对实训实践课程的建设工作，不断提升和改进教学内容，使得学生能够获得更优质的教育，进而实现综合素质的全面发展。

（三）构建专业核心课程制度

在课程建设的优化过程中，"以学生为中心"的理念被视为政策层面的核心价值。对于高校来说，在实践当中十分重视对育人观念的转变。甚至还有许多教师坦率地表示，要将课堂归还给学生，使学生成为教学的中心，还需要持续强化学生的自主权。然而，需要明确的一点是，以上种种改变，更多还是集中在教师个体层面，并未在整体课程结构中得到体现。所以说，在进行通识课程设置的过程中，我们可以通过认真建立一个专业核心课程体系的方式，寻找能够深刻体现该专业核心思想的知识点，并将其整合为该专业的核心课程或模块。对于教师来说，应确保自身所教授的知识既能够促使学生了解这些核心知识，又能够明晰其来源、应用价值及重要程度，教师还需要向学生解释该专业领域中尚未解决的问题，由此就能有效促进学生细致入微地探索他们所学的专业，并根据自己需求进行其他课程的学习，同时也可以利用这种方式，排除部分学生不感兴趣以及难以辅助其实现未来发展目标的课程，进而获得更优质的教学效果。

（四）加强模块化课程的设计

在有效推进我国的高等院校教育工作发展的过程中，应当顺应时代发展趋势，吸收各国发展经验，成功构建以中国特色为基础的，有着较高发展水平的现代化、应用型课程教学模式。并且，还需明确的一点是，应用型课程教学的最终目标不只是培养高水平的人才，而是重视各层次水平人才的培养。其中，高素质的应用型人才也是培养的重点。在面向学生的教学当中，需要确保其能够熟练掌握丰富的理论知识与具备优良的应用素质。对于国外的相关举措，我们需要吸取其经验与教训，就比如借鉴美国、英国等国的"模块化设计"，选择与就业能力存在强关联的专业知识和技能，并将这部分内容进行整理，以便更好地开展教学，使得学生能够更加方便地获得学习资源。

（五）改进课程考核评价方式

在对课程进行考核评价的过程中，需要结合各项政策要求对评价的各方面进行优化，之后基于资历框架的各项要求，积极借鉴现有的各项与之有一定联系的实践案例。关于课程考核评价目标的制订，需要重点关注学生操作技能的培养，并构建一个顺应时代发展的动态化的课程考核评价目标体系,从而更好地指导课程的建设工作。关于评价的内容,我们应该更多地关注课程中的实训实践环节,并构建一个完善的多维度评价体系,使其涵盖各方面的课程教学过程。现如今为了更为有效地评价学生的学习效果,在进行课程考核评价的时候,高校不再完全沿用旧有的评价手段,不再唯成绩论,而是选择对学生学习过程中的各项表现进行细致的评价,并推行企业与学生自身对于评价的参与,从而对学生的学习成就进行综合评价,由此就能够对学生进行全方位的评价,且可以提高所有利益相关方的参与意愿。关于最终的评价结果,需要在一定程度上呈现出时代和学校的独特性,主要表现为,在其中不只呈现学生课程学习结果的评价,还可以呈现学生的实习与实训情况等方面的评价,通过评价的方式,推动学生学习进步,并促进课程建设的完善。

三、企业方面

(一)强化行业组织的角色

对于某一行业的各企业来说,行业协会的存在能够在一定程度上对它们的利益进行维护,就比如在进行校企合作的过程中,行业协会的存在能够及时表现该行业内各企业的需求,以便积极影响校企合作的计划。所以说,为了促进行业协会的作用效果,我们应当进一步加强以行业协会为代表的行业组织在课程建设中的作用。在"双元制"的背景下,行业协会需要积极参与到人才培养的工作当中,并且还需要基于现行的法律法规对自身的各项责任与义务进行明确。为了有效促进高校课程建设的作用表现,就需要积极强化学校与企业合作的过程中双方的作用,而在此过程中,同一行业内的各企业需要组成行业协会,摆脱各自为政的散乱形式,积极参与到合作当中。

(二)建设行业企业参与机制

企业之所以参与到学校与企业的合作当中,主要是为了获得更多的经济利益。所以说,我们需要从多个维度出发,全方位地提高企业的参与度,并使其最终能够获得足够优质的参与成果,进而构建完善的企业社会责任实施机制,有效促进各行业企业积极参与到高校课程的建设,并为其提供合理的制度保障。第一点,我们需要在制度上完善学校与企业合作过程中面对的各项法律法规，明确企业的权利和责任，使得企业自身的合法权益不会在课程建设过程中被损害。并且，为鼓励各企业积极参与到高校课程建设当中，就需要为其提供必要的物质支持，还需要对课程建设过程中作出突出贡献的企业或个体进行表彰。第二点，借鉴美国、加拿大等国的成功经验，通过进行舆论宣传，使得企业与社会中的民众都明晰在学校与企业合作中企业应当肩负的责任，从而对企业的价值观和行为形成非正式规范的约束。第三点，我们需要充分提高企业管理者自身所具备的社会责任意识，并使其能够正确发挥自身在企业社会责任行为方面的影响力。

（三）加强行业企业与高校之间的关联度

高校作为校企合作中主要的参与者，同时也是合作课程建设的核心场所，所以说，高校需要紧紧抓住这一发展机遇，积极主动地在课程的构建和优化过程中为建立学校与企业的合作伙伴关系创造条件。为了拓宽学校与企业之间的合作途径，我们不应仅仅局限于传统的实训实践课程或招聘企业导师等方法，而更应该开阔思维，广泛吸纳行业内的诸多企业，使其共同参与到课程建设的整体流程中。目前，第四次工业革命正在进行，它以自动化和智能化为标志，在多个领域广泛开展。为了应对这一挑战，政府部门也制订了相应的战略方针。并且，在这一过程当中，高校本身也将会获得极好的机会实现质的飞跃。高校本身是启迪学生智慧并培养其理性思维的地方，其自身成长的目标不应是盲目的，而应该努力向着有利于社会发展的方向进步。也正因此，在进行校企合作的过程中，关于教学课程的设计与建设工作，学校应当始终坚持自身的主导，并积极与课程专业相关行业的企业开展深度合作，这样才能更好地提升学生的应用技能水平，并获得理想工作，由此就能全方位地提升人才培养的质量。

四、教师层面

（一）保障教师教育教学的自主权

在教学实践的过程当中，不管是课程设计还是最终落实，都需要教师参与其中，但是需要格外关注的一点是，教学的所有内容都是由教师基于自身所掌握的知识而呈现出的，在此过程当中，教师的自主权必须得到充分保障。教师可以直接与学生进行互动，而其也应当努力成为课程的主导者。对于接受教育的学生来说，他们对知识的吸收和理解都会受到他们过去经验的深刻影响。因此，教师需要深入了解学生，并基于自身对学生的理解，在学生所接受的新旧知识之间建立恰当的联系，创建一个"最近发展区"，以促进学生更好地掌握新的知识，最终达成课程教学的目标。

（二）增强教师课程建设的参与度

在课程建设当中，教师也是极为关键的参与主体，但是令人遗憾的是，教师在高校的课程建设过程当中，并未过多地参与其中。当我们在研究"评价"这一环节的时候，常常可以观察到，教师对现有的课程结构体系和内容持有一定的意见，并且他们对课程的目标的理解也未做到足够清晰。所以说，为了促进教师深入理解高校课程，并将自身理解与课程建设充分融合，就需要保证教师能够深入参与课程建设，甚至能够在其中发挥主导作用，从而确保在课程目标得以实现的同时，课程教学的主要内容与教学的方式可以更好地落实教学要求并推进教学工作，使得学生可以顺利达成预设的课程学习目标。

（三）提升教师之间课程建设合作

对于很多高校教师来说，课程设计与教学实践的相互协调配合并不需要重视。但是需要注意的是，为了有效促进高校的在线课程建设工作的顺利开展，就需要正确认识两者合作的重要性，并且，合作的主要目的不是改变教师在课程设计与教学实践中的主导地位，而是在新的教育理念指导下，在多个层面上加强教师之间的合作。合作在课程建设中至少涵盖了两个方面的内容：其一是强化高校的普通教师与企业教师的合作。虽然在"规划"这一环节中对"双师型"教师的教学模式进行了重点阐述，但是在之后的具体落实方面，各方并未对这一模式作深入理解，学校和企业在教师层面的合作仍然非常浅薄。所以说，有必要加深双方教师之间的合作，并在条件允许的情况下，由行业协会主导，使高校和企业共同建立交流平台，以期深入探讨课程建设，进而基于生产实践应用的目的，更好地培养应用型人才；其二意味着需要强化高校教师间的协同合作。简单来说，伴随着高校的扩招，高等教育得到了广泛推广，且近年来应教育改革的要求，高校正在积极推进转型工作，高校内的师资队伍也在不断壮大、不断优化。而此时，高校在进行课程教学改革时，部分老教师尚且不能适应时代发展，依旧在使用老旧的思维方式对课程内容进行理解，为解决这一问题，就需要积极开展教师合作，通过彼此之间的交流与合作，增强老教师对新知识和新思想的认识，从而获得更好的教学效果。除此之外，在交流与合作的过程当中，新入职的教师也有机会从资深教师那里吸取教育和教学的宝贵经验，从而提升自身教学能力。

（四）着力构建新型师生交互关系

随着课程建设的持续深化，以及课程观念和环境的持续更新，学生与教师之间的关系也摆脱了传统单一的"以教师为主体"或"以学生为主体"的"主体—客体"型模式，最终转变为一种新型的交互关系，即师生之间的交互主体性关系，由此使得师生之间的距离缩短、关系更为亲近，最终实现了彼此之间关系的民主化。所以说，在这一转型过程中，有必要重新审视和理解二者的相互关系，并将二者融入课程建设的整体进程中。在教师的引领和指导下，进一步加深教师和学生在课程建设中的参与度，改善二者关系，最终有效促进师生之间的互动。

第四节　国内在线课程建设研究

一、在线课程的定义

在线课程学习的特点主要表现为，在互联网当中利用在线技术发挥主观能动性进行学习；学习对象具有多样性，其作用对象包括高校内部的教师与学生以及社会人士；在教与学的关系上有着不同的表现，在线课程强调学生应是学习的中心，鼓励他们通过有个性的学习来构建自己的知识体系，而教师在整个教学过程中只需要作为指导性的角色存在，而不是简单的传授知识的人。关于在线课程，一些学者解释为："在线课程是指在网络环境中，学习者自主学习为主的课程，是为表现某一门学科教学目标而实施的教学内容和教学活动的综合"[1]。关于在线课程，也有学者给出如下解释："在线课程就是一种大多数或所有的内容都是在线进行的课程，通常没有或极少的面对面教学"[2]。在作者看来，现如今盛行的在线课

---

[1] 武法提. 论网络课程及其开发 [J]. 开放教育研究，2006，（01）：68-73.
[2] 赵菁，迟艳杰. 在线课程对教学的影响 [J]. 现代基础教育研究，2015，19（03）：94-97.

程是利用互联网实现的，是主要用于针对某一具体学科的课程。

二、国内在线课程建设的价值

教育的现代化依赖于教育的信息化，而且它也是推动我国教育改革和创新的关键。教育的信息化已经变成了解决教育改革中遇到的各项难题的关键手段，也是我国走向教育强国的重要举措。在线课程是先进的信息技术与高等教育深度结合的产物，它的诞生将在很大程度上有效促进国家高等教育的创新改革与发展。并且，值得关注的是，在线课程也逐渐在全世界得到普及，对于所有国家来说，在线课程建设情况，直接决定了本国国民教育的安全程度以及自身对于教育主导权的掌握程度。

（一）提高教育资源供给能力的途径

现如今，我国的经济和社会发展已步入了新的常态，在此过程中，经济链条结构也发生了诸多变化，进而导致社会所需的人才链结构也出现了相应的变化，为此，高等教育的人才培养也应当作出相应改变。目前，高等教育改革所造成的边际效应产生的影响正在减弱，这就需要我们及时构建一个新的教育生态。需要注意的是，教育资源供给能力的不断完善与改进直接决定了新构建的教育生态所具备的承载能力的高低。在线课程通过运用先进的信息技术工具，进一步增加高质量教育资源的共享范围，使得诸多学习者都能够获得丰富且合理的学习服务，以确保能够更好地满足我国现阶段经济社会发展对高等教育质量和规模的追求。

1. 经济发展新常态对高等教育人才培养提出新需求

需要明确的一点是，在过去，我国经济的高速发展是通过高额的投资和消耗来维持的。现如今，经济增长形式已经出现了明显的改变，相比于传统的模式，变化主要体现在将规模和速度作为核心的经济增长要素，人们开始关注集约化的增长模式，而这一模式更为关注质量效益，并明确了经济转型和升级的关键就是对高质量人才的应用。要提高经济的质量和效益，就需要重点优化产业结构。简单来说，要想切实有效地探明经济增长道路，并确保经济的可持续发展，就需要进一步促进产业结构向着中高端方向转型发展。对于产业结构的升级转型来说，人才是动力源泉，而高质量的人才则是产业机构进行转型和升级的关键。为了更好地适应未来的经济发展，我们需要进一步促进发展模式的转变，而要实现这一目的，首先需要有效地执行创新驱动的发展战略。简单来说，创新的真正驱动力是人才，重视人才就意味着能够更好地进行创新、转型、发展。因此，在这一背景下，产业链结构的调整迫使我国不得不对人才链的结构进行相应的调整，而这也使得我国的人才培养面临着前所未有的严峻挑战。

2. 大学改革边际效应递减

鲁塞尔·埃杰顿（Rusell Edgerton）认为："当21世纪的大幕升起，根植于讲授为主的工业时代教学观的20世纪教育，不再能胜任大学生为迎接未来挑战而做的准备工作"[①]。简而言之，传统的教学模式在现如今已经很难适应新生代学生的需求，主要是因为，这些学生在信息化时代接触了海量的信息，这也促使其逐步形成了多样化的价值观和学习动机，逐渐减少了对以教师为中心的知识传递方式的兴趣。鉴于高校在近年来持续扩大招生规模，且学生的学习需求逐渐多样化，以及经济和社会的发展等方面对高校的人才培养质量有着更高的要求，使得我国的各大高校都在积极寻找改革创新的新途径，于是，教学改革逐渐成为当前我国高校教学的一种普遍现象。然而，需要明确的一点是，在经济和社会的持续发展之下，高校的教育改革正面临无与伦比的外部压力，且在此过程中，高校的教育改革也在不断深入，此时，若是只简单地叠加部分改革手段将无法取得显著效果，最终甚至会直接导致高校改革的边际效应逐渐减弱。所以说，为了能够有效促进高校教育改革的内在活力，有必要重新审视和解构以往的组织构架、社会构造、人际关系，以塑造一个全新的高等教育发展生态系统。

3. 在线课程提高教育资源供给能力

在经济新常态的背景下，高校十分渴求人才，而这一问题的存在也使得高校的教育改革工作不得不面临着前所未有的挑战，对于高等教育来说，随着时间的推移，其边际效益正在逐渐减弱，而这时，人们对于新的教育生态的建设就有了更为迫切的需求。一般而言，对于教育生态来说，其承载力的大小主要受两方面的影响：其一是环境发展的支撑能力，其二是教育资源的供给能力。教育的需求

[①] 弗兰克·纽曼，莱拉·科特瑞亚，杰米·斯葛瑞；高等教育的未来：浮言、现实与市场风险[M].李沁，译.北京：北京大学出版社，2012：145.

和期望是环境发展支撑能力的主要表现。对现阶段的国家进行研究发现,为了有效促进教育生态本身支撑能力的提高,需要对教育资源本身所具备的供给能力进行强化。在对我国的高校教育发展情况进行研究之后,我们能够明显发现,我国的不同地区在经济与文化上有着不平衡的发展情况,所以直接导致我国各地区的教育资源发展并不平衡。现如今,我们能够利用在线课程教学的方式,面向不同区域的学习者进行教学资源的共享,促使诸多学习者能够在不同时间与地域获得相同的教育服务,真正实现教育公平。另外,借助先进的信息技术就能够促使学生获得各种各样的教学服务,也能够进一步提高不同人才的培养质量。

(二)实现个性化学习的支架

对于教学来说,个性化的学习极大地体现了教育本身的公平性,也是在很大程度上有效推进了信息化时代创新人才培养,以及满足学生多种多样的学习需求所不可或缺的途径。多年来,伴随着高等教育的不断普及,它也面临着诸多挑战,其中最为关键的就是大班教学和个性化教学之间的冲突。另外,通过大数据构建的在线教程为实现学生的个性化学习创造了条件。对于学生来说,在线课程的优点在于,它可以保证学生的学习不会受时间和地点的限制,在此前提之下,他们也能够根据自身需求进行个性化的学习,并仔细记录学习者的学习行为。为了确保个性化教学的顺利进行,教师可以利用数据分析手段来深入了解学生,从而准确把握他们的学习进度,现如今,在线课程已经成为实现个性化学习的关键。

1. 个性化学习是教育的生本化回归

个性化学习充分彰显了教育本身所具备的公平性,简而言之,就是个性化学习的核心目标是在尊重每个学生个性差异的前提下,促进他们心智的全面发展,而这也极为契合教育的根本特征。对于从古至今的人类来说,教育公平是他们亘古不变的愿望。通过立法对民众能够接受教育的权利进行维护是亚里士多德的观点,推行初等义务教育则是柏拉图的主张。孔子主张"有教无类",即强调所有人都有接受教育的权利,但是需要得到有针对性的教育,以确保其能够实现长足发展。值得注意的是,我们所强调的个性化教育就是在践行以人为本、以生为本的原则。在现代社会当中,只有拥有足够知识储备的人才能够成为有效推动国家发展的人才。

2. 信息化时代学习需求多样

随着全球一体化不断推进以及信息技术的持续发展，现如今的学生在学习方式和需求的表现上也呈与当前时代同步发展的趋势。首先，现如今的学生在接受了多元价值观的影响之后，不再只追求通过教师的课堂讲授获得知识，他们的价值观更倾向于实现自我价值，更倾向于个性化发展。由于学生在学术领域的探索和研究中所感受到的兴趣和乐趣逐渐减少，使得传统的灌输式知识传递方式已不能满足学生的个性化成长需求。同时，在信息化时代，网络中存在的海量信息已使得学生能够拥有更多的知识获取途径，与此同时，伴随着多媒体技术的进步和完善，也使得学生能够通过更加方便的方式获取信息。一般情况下，学生若是单纯地通过传统的课堂教学的方式获取知识将不再现实，因为通过这种方式，他们将不能满足自身对多样化信息的需求；其二，随着"互联网＋"技术的不断进步和日益完善，它不仅彻底改变了我们的生产和生活习惯，同时也对学生的学习方法产生了深远的影响。学生们已经逐渐适应了在互联网环境下的生活和学习，随着移动设备和互联网的广泛应用，它们已经变成了课堂教学的强大对手，有些教师坦言：他们正在与手机竞争教学主导权。

在信息化时代，教育面临的挑战不仅局限于学习方法的革新，更为关键的是教学中心的转变，就比如，在信息化时代，教学的中心逐渐从教师身上转移到学生身上，而此时，教师的主要工作就是对学生施加引导，使其能够更轻松地实现知识的建构。需要明确的一点是，建构主义的学习理论代表了现代学习理论的一次巨大变革，它是决定现代教学理论和实践走向的关键。通常情况下，建构主义更为关注经验的能动性和发展性，在它看来，经验的诞生依赖个体与周围环境的互动。对于学习者来说，学习是一个充满活力的旅程，在这个过程中，他们依赖于自身已经掌握的知识来实现新的经验与思想的建构。并且，他们始终坚持，知识来源于精心构建，而不是他人传输。教学本身不仅仅是进行知识的迁移，更多的是由教育者利用自身已掌握的知识来阐释经验和逻辑推理，并对这些推理的过程加以反思。建构主义的观点是，学习本身是学习者与外部世界的互动与交流的过程。每个学习者都能够感受到其独特的意义，并且，这些意义并不是孤立于学习者之外的。对于不同的学习者来说，受其经历影响，他们会对同一种事物或现象产生并不相同的独特观点，并进行深刻的反思。在学习者之间，意义的构建不仅是一个交流和沟通的过程，而且还是知识构建中最为高效的手段之一。对于教师来说，在学生的学习旅程中，应努力扮演辅助和引导的角色，而不仅仅是简单的传授知识者。他们需要协助学生创建一个积极的学习环境，并使学生成为良好的学习共同体，使得学生之间能够更为顺畅地进行思想交流与彼此合作。另外，还需要引导学生发挥主观能动性，鼓励其积极主动地搜集学习的各种资料，并进行有效的沟通和交流，从而更好地进行知识的建构。

3. 在线课程支撑个性化学习实现

在传统的教学模式中，大班教育与个性化教学是以对立的关系存在的，且二者之间的矛盾冲突并不能得到合理平息。基于上述矛盾因素的存在，导致高校在近年来的扩招进程中，难以根据各学生的不同进行针对性的教学。之所以出现这种情况，主要受以下两个方面的因素影响：首先就是高校自身在教育方面的实际服务能力的影响，其二就是教师很难量化不同学生在学习中表现出的差异。在线课程教学当中，通过对教学的组织和服务模式进行革新，从而更好地帮助学生进行个性化学习。需要注意的是，在线课程充分利用了信息时代大数据的优势，对学生在个性化学习中的具体表现进行了详细的记录，并作出了合理的评价，使得教师能够根据相关评价进行有针对性的教学管理和服务。对于学生来说，可以根据自己的在线学习需求，合理地选择学习的内容。之后，教师就能够在后台获取不同学生的在线学习情况，并基于大数据的详细分析，深入了解学习者的学习习惯和学习进度，并对之后的教学进行一定的调整，使得不同的学生都能够获得对应的学习指导服务，最终有效推进个性化学习进程。

（三）应对教育安全问题的抓手

1. 国民教育体系独立性受到挑战

国民教育体系存在的重要作用是对自身的民族意识和传统文化进行传承与发扬，其本身具有较强的独立性。值得注意的是，它所具备的独立性在很大程度上有效促进了民族文化与知识传承的独立。借助国民教育体系能够有效落实国家、民族和文化的认同教育，值得注意的是，若是它自身的独立性得不到保障，那么接受教育的学生就不会产生较为深刻的关于国家、民族和文化的认同，甚至于根本不会产生认同。伴随着时代的发展，全球化进程的加快，各类先进的信息技术得到了普及，人们对于各种不同领域的知识的获取也越来越便利，而这也在很大程度上影响了国民教育体系的独立性。与此同时，在这一过程当中，国民教育体系也深刻展现了自身的开放性。值得注意的是，若是不对国民教育体系的独立性加以维护，就会在很大程度上导致本国的意识形态受到侵蚀，甚至会影响国民的价值观塑造。对于国民教育体系来说，现如今盛行的在线课程教育的理念与方法都是维持其独立性的严峻挑战。

2. 教育信息安全面临威胁

2017年6月1日，《网络安全法》的颁布标志着我国网络安全步入了一个崭新的阶段，它确定了一点，即我国的网络空间主权，这一政策也直接明确了网络中各项产品与服务的提供者应当承担怎样的责任与义务。值得关注的一点是，对于一个国家来说，网络信息安全的重要性不容置疑，因为它不但属于国家的重要资源，也是一个国家安全架构中至关重要的组成部分。现阶段，国外的诸多优质在线课程资源吸引着越来越多的国内学习者浏览学习，在这一过程中，因为这些国外优质教学资源的引入，网络安全的重要性已经越来越被重视。有学者就曾说道"谁掌握了信息，谁控制了网络，谁就拥有了整个世界"[1]。伴随着近年在线教育课程的飞速发展，越来越多的人开始学习国外优秀的在线课程，值得注意的是，这些行为可能会对我国的教育信息安全产生严重的威胁，主要是因为这些人在学习知识的过程中，他们自身的信息与其产生的诸多学习数据会被存储于国外的学习平台中。除此之外还需要注意的是，因为我国的在线课程学习平台建设较晚，所以在一定程度上借鉴了国外同类型网站的源代码，这一行为也直接表明，我国在信息数据领域落后于国外，也说明我国的信息数据安全面临着一定的威胁。学习者学习在线课程的时候，会将关于自身的各种信息传输到在线学习平台中，其他国家也可以访问这些数据，这不但使得学习者能够迅速且全面地了解我国国民教育的各种问题和特性表现，也会为我国的教育信息安全体系的独立性带来了巨大的挑战。

3. 在线课程本土化应对教育安全

在信息化时代，随着在线课程的迅速崛起，如何处理在线课程造成的教育安全问题已经变得至关重要。为了牢牢把控我国高等教育的主导地位，确保我国的意识形态安全不被破坏，并强化国民意识形态的战略意识，我们必须努力构建能

---

[1] 乔荣学, 李翔, 翟坚, 等. 云计算及基于此的互联网应用发展 [J]. 科技创新导报, 2011, (18): 20.

够展现中国特色的在线课程，这是一个战略性的思考和选择。为此，教育部已经明确指出，我们应该根据国家的实际情况，依靠自主建设的手段，充分利用我国高等教育的传统优势，汲取国际上的先进经验，最终构建出一个能够展现中国特色的在线开放课程体系与公共服务平台。对于国家来说，构建在线课程本身并不只是为了开展教育工作，更重要的是，借此展现自身文化软实力，并牢牢把控高等教育和意识形态的主导权。

三、"互联网+"时代在线课程建设面临的困境

在我国，高校在线课程作为信息技术在教育领域的经典应用实践，已经走过了超过十年的发展与完善之路。在推动高质量资源的整合与共享、实现教育教学的创新发展等方面有着巨大的进步，值得注意的是，在这一过程当中，我们虽然常常会遇到各种问题，但是，我们也能够从中吸取经验。在人们对中国高校的在线课程建设发展历程进行了研究之后，可以明显发现，其核心只是对现行的高等教育管理体制和结构框架进行的细微调整，并未在知识的生产、传播和消费等环节作出显著的变化。在"互联网+"背景下，仅仅通过技术来推动教育本身实现创新发展并不现实，并且，在我国的高等教育机构中，在线课程的建设依旧需要处理各种困难。

（一）教育文化影响教学模式变革

由于我国的教育领域长期以来受到传统文化中的"尊师重道"思想的影响，所以，我国教育文化中十分强调"教"这一核心思想。在课堂教学中，"尊师重教"这一思想的具体表现就是教师权威不容侵犯，任何学生都不可挑战教师的权威，同时，教师在课堂和课程学习上的控制能力也十分突出。关于"更偏向于学习"还是"更偏向于教学"的教育观念，核心问题可以归结为"知与能""文与道""学与教"以及"教师与学生"之间的相互关系问题。目前，我们先不对"学"的教育文化的好坏作出评价，而是先对"教"进行研究，我们能够明显发现，它的存在有着以下四个方面的问题，首先就是传统的教学模式直接导致教师与学生之间很难进行平等的情感沟通，这种师生间在沟通机制方面的不足可能会使教师在激发学生的学习热情和培育其生活情趣方面显得力不从心；第二个问题是，采

用小循环和闭锁式的教学活动设计可能会导致学习者只沉溺于理论知识中，最终与现实生活产生距离，直接导致学习者所学知识并不能与现实生活中遇到的问题适配；第三个问题是，课堂内预设与生成之间的比例失衡使得学习者的思维张力被影响。教师在教学中照本宣科，使得教学活动枯燥无聊，直接削弱了学生的学习兴趣，也导致学生自身的创造力与学习积极性受到了严重的负面影响；第四个问题是，在教师与学生、学生与学生，以及教师、学生与教学资源之间，并未做到合理的互动，他们彼此之间的交流常常是单一维度的，这极大地影响了学习共同体和教育生态环境的形成，甚至影响了学习的最终成效。

在"互联网+"背景下，知识的生成、传播和消费过程的转变，属于知识的最显性发展。知识的客观性、普适性、绝对的确定性以及与价值无关的传统观念正在被挑战。随着时间的推移，知识的价值取向已从普遍化、中立化、累积化和分科化逐步向着满足学习者新的期望转变，也就是更为强调知识的价值化、批判化、综合化等方面的重要性。在知识的生成、传播和消费过程中，知识与人之间的关系是人们最为关注的一方面，与此同时，课程如何处理知识直接涉及这个核心议题的具体内容。

受到我国传统教育文化的深刻影响，我国各大高校的在线课程的主要教学方式依旧依赖于知识传递策略和行为主义教学，并且，在教学过程中，教师的权威性一直是不容置喙的问题，而这也直接导致了一种观念的产生，即把学生放在中心位置就是对学生的放任，引导学生自主学习就是要求学生自学，开展探究式学习就是在互联网上查找资料等。通过对上述认知进行细致分析之后，我们能够明显发现，现如今流行的在线课程无论结合多少种先进技术，其本质上并未发展变化，更多的是技术和教育的叠加。

（二）教育条件阻碍服务模式创新

面对日益加剧的全球国与国之间的竞争以及教育领域的竞争，我国需要坚持将教育信息化的实现作为一项关键的战略手段。就比如"校校通"项目、"高等学校现代远程教育试点"等多项战略措施，都是我国为进一步促进教育信息化的实现而付出的努力。然而令人遗憾的是，在这一过程中经常存在着信息化应用的水平相对较低，教育信息化产业"投入大、收获少"等问题，且这些问题共同构成了我国教育信息化建设的一大挑战。虽然我国在推进教育信息化的过程当中进行了庞大的资金与资源支持，但是需要格外关注的一点是，在这一过程中，很多资源并没有得到有效应用，且建设工作也并不是一帆风顺的。除此之外，由于地域不同，经济增长的速度不同，导致不同地区出现了明显的"数字鸿沟"，且这些差距相当显著。但是，对于一个国家来说，教育的均衡不仅是自身进步和实现社会和谐的核心要素，同时也是教育信息化进程中的一个重要目标。所以说，我们需要通过教育信息化，实现全国各地优质教育资源的共享，确保偏远地区教育资源不足的问题可以得到明显改善，实现教育均衡。对于西部偏远地区，我国利用各项国家政策，积极开展网络教育工程建设项目，极大地改善了当地教育资源匮乏的现状。然而，需要格外关注的一点是，因为各方面的因素限制，我国现阶段依旧存在着教育信息化发展不平衡的情况，并且，这一问题也将长期存在。

对于"互联网+"教育来说，其根本目的并不是追求实现教育的技术化或互联网化，而是寄希望于利用互联网，打造一个全新的教育信息生态。利用互联网，我们就能够有效促进与教育领域各方的交流与融合，进而有效促进服务模式的创新发展。除此之外，中国在教育信息化应用方面并不具备较高的水平，并且发展存在明显的不平衡问题，所以，这就直接导致我国的高校在普及和开放在线课程的时候面临着比较多的问题。另外，需要注意的一点是，在开展课程合作的时候，那些有着较多高质量教育资源的高校很难从合作者那里获得足够的利益，所以并不会表现出过于明显的积极性，与此同时，那些掌握高质量教育资料较少的高校，因为自身教育信息化条件较差，往往缺乏有效的协同工作能力。所以说，正因为上述诸多问题的影响，直接导致了高校的在线课程服务，现如今仍然以单一机构的封闭服务模式存在，在线课程中的教师和课程主要由本校提供，由于"数字鸿沟"的存在，在互联网连接的共享教育领域中，各大高校的教育资源很难实现互联互通，也就导致新的教育生态难以形成。

（三）教育管理限制应用效益提升

随着我国的高校不断扩招，教师的教学任务也逐渐加大，而这也直接导致教师很难有足够空闲的时间进行自我能力的提升，也很难真正了解每位学生的独特性和他们的发展情况。在高校当中，教师之间存在广泛竞争，而大部分教师也时刻处于竞争的强压下，在此过程中，高校教师所发表的论文数量有着明确规定，以及其用于科研中的经费指标也由自身的各方面考核决定，这导致高校教师时刻承担着繁重的教学与科研的压力，直接导致其在进行在线课程的构建和应用时，常常不会表现出明显的兴趣。由于时间安排、教学能力与观念等方面的限制，高校教师在进行在线课程的设计与构建的时候，并没有充分发挥其有别于课堂教学的优势，而是机械地将课堂教学进行网络化，并将其作为在线课程进行提交。

需要明确的一点是，"互联网+"的背景下的在线课程不只是要求进行课程的网络化，更为关键的是，需要对传统的教学模式进行思维上的创新。在此过程中，教师应当将互联网作为创新元素与基础设施，来推动以学生为核心的个性化教学模式的转型发展。由于我国高校的教育管理体制中"重教文化"的缺失，所以直接导致教师常常在行政干预下被动地进行在线课程的应用，而这也在很大程度上影响了在线课程的建设质量，还极大地削弱了其应用潜力。一般情况下，在线课程的应用还会受到教育管理体制差异的影响，在这一影响之下，会严重影响教学模式的改革，还限制了应用效果的进一步提高。

四、"互联网+"时代在线课程建设的改进措施

在线课程建设的核心目标是满足学习者个性化学习的需求，这也是在线课程建设始终坚持的核心理念。"互联网+"的背景下，在线课程与网络课程存在明显差异，它更多地代表了一种创新的思维方式。"互联网+"的概念并不仅仅是数学层面的叠加效应，它更多的是乘数和指数效应的结合。"互联网+教育"的理念是利用"互联网+"来驱动教育思维的创新、教育方式的革新和教育体系的重塑，从而为数字教育资源的供给创造一个创新性模式。这意味着每个人都能平等地获得高质量的学习资源服务，每个人都可以自愿并自由地进行各类学习资源的创作、分享，使得高质量的学习资源可以在全球范围内实现流通，每一份资源的知识版权都不会被侵犯，也在很大程度上有效促进了教育体系的全面改革和教育生态的重塑。在"互联网+"时代的数字教育资源供给侧改革要求下，国内高校之前所坚守的，在现有教育体系内加强和完善传统教育方式的策略已经不再适用。利用"互联网+"与高校教学资源的结合，创建优质的在线课程，实现各类教育资源的共享，推进智慧共生建设进程，使得学生能够在课程学习中实现自我交互，还能够有效促进现代化教育资源共享目标的实现。为此，在线课程建设应当在微观层面的课程应用和宏观层面的战略思维上实现重大突破。

（一）创新教学模式

在现代信息技术的持续发展完善的过程中，技术对于教育创新方面的支持和推动作用越来越明显。然而，通过对现阶段我国高校在线课程建设的实际应用效果进行深入研究之后，可以明显发现，在现有的教学框架内，在线课程教学模式的发展、完善与满足学习者个性化需求之间有着难以调和的矛盾。需要明确的一点是，现如今被应用的在线课程主要还是依赖于知识传递策略和行为主义教学模式，其对技术的应用只存在课程资源的展示和管理中，并未与教育进行深度融合，并且，在线课程本身在学习支持、教学交互等方面的功能表现并不尽如人意，仍旧表现出了较为明显的局限性，很难确保学习者可以通过在线课程完成个性化的学习。

对于教育技术这一学科来说，其发展过程当中始终需要面对教育与技术之间的深度结合的问题。与此同时，学术界一直以来都十分热衷于讨论教育与技术之间存在的相互关系、主张、利弊。为了能够切实彰显出教育内技术的作用，就需要将教育与信息技术进行深入结合并加以内化，最终使得技术本身的各种属性、构造、作用等技术因素对参与其中的教育主体产生实质上的影响，进而充分表现出技术在教育中的价值。在"互联网+"的背景下，教育与技术之间的关系得到了新的发展机会。在理解和定义"互联网+"时，我们不应该仅仅从技术工具的角度看待它，而应该将其看作工具、技能、经验等元素的集合体。同理，在"互联网+教育"当中，并不是机械地将教育与互联网进行一定程度上的结合，它不仅涵盖了预先设定的学习环境和条件，还涵盖了各类教学主体在学习过程中的动态生成。

在线课程中的学习的环境、目标、策略、内容等各类关键的学习元素和它们之间的关系会受到"互联网+教育"的影响，之后，在学习要素与相应的关系出现的一系列改变将会在很大程度上有效促进教学主体关系的变化，也能够借此促使教学模式进行一定程度上的创新发展。在"互联网+"当中，其核心要素就是对自身拥有的各部分内容进行新的解读与重构，进而促成它们之间关系结构的变革和重组，而这也有效促进了技术与教育于在线课程建设中的深度融合。

要想于在线课程的建设中创新教学模式，就应当彻底改变传统建设过程中使用的方法，需要明确一点，即互联网本身可以在很大程度上有效促进教学要素的重构，也能够在实现个性化学习的建设过程中发挥作用。对于互联网的应用，我们需要在教学互动、学习支持等诸多方面发挥其作用，重点关注互联网技术与教学的结合。通常情况下，我们可以将在线课程教学中的教学交互进行层次的划分：首先，学习者可以将信息来源中的数据信息进行加工，使之成为有一定含义的信息。其次，学习者与教师、学习资源等进行互动，将有价值的信息整合到自身已经掌握的知识体系中。最后，学习者之间的互动，他们对自身获取的新知识加以自我建构，并对各类自身未曾了解的新问题进行更深层次的思考并加以应用。

利用"互联网+"，我们成功地实现了各类前沿信息技术与教育领域的融合并进行了一定的创新，这一行为旨在强化对于教学与学习当中的技术支持，通过这一手段能够极大地促进在线教学中的教学模式的创新发展，也能够进一步加深教育与技术的结合程度，在这一过程中，DIKW模型所提出的三重教学交互也得到了明显的验证，首选就是学习媒介多元化理念。在这一理念当中，我们需要实现现代先进的信息技术与在线教学的深度结合，通过多项优秀的现代信息技术的应用，使得学习者能够获得多元化的良好学习环境。其次就是学习支持个性化理念，进一步深化在线课程与"互联网+"技术的融合，创新发展各项先进信息技术，促进教师、学生与教育资源之间的交流与互动。最后是学习生成精准化理念。我们利用云平台，构建"互动反馈系统"，对在线教学中的教师与学生的教学情况、学习情况以及出现的问题等方面进行监测，并利用"互联网+"实现不同领域的交流与融合，最终构建一个涵盖不同领域内容的科学化的在线课程理论研究体系。

（二）创新服务模式

在"互联网+"中，通过"+"能够实现各类数据信息的联通，也能够进一步促进不同领域数据信息的流动。在"互联网+教育"当中，教育资源借助互联网，促使教育领域当中不同的要素进行交流，也能够进一步促进教育领域与不同领域的结合，极大地丰富了教育资源，促进了教学领域的发展与创新。在"互联网+"的配合下，我们可以搭建一个能够被合理应用的数字教育资源服务体系，并基于此对资源供应和服务方式进行一定程度上的优化，由此就能够确保优质的数字教育资源得到合理分配，极大地减少各类无效资源的浪费。通过这一改革过程，学习者在获取资源的时候，能够比以往更为轻松地获得极其丰富且适合自己的教育资源。

伴随着时代的发展，我国的社会日新月异，高校的人才培养需要及时进行顺应时代发展的改变，制订更新的标准。与此同时，教育资源本身所具备的供给能力在满足学习者的个性化与终身学习需求的时候，常常会面临较为严峻的挑战。在教育资源的供应方面，若只是单纯地依赖技术手段，将难以满足时代的需求。"互联网+"的存在为我们有效增强教育资源本身所具备的供给能力开辟了新的途径。采用"互联网+"技术进行在线课程的创新，可以重新解构教育领域内存在的诸多要素和它们之间的各种关系，从而能够有效促进教育与其他领域的深度融合。由此就能够更好地展现各种教育资源的价值与作用，并进一步强化教育资源的供给能力，使得当地的教育资源能够得到充分的调配与应用，使得基于"互联网+"而创建的在线教育能够切实转型成为公共服务范式。

现如今，在"互联网+"不断发展的情况下，在线课程建设也需要与时俱进，积极寻找与之结合的切入点，走上创新发展之路。并且，应将它作为创新要素的载体，让不同的教育机构以及教育行业和其他行业之间也能够借此在一定程度上实现融合，由此就能够保证在不同环境和条件下的学习都能更加紧密地联系起来，从而形成一个更为开放的教育服务体系。为了达成这一目标，我国的高校在在线课程建设中需要重点探索新型的可持续发展模式。在此过程中，高校需要切实了解在线课程建设的重要性，并通过合适的手段将之与高校教学进行有机结合，拓宽人才培养路径，深化自身为社会提供服务的能力。对于不同地域的高校来说，利用"互联网+"可以有效打破地域环境与学校之间的限制，从而真正实现教学资源的互联与互通，除此之外，利用"互联网+"技术，不同的高校之间还能够进一步推进关于学分的认证、转换等制度的落实，确保学校内外学习的有机结合不被破坏。其次，政府需要重点推动在线课程建设的规范化。除了在国家层面构建一个集中的数字教育资源公共服务体系外，还需要以国内不同地区和行业的教育实际需求为基础，按照地域、行业和专业进行不同类型的在线课程建设，并通过具体案例来影响各个方面的发展。积极促进现阶段各个在线课程建设的共享与传播，并建设对应的质量标准，以便更好地建设优质的在线课程，在此过程中，还需要积极推进在线课程与课堂教学的协调配合。并且，在推进在线课程建设的过程中，还需要有目的地寻找最合理的在线课程建设市场化的方向，对于高校的在线课程，可以邀请第三方进行合理的监管。并且，高校还可以邀请社会各界共同进行在线课程的建设。

（三）创新管理模式

在线课程当中，始终将学习者作为教育的核心，而这一点也是其与网络教育、远程教育等类型教育的最为明显的区别。然而，需要明确的一点是，现阶段我国的在线课程建设仍然有很长的一段路需要走，因为我国不同地域的教育文化、条件、管理等方面还存在一定的差距，且至今未完全达成"以学习者为中心"的目标。技术在教育领域的应用能够极为真切地展现出教与学关系发生的创新和变革，但是令人遗憾的是，现如今的教育管理方式在很大程度上对教与学关系的进一步创新造成了阻碍。在"互联网＋"的背景下，在线课程建设的核心目标是改变传统教学要素之间的固有联系，摒弃过去的知识传递方式，结合"互联网＋"这一项技术实现教与学关系的创新，并进一步促进教学管理模式的改革。

在我国的传统教育文化当中，一直存在着"尊师重道"的传统，与此同时，高校的教育管理体制也一直保持着"自上而下"的传统，若我们彻底改变"以教师为中心"的教学方式，其最终的改革结果是否对我国的在线课程建设产生积极的影响，对于任何人来说，都是一个值得深入探讨的问题。在目前仍在发展的国内高校在线课程体系中，过分关注学习者的主观能动性一定会导致教师在教学过程中失去主体性。

通过对我国各大高校的线上课程建设及其具体发展情况进行研究之后，可以明显发现，现阶段我国的高校在线课程建设需要深度汲取中华优秀传统文化的精华，并对教与学做到同等重视。值得注意的是，要想促进该过程中教师与学生各方面的成长，就需要对不适应时代发展需求的在线课程教学管理模式进行优化。在改革过程中，需要紧密结合各地具体发展情况，基于因地制宜的创新理念，为优化之后的在线课程教学管理提供保障，促使参与课程教学的教师都能够积极发挥自身的主观能动性。在建设过程中，高校要积极推进线上与线下教学互相配合的教学模式建构，教师则需要积极引导学生发挥主观能动性，以积极态度开展学习。另外，参与到在线课程教学当中的高校教师还需要不断深化自身信息化水平，以确保自身可以更好地进行丰富多样的在线课程建设工作，使得学生在各方面的学习需求都能够得到切实的满足。除此之外，在进行高校的在线课程建设的过程中，高校不但需要重视课程的顶层设计，还需要及时了解教师与学生的各项需求，并在设计过程中对其中合理的需求进行满足，而且还需要积极培养学生的建构式学习习惯，切实营造出一个由教师、学生与各类学习资源共同构成的教育信息生态系统。

第三章 高等教育管理体制改革

本章依次介绍了高等教育管理体制改革的理论基础、高等教育管理体制改革的沿革与现状、高等教育管理体制改革的路径、高等教育管理信息化研究五个方面的内容。

第一节 高等教育管理体制改革的理论基础

高等教育管理体制改革所涉及的基础理论主要有高等教育管理和公共管理两个理论体系。之所以还涉及公共管理理论，主要考虑是公共管理的研究对象是涉及一切个人、集体或国家利益的公共事务，高等教育是典型的公共事务。

一、高等教育管理理论

高等教育管理理论是以高等教育中的管理现象为研究对象的理论，中华人民共和国的高等教育经历七十多年的发展，逐渐确立了三个核心的管理理论：一是以科学主义为导向、以效率为中心的科学管理理论；二是以人本主义为导向、以民主为中心的人际关系学说；三是以伦理主义为导向、以道德为中心的伦理管理理论。这三个基本管理理论具有各自鲜明的特点和功能，体系逐步健全，并日益完善。作为高等教育管理理论的集大成的《高等教育管理学》教材或著作也相继问世。

从总体上来说，高等教育管理理论一般依据两个标准来展开，一是管理过程，二是管理体制。管理过程派是以高等教育为"偏"，以具体管理过程为"正"，形成了涵盖高等教育计划、组织、人事、领导和控制，再辅以概述、管理原则、内部管理、管理方法与技术的知识体系（代表如高天翔等）。管理体制派是围绕体制的概念——即职能定位、机构设置、权力关系、决策体制和运行机制来展开，围绕内外"两个兼顾"，亦即外部注重探讨政府、市场、社会、高校几者关系探讨，内部注重学校内部权力关系的分析（代表如姚启和等）。

作者倾向于后者，首先以过程为主线逃脱不了管理理论框架的束缚，"两张皮"的简单叠加而不是最优拟合，是这一学派的最大诟病；其次，以体制为切入点，以小见大，符合中国高等教育的发展思路和中国高校的发展现状，因为体制一直是束缚高校发展最大的桎梏；最后，以体制为切入点，在方向性、整体性、民主性、多样性、动态性和效益性原则的指导下，突出宏观和微观的结合，注重教育功能的发挥，这也正是诺亚与埃克斯坦比较教育功能理论中所强调的相契合，即教育信息的普及功能、教育认识的普及功能、教育规划的决策功能和教育规律的推导功能。

但就高等教育管理体制来讲，可以分为两个层面，一是现实层面，二是目标层面。从现实层面上讲，高等教育管理理论认为，高等教育管理体制主要围绕四个关系展开：首先是政府与高等学校的关系，主要涉及高等学校的举办权、管理权和办学权的关系及高等学校的办学自主权问题。其次是在政府对高等教育事业的管理上中央与地方的关系。世界各国的高等教育管理制度大致可以被划分为三大类，其中之一便是地方分权制；第二是中央集权制；第三是学术自治。再次是在政府对高等教育的管理上教育主管部门与其他业务部门的关系，业务部门办学，也属于国家开展高等教育的范畴，但在管理体制上涉及"条""块"即中央集中管理和地方分权管理的关系，还涉及高等教育的结构和布局。最后是高等学校与社会的关系：在社会主义市场经济条件下，实际上主要是高等学校与市场的关系。这涉及高等教育与社会主义市场经济的基本关系问题，也涉及高等学校如何面向社会自主办学的问题。

从目标层面上讲，亦即高等教育管理体制改革的目标导向，高等教育管理理论认为，高等教育管理体制的改革主要集中在解决政府与高校、中央与地方政府、中央教育管理部门与其他相关业务部门之间的相互关系。《中国教育改革和发展纲要》和《国家中长期教育改革和发展规划纲要（2010—2020年）》已经明确了改革的具体目标，这里不一一列举条目，概括地说，高等教育管理体制改革的主要内容：一是使高等学校的管理从"条块"分割逐步走向"条块"有机结合；二是政府需要真正地改变其职责，优化对高校的宏观管理方式，确保这些学校真正转变为依法独立办学、面向社会的法人实体。

二、公共管理理论

公共管理，指的是以政府为中心的公共机构、其他社会组织和公民，为了推动社会的整体和谐发展和提高社会公共利益，运用公共权力，通过不断创新的观念和手段，对越来越复杂的公共事务和组织进行管理和优化的一系列活动。公共管理学就是由公共管理理论体系支撑起来的一门学科。

从狭义上讲，作为一个相对独立的研究领域，公共管理学是在20世纪70年代以后逐步发展起来的，它以对传统公共行政学批判性继承、发展和超越的态势，回应了时代变迁对理论创新的要求。经过短短几十年的发展，它以其广博的理论和实用价值而日益勃兴。从广义上讲，以主体和客体范畴的大小为依据，公共行政学是公共管理学的一个子系统，从历史进程来看，公共管理学出现的主导模式有三种：一是古典范式，以贯彻实施"小政府"和"政党分赃制"为代表，时间跨度大约为从18世纪80年代资产阶级革命胜利到19世纪70年代末"政治—行政"两分法提出之前；二是现代范式，亦即传统行政管理阶段，以贯彻实施"官僚制"和"福利国家"为代表，时间跨度大约为从19世纪80年代到20世纪70年代近100年时间；三是后现代范式，以贯彻实施"新公共管理"和"新公共服务"为代表，时间节点是自20世纪30年代至今，并且仍处于实践验证和不断发展之中。

政府行政可以分为公共行政、公共管理和公共治理三种模式。"公共行政是一种为公众服务的活动，公务员执行他人制定的政策。公共行政关注的是程序、将政策转化为行动以及办公室管理。"公共管理则认为公共组织的职能在于"通过市场机制满足顾客需求，目标在于实现产出意义上的效率，即通过对产出的衡量来判断结果实现程度。为此，必须建立顾客驱使的政府，建立市场化政府、参与式政府、弹性化政府和解制型政府。"公共管理关注的焦点在于组织绩效，并将其外部环境界定为竞争性的市场行为。"公共治理是指社会自己掌舵、统治和管理自己的过程，即政府、私人主体、公民社会组织、公民通过互动来定义，协商并决定共同的价值目标、组织形式、资源类型、活动种类的过程。因此，治理通常意味着价值、制度、规则、信念和技术的集合。通过这种集合，政府可以处理社会公共事务问题，实现理想的社会秩序。"[1][2][3] 发展的理论才有生命力，应用

---

[1] 翟军亮. 农地"三权分置"中的公共价值创造研究 [M]. 徐州：中国矿业大学出版社，2020：79.
[2] 翟军亮. 农地"三权分置"中的公共价值创造研究 [M]. 徐州：中国矿业大学出版社，2020：80.
[3] 翟军亮. 农地"三权分置"中的公共价值创造研究 [M]. 徐州：中国矿业大学出版社，2020：81.

是理论发展的动力，对于当下来讲，探讨公共管理理论在高等教育管理体制改革中的应用，就是探讨公共治理理论在高教管理改革中的应用，一是因为公共治理以及最高目标的"善治"是理论与现实的双重需要，对于高教领域亦然；二是因为公共治理理论是公共管理理论在当下发展的新阶段，是新公共管理运动的最新理论成果，在高教领域的应用有助于理论与实践相互促进的实现；三是对于高等教育管理体制本身来讲，具有去中心与多中心发展的目标导向，这也恰恰与公共治理理论相契合，因为治理理论发展至今，其核心论点，学界普遍认为是去中心化与多中心。

公共治理理论源于传统治理危机的出现。面对政府失灵、市场失灵以及作为补充的志愿的失灵，公共治理理论应运而生。新公共管理理论、新公共服务理论，以及多中心协同治理理论是公共治理理论的三大阶段。

公共治理的三个阶段的发展是不同时段出现的，有时间序列的先后差别。多中心协同治理理论相较于新公共管理理论和新公共服务理论有一定的进步，在继承前两者的优秀成果后又进行了自己的演绎和解释，从而成为当前公共管理的重大理论创新。多中心协同治理更加重视社会、社会组织、经济组织的作用，强调三者在与政府的关系上应该协同发挥作用。多中心意味着在处理社会事务的过程中，不仅有政府这一实体，而且涵盖了中央政府、各级地方政府、各类政府派生机构、各类私营组织以及普通公民等多个决策中心。这些机构和组织经过协同作用来更好地实现治理的多元化。

多中心协同治理体系在治理的主体上相较以前的治理理论有明显的进步。在多中心协同治理体系中，治理主体不仅拥有高度的自主性和独立性，还同时表现出合作性和竞争性的特质。因此，多中心治理强调的不仅是单个治理主体间的关系调整与整合，更是对整个多元合作系统进行有效的调控。多中心的协同管理把社会组织和经济组织的地位提高到了与政府同样高的地位，实现了社会组织、经济组织与政府的平等。由于地位的提升，社会组织和经济组织可以更方便地、独立地参与到社会公共事务中来，发出自己的声音，表达自己的需求和利益，极大地提升了社会组织和经济组织的作用和地位。

治理的实现依赖于治理主体的能力和水平，也依靠主体之间的合作和协商，只有治理主体能力和水平的提高才能实现总体治理能力的提升，同时也只有治理主体间的配合与协调才能更好地发挥治理的作用，形成和谐有序的治理决策机制。这就说明了治理主体之间不仅需要一定的独立性和自主性，同时由于合作和协调所带来的效应也使得主体之间存在一定的依附性或依赖性，单一的主体并不能完全发挥自身的作用或者是即使发挥作用也是非常有限的。而只有依赖于其他主体相互联系并作用才能起到事半功倍的效果。因此治理主体之间有一种相互依赖性，必须依赖其他的主体起作用。虽然主体间具有独立性，同时又必须依赖其他的主体起作用，但是并不能说明主体之间就是完全和平有序的存在，主体之间是存在竞争关系的。任何决策的制订都表达了特定集团或个人的个人偏好和利益选择，因此在治理决策时不可避免地会出现不同主体的利益和需求交锋，其最终目的是实现自己利益的最大化和资源占有的最大化，因此在这个过程中主体之间不是利他的而都是利己的，所以主体之间在制订治理措施的时候是一个相互竞争的过程。

多中心系统治理理论在强调竞争的同时，更加强调协作，亦即在竞争中不断创新和发展，而在合作中减少资源浪费、实现治理政策的科学有序制订。从字面上就可以看出来多中心协同治理意味着有多个中心，有好几个主体，这些主体之间是相互合作和竞争的关系，这种合作既包括横向的不同主体之间的合作，也包括纵向的与其他层次的主体之间的合作。多中心协同治理理论涉及的是公共产品的供给和分配，因此具有很大的公共性特征，在发展中应该吸纳不同的社会成员或组织来加强不同治理主体和治理主体与政府的关系。最终形成一个多主体、多角度，政府与社会组织、经济组织协同作用的网络关系。治理网络构建了一个框架，其中各行动者之间的互动和利益协调是相互依赖的，而这些组成部分则通过有机的组合方式来实现资源的合理分配和交换，以期达到最优的组合效果，实现经济社会的持续稳定发展。当然强调社会组织的自主性和依赖性并不意味着治理主体不受约束，恰恰相反，治理主体应该遵从政府权威以及治理规则权威的约束。

多元协同治理模式追求的是政府与社会组织的一种巧妙的平衡，最终目标是实现善治，也就是一种政府、市场、社会三者既相互独立又相互制约，既相互竞争又相互合作的协同发展状态。政府、市场和社会三者各负其责，既不越位、缺位也不会错位，在公共产品供给上能够发挥各自的作用，为每一个公众的公共产品和公共服务需求提供基础。各个主体间、主体与政府之间对公共资源的合理分配，对权利和责任的明确界定是多元协同治理的理论诉求。

在这种多元化的合作治理模式中，善治被视为最高的标准。从本质上讲，善治就是建立以公共利益为基础的共同目标，形成有效的决策机制，并使各成员对自身职责范围内的公共事务进行负责任的管理和监督。善治的核心理念在于社会的分化与合作，这需要政府、市场和社会三方都追求一个公开和透明的合作模式，并明确他们在公共产品供应中的权利和责任。善治强调以公共利益为导向，追求效率与公平相统一的目标。这代表了多个治理中心合作的最佳模式，期望所有中心，特别是政府，能够主动地分配公共资源，明确各自的职责和权利，逐步减少主体间的竞争，而更多地依赖于合作。善治下的合作不仅表现为政府与市场、企业或其他组织间的分工，而且体现在市民社会也参与到公共事务管理中来。在政府主导治理实践和拥有更多公共资源的现实背景下，实现善治所需的对等合作主要依赖于市民社会的持续发展。因此，与其说善治是政府层面的善治，不如说，它是社会层面的善治。

总的来说，公共管理探索更多解决的是以政府为中心的公共组织在既定的条件下如何处理公共事务的问题，作为协同治理理论的整体来讲，政府如何处置政府、市场和社会三者关系，不管是用社会善治来取代政府善治，还是政府权力向社会的回归，对于高等教育管理体制改革来说有两大启示，一是在外部要实现重心下移，即"去中心"，也就是说，高等教育的管理主体应该是高校本身（公立高校相对民办高校来讲问题更加突出），而不是政府；二是在内部要实现协同治理，即"多中心"，也就说高等教育内部管理本身也应该实现"去中心"后的"多中心"，实现政治权力、行政权力、学术权力和市场权力（监督权力）的彼此约束与相互制衡。

第二节　高等教育管理体制改革的沿革与现状

一、高等教育管理体制改革的沿革

自改革开放以来，我国的高等教育管理体制经历了从"恢复与调整"到"启动"，再到探索、突破和深化的各个阶段。

（一）恢复和调整阶段

在党的十一届三中全会上，确立了"改革开放"的基本国家政策，从而使整个教育行业逐渐复苏并向前发展。尤其是在 1977 年，我国重新实施了中断了十年的高考制度，这使得高校的人才培养逐渐走上正轨。高等教育的管理体制开始强调中央集权，并逐步恢复了由中央统一领导，中央和省、市、自治区实行两级管理的管理制度。1977 年 8 月 8 日，邓小平在其《关于科学和教育工作的几点意见》中明确表示，教育领域应当建立一个统一的机构，进行统一的规划、调度、安排和指导合作。1978 年 2 月 17 日，国务院发布了《教育部关于恢复和办好全国重点高等学校的报告》，其中明确指出，遵循有利于党的领导，有利于激发中央和地方两方面的积极性，以及有利于在教学和科研工作中取得早期成果的原则，全国的重点高等学校应实行统一领导和分级管理。[①] 这份文件象征着我国已经开始在全国范围内的重点学校中重启统一的领导和分级的管理模式。

1979 年 9 月 18 日，中共中央正式批准了教育部发布的《关于建议重新颁发〈关于加强高等学校统一领导、分级管理的决定〉的报告》。这份报告对 1963 年的《关于加强高等学校统一领导、分级管理的决定》的核心思想和主要条款给予了肯定，并要求全国的高校重新采纳"统一领导、分级管理"的管理模式。到 1981 年为止，"统一领导、分级管理的管理体制"的任务已经基本完成。1981 年，全国高校总数为 704 所，其中教育部直接管理的有 38 所，国务院其他部门领导的有 226 所，而省、市、自治区领导的则有 440 所[②]。

（二）启动阶段

1984 年 10 月 20 日，中共十二届三中全会正式批准了《中共中央关于经济体制改革的决定》，其中明确指出，为了达到社会主义现代化的目标，经济体制的改革是不可或缺的。1985 年 3 月 13 日，中共中央公布了《关于科技体制改革的决定》，明确表示：随着城乡经济体制的持续改革，必须对科学技术体制进行相应的调整[③]。1985 年 5 月 27 日，中共中央发布了《关于教育体制改革的决定》。这一规定明确地把高等学校从过去完全受行政指令控制的地位中解放出来了，确立

---

① 叶黔达，柯世华. 现代公文写作与处理最新规范·观念·技巧 修订本 [M]. 成都：四川人民出版社，2021.
② 夏鲁惠. 中国特色高等教育发展道路 组织学的观点 [M]. 北京：北京交通大学出版社，2013.
③ 林其屏. 改革理论的突破与创新 [M]. 北京：红旗出版社，2004.

起自主办学的主体地位，为进一步深化高校的体制改革指明了方向。当前的管理体制并不适合我国的对外开放和对内活跃策略，随着经济体制的全面改革和全球新技术革命的兴起，高等教育管理体制改革的核心任务是转变政府对高校过于集中的管理模式。在国家的统一教育政策和计划的引导之下，应增强高校的办学独立性，深化它们与生产、科研以及社会其他领域的互动，确保高校能够积极地适应经济和社会的发展需求。我国的高等教育管理体制改革步入了初始阶段。

为了更好地实施《关于教育体制改革的决定》的核心理念，并加强对高等教育的整体指导和管理，以及扩大高校的管理权限，1986年3月12日，国务院发布了《高等教育管理职责暂行规定》。该规定进一步明确了国家教育委员会、国务院相关部门以及省、自治区、直辖市人民政府在高等教育管理方面的职责，在国务院的领导下，国家教育委员会负责全国高等教育的管理工作；国务院相关部门在国家教育委员会的指导下，负责其直属高等学校的管理；而省、自治区、直辖市人民政府则负责管理本地区内的高等学校。同时，也要求扩大高等学校的管理权限，以增强其适应经济和社会发展需求的能力。

（三）探索阶段

1992年，邓小平同志的"南方谈话"为我国的改革开放进程注入了新的活力，而在党的十四大上，我国经济体制改革的核心目标被明确为构建社会主义市场经济结构。在1993年2月13日，中共中央和国务院发布了《中国教育改革和发展纲要》。该纲要明确指出，随着经济、政治和科技体制改革的不断深化，教育体制改革需要遵循综合配套和分步推进的策略，以加速改革进程。[①]《纲要》也明确指出，高等教育体制改革的主要目标是解决政府与高等学校、中央与地方、国家教委与中央各业务部门之间的关系问题，逐步建立一个政府宏观管理、学校面向社会自主办学的体制。[②]

为了实施《中国教育改革和发展纲要》并加速教育体制的改革进程，中共中央在1993年11月14日发布了《关于建立社会主义市场经济体制若干问题的决定》。[③] 这是新中国成立以来第一次把国家对高等教育管理体制进行重大变革，也

---

① 周游.学校经营理论·模式与机制[M].北京：中国经济出版社，2004.
② 应望江.中国高等教育改革与发展30年：1978~2008[M].上海：上海财经大学出版社，2008.
③ 肖海涛.中国高等教育学制改革[M].广州：广东高等教育出版社，2011.

是改革开放以来首次在党的文件里明确提出高等学校应按市场规律办事的新思想。构建社会主义市场经济结构为高等教育管理体制改革提供了宝贵的历史机遇，而高等教育管理体制的改革也必须满足我国从计划经济向社会主义市场经济转型的社会需求。党的十一届三中全会以来，我国在认真总结国内外经验的基础上，制订了一系列有利于促进国民经济建设和改革开放的政策措施，取得了显著成效。1994年7月3日，国务院发布了《关于〈中国教育改革和发展纲要〉的实施意见》，其中明确指出，高等教育将逐渐由中央和省、自治区、直辖市两个层级进行管理，并以省级政府为主导。同时，必须严格执行国务院在《高等教育管理职责暂行规定》中关于中央和地方对高等教育管理权限的相关规定。[1] 这一决策为深化我国高等教育管理体制改革指明了方向。在1997年，党的十五大高度重视高等教育的改革，并提出了优化教育结构，加快高等教育管理体制改革的步伐，合理配置教育资源，提高教育质量和办学效益的方针，这标志着我国高等教育管理体制改革步入了一个全新的发展阶段。

（四）突破阶段

1998年8月29日，在第九届全国人民代表大会常务第委员会的第四次会议上，通过了《中华人民共和国高等教育法》。这部法律明确指出：全国高等教育事业由国务院统一领导和管理，而各省、自治区、直辖市的人民政府则负责统筹和协调其行政区域内的高等教育事务，主要管理的是地方培训的人才和国务院授权的高校。[2] 1998年12月24日，教育部发布了《面向21世纪教育振兴行动计划》，其中明确指出，要加速高等教育的体制改革，将继续遵循"共建、调整、合作、合并"的策略，并在接下来的3—5年内，形成一个由中央和省级政府共同管理、各自负责的新体制。在国家的宏观政策指导下，这一体制将以省级政府为主导，实现各部门的有机结合。[3]

1999年5月25日，教育部发布了《关于实施〈中华人民共和国高等教育法〉若干问题的意见》，明确指出根据《高等教育法》第七条的要求，在下一个世纪初，实现国务院和省级政府两个层级的管理，各自承担不同的职责，并在国家的宏观

---

[1] 薄存旭；李波总.高等教育政策与法规[M].济南：山东大学出版社，2021.
[2] 任钢建.中美高等教育地方分权制度比较研究[M].北京：知识产权出版社，2014.
[3] 湖北省教育科学研究院.湖北省教育政策研究报告2020年[M].武汉：湖北教育出版社；长江出版传媒，2022.

政策指导下，主要由省级政府进行统筹管理，同时学校能够依法独立办学。[1]1999年6月13日，中共中央和国务院正式公布了《关于深化教育改革，全面推进素质教育的决定》。[2]

在1998年至2000年期间，我国利用国务院的机构改革作为契机，对国务院下属部门的办学体制进行了深刻的调整。大多数学校实施了以地方管理为主导的中央与地方共建模式，从而在省级统筹的框架下，实现了各地区相对合理的结构布局，并建立了相应的管理关系。同时，通过教育体制改革和结构调整，逐步解决了一些长期困扰高等教育发展的深层次问题。截至2000年，全国共有387所普通高校和169所成人高校经过合并和调整，最终形成了212所普通高校和20所成人高校。317个高校进行了学校之间的合作办学活动，从而建立了227个合作办学实体[3]。同时还组建了一批具有较强实力的民办高校或独立学院。

为了落实党的十六大的指导思想，并在成功实施《面向21世纪教育振兴行动计划》的前提下，教育部于2004年2月10日发布了《2003—2007年教育振兴行动计划》。该计划强调了完善由中央和省级人民政府共同管理、以省级人民政府为主导的高等教育管理结构的重要性。同时，也强调了继续激发中央和省级两级政府、行业和企业的积极性，加强高校的共建，巩固结构调整的成果，并推动学科之间的深度整合和优化发展。[4]

（五）深化阶段

2010年7月29日，国务院正式公布了《国家中长期教育改革和发展规划纲要（2010—2020年）》，这份文件为我国在新时代的教育改革与发展提供了重要的指导方针。《规划纲要》明确提出要积极推动高校分类管理。[5]2017年3月31日，教育部、中央编办、发展改革委、财政部和人力资源和社会保障部共同发布了《教育部等五部门关于深化高等教育领域简政放权放管结合优化服务改革的若干意

---

[1] 周明，彭小云.高校科研模式创新与成果收益分配及规范化管理实用手册3[M].广州：广东海燕电子音像出版社，2003.
[2] 国家教育行政学院课题组.服务型政府教育类产品提供和管理体制创新研究[M].广州：华南理工大学出版社，2010.
[3] 纪宝成.世纪之交中国高等教育管理体制改革的历史回顾[J].中国高教研究，2013，（08）：6-13.
[4] 帅相志.市场经济与中国高等教育体制改革[M].济南：山东人民出版社，2005.
[5] 杨润勇.国家中长期教育改革和发展规划纲要学习读本2010-2020年[M].长春：吉林大学出版社，2010.

见》。该文件强调了需要消除阻碍高等教育改革和发展的体制和机制障碍，进一步赋予地方和高校更多的自主权，减轻高校的负担，简化管理流程，并赋予学校更多的办学自主权。①2017年9月24日，中共中央办公厅和国务院办公厅联合发布了《关于深化教育体制机制改革的意见》。该文件强调了深化简政放权、放管结合和优化服务改革的重要性，明确指出必须下放权力，确保各项事务得到有效管理，加强事中和事后的监管，并努力构建政府、学校和社会之间的新型合作关系。②2022年，教育部正式发布了《教育部关于推进新时代普通高等学校学历继续教育改革的实施意见》。该文件明确指出，高等学历继续教育不仅是高等教育的核心部分，更是为全民提供终身学习服务的关键环节，同时也是帮助人民创造更好生活和实现共同繁荣的主要手段。③

二、高等教育管理体制的现状

任何改革都必须在一定的时代背景下进行，符合时代的要求，只有紧扣时代要求，才能推动改革取得实效。未来我国高校管理体制改革的实质是解放大学生的生产力。面对知识经济和信息社会的挑战以及我国高等教育未来发展的需求，我国大学地位、性质、目标、功能、使命已发生根本性变化，但是，我国还有众多的高校在诸多方面还不能完全适应这种变化，大学内部"生产关系"严重不适应"生产力"的发展。因此，高校管理体制改革必须以观念转变为先导，确立高校办学自主的独立法人实体，按照教育规律的要求，建立面向社会依法自主办学的体制和运行机制，改革内部"生产关系"不适应"生产力"的发展现状，最终达到解放生产力，全面提高办学质量和办学效益的改革目标。

（一）组织结构简约化

通过观察高校后勤社会化改革的案例，可以看到高校在全力确保核心机构能够充分发挥其作用。未来，除了教育和科学研究之外，大部分其他活动都将纳入服务行业，而庞大的行政团队也将持续进行缩减。因此，对行政人员实行精简势

---

① 薄存旭；李波总.高等教育政策与法规[M].济南：山东大学出版社，2021.
② 黄明东，黄炳超，陶夏，等.我国教育宏观政策管理若干重大问题研究[M].武汉：武汉大学出版社，2020.
③ 教育部.教育部关于推进新时代普通高等学校学历继续教育改革的实施意见.[EB/OL].（2022-07-23）[2024-01-14].https：//www.gov.cn/zhengce/zhengceku/2022-08/17/content_5705705.htm.

在必行，这也是当前我国高等教育事业发展的必然要求。为了实现行政组织的"简约化"目标，日益先进的信息管理系统提供了强大的技术支撑。目前，无论是政府部门还是高校，成功地精简管理人员都离不开信息化管理的贡献。在高校内部建立以院系为单元、学科门类齐全的管理信息系统，不仅能够提高工作效率和管理水平，还能减少重复劳动，从而达到高效运行的目的。此外，在高校中，上级对下级学术组织实施的是目标导向的管理模式，这种管理模式的最大优势在于能够简化许多不必要的中间环节和部门，从而达到"直通车式"的高效管理。

（二）权力结构品状化

在高校中，权力结构是由政治权力、行政权力和学术权力三大部分构成的。在进行改革之前，这三个部分都是基于"官本位"的政治权力标准来进行排序的，而这三个部分的排列顺序正好决定了高校工作的核心焦点。由于长期以来，我国高等教育事业的发展重点是以培养高级专门人才为中心，而忽视了科学研究和社会服务等其他方面的建设，从而导致大学的学术能力一时间被视为亚洲的边缘。随着高等教育体制改革的深入和国家教育政策的调整，大学的办学自主权不断扩大，学术权力开始回归学校中心地位。从当前学术权力的重新定位趋势来看，未来的权力结构将呈现出"品"字状的分布，学术权力将占据顶端，而行政权力和政治权力将作为底层的支柱。尽管目前的教授委员会、学术委员会以及学位与职称评定委员会等学术组织的实力尚未达到足够的水平，难以在这三个机构中起到主导作用，但校务委员会和董事会中逐渐增加的教授席位确实显示了学术权力正在逐步增加。

（三）质量效益复合化

每当涉及组织的改革时，总是将焦点放在"效率"上。在党委的领导之下，校长负责制的完善和强化是为了增强"领导"的工作效能；然而，高校与企业和政府在性质上存在差异。作为一个社会性的学术实体，"质量"的重要性远超过"效率"。在很多情况下，为了追求"质量"，有时甚至需要牺牲"效率"。例如，高级人才的培养不能持续很长时间，而科研成果的产出效率也不能仅仅依赖于产出效率。所以说只有兼顾它们才能达到两者的平衡。观察国外杰出大学的发展历程，那些追求"效率"的大学或许可以被视为现代大学，而那些注重"质量"的大学则被称为精英大学。真正追求"质量"和"效率"的大学，才能被认为是具有超凡品质的现代精英大学。

（四）改革理念治理化

尽管治理起源于公共管理的领域，但近些年它已经成为多个管理学领域的研究焦点。随着世界经济一体化趋势不断加深，国际上对治理理论的关注程度也在与日俱增。全球治理委员会定义治理为公共和私人机构共同管理事务的多种方法的综合体现。治理强调在政府与市场之间形成一种良性互动关系，并以社会团体和公民作为参与主体，通过协商对话机制来解决复杂多样的公共议题，实现国家目标和公众利益的最大化。首先，需要吸纳治理从"控制"向"民主商议"的功能转变思想。其次，吸收"单一主管部门"的治理思想转向"多中心"的"主体转移"思想。再次，需要吸纳从"垄断"到"合理者拥有"的"权力转移"这一治理观念。

（五）体制建设完善化

随着我国高校的扩招工作基本完成并步入高质量内涵发展的新阶段，未来高校的内部管理体制改革将主要聚焦于机制创新。这将与现代大学制度的建设相结合，以优化高校内部的资源配置、动力机制和监督机制。一要加强对高等教育资源的统筹协调。首要任务是优化高校的资源分配机制。通过理顺产权结构，实现校院两级办学主体间利益分配的合理化，促进高校内部管理体制变革；通过建立合理有效的组织结构和运行机制、强化激励约束机制、加强绩效评价机制等措施实现对高等教育系统内各种要素的合理配置，从而提高教育质量。在资源配置机制的创新过程中，核心任务是对权力和责任的关系进行重新配置，其中学术权力的有效运用和市场机制的适当引入是至关重要的。人力资源配置将与学术工作者的独立发展相融合，一方面体现了竞争的原则；另一方面体现出重视学术工作者的独立发展，维护学术自由与创新的氛围，激发每位学术工作者的热情和创新精神。高校内部人事分配制度应以公平为原则，兼顾效率。二是对竞争激励机制进行优化。通过科学地制订考核体系，形成合理的激励结构。要在高校中构建有效的竞争激励体系，核心任务是优化和完善考核机制。教师绩效的评估是一个亟待解决但尚未得到充分解决的难题。在教学评估过程中，质量和数量都是关键因素。

虽然教学工作量相对容易量化，但评估教学质量不仅困难，而且受教育观念的影响也难以达成一致意见。教育评价与管理的核心是人，因此，必须建立以人为中心的科学考评机制。在评估教师的科研成果时，存在的争议更为激烈。尽管科研相关的事实和数量可以相对容易地量化，但要准确评估其实际价值或科研成果却是一项极具挑战性的任务。由于缺乏科学而有效的方法，使得许多人认为考核效果不好甚至无效。如何制订合适的考核标准，选择何种考核方法和手段以确保考核结果的准确性，如何确保考核过程的主观性，同时又能适应教师工作的难以量化特性，以及如何有效地反馈和利用考核信息以最大化其激励效果，都是当前亟待解决的关键问题。三是对高校内部的监管机制进行完善。高校内部管理制度的改革必须依靠健全的监督制度来保证。在我国高校的内部管理结构中，监督机制的有效性是不足的，因此，对这种监督机制的完善将成为未来高校内部管理改革的核心和挑战之一。

第三节 发达国家高等教育管理体制改革的经验

对于中国高等教育来讲，创新人才培养少、科研成果转化率低和人文精神丧失，是中国高校普遍存在的问题。管理体制是组织目标得以实现的机构载体和行为工具，随着中国事业单位改革在高等教育领域的不断深入，中国高等教育管理体制改革取得了不小的成绩，但同时也暴露出不少的问题。例如，政府之于高校的职能定位偏差、政府授权不充分，两者之间权力关系不清；决策体制不健全、决策效率不高；高校主管部门交叉设置较多、政出多门现象频发；运行机制不畅、整体效率和效能低下，等等。当今世界高等教育事业管理有哪些较为成功的范式呢？这些既定的管理方式或模式对中国高等教育有多少经验可以借鉴？同时，对于前述问题的解决给了人们哪些启示呢？

当代世界主要发达国家的高等教育管理体制形态各异，都与本民族、本国家的文化传统、历史传承、政治环境和社会环境有着密切的联系。高等教育管理体制既受到本国社会条件影响，又是社会生活的重要组成部分。从宏观管理制度的角度来看，当代世界具代表性的高等教育管理体制包括以集权管理为主的法国模式、以分权管理为主的美国模式和以综合管理为主的日本模式。

一、美国的分权模式

（一）管理体制简介

美国的高等教育起源于殖民地时代。1636 年，由马萨诸塞州殖民地立法机关立案成立的哈佛学院是美国历史上第一所高等学校。美国成立后，经过不断发展完善，建立了异常庞大的高等教育系统及其管理制度。政府的导向职能、董事会的决策职能和社会团体与中介组织的监督和协调职能"三权分立"是美国高等教育的主流管理体制。

1. 政府

美国政府对高等教育的管理方式主要分为联邦政府管理、州政府管理和地方自主管理三种。联邦政府管理层面，美国教育部是美国内阁层级的联邦部门，且基本不干涉课程标准设置，主要负责分配和发放联邦教育经费，开展教育研究，提供一个州不能独立承担的教育服务，编列联邦补助方案以及执行联邦关于民权及隐私的教育法案。联邦最高法院通过行使监督执法权和典型案例裁决间接参与高等教育管理。在地方自主管理层面，地方性管理是指社区委员会对"社区学校"进行的管理。社区大学是美国的州或市用州民或市民的税金来运营的两年制短期大学，由原来的中学教育演变而来。联邦政府和地方自主，这是两个辅助管理层面，州政府对高等教育的发展有着广泛的管理权。本州立法机构可以制订本州高等教育的基本原则、政策、目标和评价标准；州法院可行使监督权，并对高等教育相关案件进行裁决。设立高等教育委员会的州，其委员会将对州立院校的规章制度进行审批，并发放建校许可证，规定公立院校的课程标准和师资配备等。

2. 董事会

董事会是美国高等学校内部管理体系中的领导机构，有着明确的法律地位和悠久的发展历史。董事会掌握着学校的主要管理权，是学校的最高决策机构和审议机构，成员主要由校外人士组成且身份多样，任期实行弹性制。公立大学董事会由人民选举、州议会选出、州长提名或州长任命等多种方式产生，并有相应的具有法律效力的选举章程。

美国高校董事会的主要特点和优势体现在四个方面。一是广泛的社会参与，民主参与是美国社会的立国之本和主要价值取向，也是大学董事会制度产生的初衷，这种普遍的社会参与使美国大学与社会保持着紧密的联系。二是内外部相结合的管理方式，通过校内外人士共同参与董事会工作实现共同管理，教师通过参加董事会下设的委员会，获得大多数学术事务管理权和部分人事权，主要包括课程设置、教师的聘任、制订招生和毕业标准、控制教学内容与时间、遴选学校主要学术行政领导和制订大学学术发展目标等。内外部管理的结合既避免了外行领导内行的错误，又反映了社会对大学实现社会职能的诉求。三是持续灵活创新，董事会制度广泛借鉴其他国家的大学管理模式，不断创新进取。美国大学董事会主要借鉴欧洲传统名校的管理经验，但并不盲目照搬，而是将他国模式与本校实际情况相结合，创造出新的管理模式，从而使美国大学董事会制度长期与外部世界相适应，不断焕发出新的活力。四是制度和法律保障完备，美国为大学董事会制度制订了完备的政策法规。董事会由州议会发放特许状或根据本州相关法律成立，有明确的法人和章程，其权利受法律保护。董事会包括成立、选举、任职、运行等各个方面都有相应章程，并有法律效力。完备的制度和法律保障避免了外界的无谓干预，保证了高校发展的持续性、独立性和稳定性。

3. 社会团体和中介组织

美国高等教育所涉及的社会团体主要分为内部（包括资助集团和政治集团）和外部（包括政党、行业协会和工会等）两个集团，通过资助拨款、选举投票、宣传、游行、集会、教育界协会的集体谈判等方式影响政府和高校教育决策，表达利益诉求，协调利益关系。

中介组织一般特指认证机构。美国的高等教育认证采用第三方认证的方式，这些机构主要分为区域性院校认证机构、全国性院校认证机构和各专业认证机构三个大类。区域性院校认证机构只对一个特定区域内的高校进行综合评估和认证，全国性院校认证机构可对全国部分单一目的性高校进行评估和认证；而专业认证机构负责对全国高校范围内的某一学科进行评估认证；美国公民在考虑就读高等学校之前，都会向相关教育认证机构咨询学校和专业的相关质量评估报告以及课程设置等相关信息，第三方认证的方式使得这种信息更加科学、真实，获取渠道也相对便捷。

（二）可借鉴的经验

美国高等教育分权式管理制度的主要特点就是分工与制衡。政府、高校、社会机构共同成为高等教育的管理主体,既相互合作又相互制衡,使制度整体产生活力。政府负责高等教育的宏观调控和立法权,高校董事会负责高校内部管理和发展运营,社会机构负责监督、评估和协调组织间关系。三方从权力属性和目的角度进行划分,权责明晰,并适应各个组织的组织特性和能力范围。

在宏观管理制度方面,联邦政府、州政府、立法机构从各自不同的角度在高等教育发展中扮演不同角色。联邦政府从宏观把握高等教育走向,处理全国性事务,通过经济杠杆手段间接实现中央政府意志;州政府充分发挥自主性和积极性,使本地区的高等教育更适合本地区社会发展需要;而立法机关则通过立法完善制度。每个部门只对与自己相关的工作发挥作用,而将不适合本组织性质和能力的工作交由其他社会组织负责,这是高等教育现代化的表现之一。反观我国高等教育管理制度,政府和政府化的大学内部管理机构成为高等教育管理的主体,将高等教育所涉及的各类工作都归入到纵向的、庞大的管理体制之内,造成组织庞大,效率低下,且不适应市场经济的需要。因此,我国高等教育应充分将涉及的业务和权力组成部分进行解构,将宏观工作归属中央政府,将区域性管理权交由地方政府,将适合于其他社会性机构的权力外包,并形成制约机制,从而调动各管理主体的积极性与创造性。

在学校内部管理制度方面,我国的模式处于行政化向自治的过渡阶段。而美国的高校董事会制度,将学者治校的内部管理与社会人士治校的外部管理相结合,这既不同于我国的集权模式,也不同于欧洲的大学自治模式。董事会作为学校的最高决策机构,其成员的多样性充分调动了社会各方力量,参与高等教育的发展。适度引进董事会制度,可以使高等教育发展更加适应我国市场化改革的需要。

在社会机构方面,我国的教育评估与认证机构主要是政府组织,以政府的公信力作为保障。而在我国现行高等教育管理模式下,这种纵向的集权式的管理,使得政府组织的评估机构不能很好地对同一体制内的高校进行评估与监督。将属于政府权力而政府不具备相应能力的公共服务外包给社会组织,是市场经济的基本思路。美国的第三方评估机构在高等教育发展中发挥着不可替代的作用,它既有利于促进高等学校间的竞争,又可以为公众提供科学、便捷的高等教育信息,从而为教育资源的公平和合理分配奠定良好的基础。

二、法国的集权模式

法国高等教育产生于欧洲中世纪，起源于被誉为欧洲大学之母的巴黎大学，是典型的教师型大学，有着悠久的大学自治传统。自拿破仑执政以后，为应对自治模式下高等教育发展中出现的弊端，法国全面实践了狄德罗的国民教育管理思想，并通过立法加强中央集权式的高等教育管理。此后，历届政府都承袭了中央集权式的管理高等教育体制。第二次世界大战之后，由于集权管理和大学自治之间的矛盾日益突出，法国政府开始通过立法等形式明确政府和大学间的责、权、利关系，从而寻求发展的平衡点，使高等教育发展中的集权式管理和大学自治回归辩证统一。

（一）管理体制简介

首先，通过颁布《高等教育方向法》，将"自治、民主参与和多学科办学"作为高等教育办学的三项基本原则。高校在行政、财政和教学方面享有自主办学权，在法律允许范围内设计内部管理结构及章程，校长由中央政府任命改革为大学教工选举产生。

其次，通过立法和行政体制改革，对原有垂直的、集权的、臃肿的教育管理部门进行调整，实现权力下放、重心下移。中央教育管理部门主要负责制订高等教育发展方针政策，审批各高校授予国家文凭的权力，确定文凭与学位授予的考核制度等。教育经费每年由教育部一揽子拨付给予高校，高校自行分配使用，教育部门进行监督。通过改革，法国明确了政府在高等教育发展中的职责和位置，通过拨款、审议、监督对整体发展进行宏观调控。

再次，设立独立于政府外的第三方评估机构。一方面，设立由大学代表和各知识界代表组成的中介机构，由中央教育主管部门领导出任主席，根据高等教育指导法案和教育相关法令，对大学自治范围内的政策进行评估和咨询，并适时提出意见和建议。另一方面，成立全国教育评估委员会，系统地对高校开展的各种教学和科研相关活动、科研和教学进展、成果和效率等进行监督、检查和评估，并适时提出意见和建议，定期形成书面报告。第三方评估机构的设立在政府和高校间产生了缓冲作用，并结合《高等教育方向法》和体制改革，实现了集权管理和学校自治之间的平衡发展。

（二）可借鉴的经验

任何一个国家的高等教育结构和管理体制都受其所处的政治环境和行政体制的深刻影响。从社会形态和历史文化角度来看，中国和法国的高等教育发展背景有很多共通之处。两国都有着深厚且独特的历史文化传承，都曾长期处于中央集权制的社会管理模式中。我国的高等教育管理实行中央领导下的分级管理，中央和国务院负责对一切教育发展的重要问题进行决策，地方政府负责协调本区域内的高等教育事业发展。法国则通过大学区制实现自上而下的统筹分级管理。两国的区别就在于大学自治理念的起源，我国是舶来品，法国则是自发产生，具体的启示有以下两个方面。

一方面，要加强高等教育顶层设计，扩大大学自治的深度和广度。高等学校高度自治是其良性快速发展的必要条件。只有给予高等学校充分的自治权，才能使其内部管理体制的灵活性充分发挥作用，从而激发活力和创造力，使科研和教学工作不断创新进取。而大学高度自治的前提是中央教育主管部门加强高等教育的顶层设计，完善宏观层面的管理制度，在制度允许内充分放权，使学校可以根据本地区、本学校的实际情况做出有利于自身发展的具体方案，调动高校的积极性和主动性，逐步实现学者治校，发挥教工集体智慧，激发创造性思维。而各级政府管理部门应充分转变思想，将工作重心转移到建设服务型政府和监督评估方面，通过立法和财政手段实现调控。

另一方面，要建立健全宏观监控体系。在处理政府与高校间关系的改革中，法国不断完善的宏观监控体系所取得的成绩值得我国借鉴。我国现行高等教育制度从计划经济时期发展而来，除政府和高校以外，缺少体制外的第三方中介机构，这使我国高等教育评估和监控体系不尽完备，缺少缓冲和更为柔性的协调。目前，高校自治理念尚未在高校形成广泛、深刻而体系化的思想共识，仍处于向高校自治改革的初级阶段，高校自治与传统管理的矛盾并不突出。但随着改革步伐的加快，第三方中介机构的出现，将帮助政府更客观公正地实现监控和调控职能，并使教育资源得到更有效和公平地利用。

三、日本的结合模式

高等教育是国家文化传承的重要组成部分，发展高等教育事业不能割裂固有的文化传统，全盘西化和对传统文化的全面否定都曾经给我国的高等教育发展带来过灾难。坚持文化传统，广泛学习各国先进经验，在这一方面，同属于亚洲文化体系的日本给予我国很多的可借鉴之处。

（一）管理体制简介

日本高等学校主要分为国立大学、公立大学和私立大学三类。国立大学由中央文部省直接管理，主要职责包括任命国立大学校长，制订高校组织形式、专业设置、师资选拔和教学标准，编制高等教育年度预算，补助金配比。公立大学由地方政府通过设立的总务处或文书学士处的方式进行管理。私立大学具有独立法人资格，但部分领域接受文部省指导和监督。

日本高等教育中央层面的管理部门主要分为管理部门和咨询评议部门。管理部门主要是文部省下设的高等教育局和学术国际局，分别对高等教育的行政事务和学术事务进行管理。咨询评议部门主要指中央教育审议会，审议会制度是日本高等教育的重要特色。该机构主要通过广泛征求各大学团体、师资教授、在校学生以及社会各阶层意见，以咨询报告为高等教育决策提供智力支持。审议会是中央政府与地方政府、各级政府与高校、高校与社会以及高校之间的中介，是日本高等教育结合型管理模式的润滑剂与缓冲带。

日本大学的组织结构主要包括校长，下设大学本部机关，是典型的科层制结构。中央集权与地方自治相结合的特点主要表现在三个方面：首先，中央政府通过法律手段确立了其在高等教育管理中的核心地位，并拥有对全国高等教育事务进行统一管理的权利；二是对同一级别但不同属性的高等教育院校，依据归口部门划分管理主体；三是中央教育行政机构与地方教育行政机构之间并没有明确的上下级关系。尽管地方教育行政机关有责任遵循中央教育行政机关的各项规定和指示，但它们并不直接接受中央教育行政机关的管理。

（二）可借鉴的经验

首先，中央集权与地方自治相结合的高等教育管理制度，一方面是对西方高等教育管理制度的去粗取精，另一方面也是本民族文化传统的具体体现。从两国历史上看，中国进入集权帝制较早，地方自治情况较少。而日本虽然很早便遣使者学习中国文化，但由于地缘和国力等原因，日本长期处于中央集权与地方自治的封建博弈之中，地方自治文化久远。采取综合式管理制度是其在坚持本国文化传统的基础上，融合西方各国先进经验的理性选择。从这一角度看，坚持中央在高等教育管理中的主体地位，适度向地方政府放权，是我国高等教育发展的阶段性特征，这符合我国高等教育的实际发展传承。

其次，为高等教育建立完善的法律保障体系，是保持传统与博采众长的前提和基础。日本中央政府对教育进行宏观调控的主要手段是立法与经济杠杆，中央教育管理部门与地方教育管理部门不存在隶属关系，很少采用行政干预，这使中央集权管理和地方自治管理可以通过各自的表达形式发挥作用，并行不悖。在立法方面，日本现行教育法规对学校教育、学科设置、学生定员、财务、福利方面都做了详细规定。所有事务都能做到有法可依，部门间权责明晰，高等教育发展相对平稳，很少出现大起大落。在经济杠杆方面，日本广泛学习西方国家经验，将大学教育经费的支配权赋予文部省，使其有能力对政策倾向的执行做杠杆式调控。此外，通过立法，文部省以补助金形式对私立高校进行经济调控、核定和发放具有导向性的私立大学经费补助金，从而间接参与私立高校管理。

再次，引入计划管理机制，加强政府对大学的调控能力。1953—1971年，随着日本教育的复苏，大学数量激增，政府宏观调控力度不断减弱。为应对不断增加的大学数量以及由此带来的办学标准、经费分配等一系列问题，日本政府决定引入计划管理机制，以调整布局和结构，控制大学发展速度和规模。文部省增设了计划处，着手研究制订高等教育计划。在我国，经过前期改革的积淀，我国高等教育事业即将进入迅猛发展的阶段，在推进改革的同时，借鉴日本计划管理机制可以避免管理的弱化，使下一步改革工作平稳进行。

总的来说，中国的现代高等教育管理体制改革在不断地吸取、模仿并整合西方的现代高等教育管理模式，这已经成为中国高等教育管理体制改革中的一个显著特色。我国必须广纳各个发达国家在高等教育管理制度上的优点，选取适合我国国情的发展方针，积极探索一条适合中国高等教育发展的管理体制改革之路，才能使中国的高等教育走向世界。

第四节 高等教育管理体制改革的路径

一、加强高校内部管理制度体系建设

构建有效的内部管理制度是提升我国高校管理质量的关键因素之一。建立完善的高校内部管理制度体系是促进教育质量提升与学校发展的重要途径。在构建高校的内部管理制度体系时，应当遵循科学的规划、全面的设计、追求效益和规范化的建设原则，从而形成一个完整的高校内部管理制度体系。根据各个高校的特定工作职责和特性，进行了横向制度的构建，包括组织架构、教学方法、学术支持以及资源分配等方面的制度；同时在横向上可以按不同类型和层次设置相应的管理部门或管理机构，如学院制管理模式、院系两级管理体制等。在制订高校内部管理制度时，必须充分考虑到我国高等教育发展的阶段性特征和历史传承性特点。高校的内部管理制度建设也应涵盖对其理念、内容、功能和作用等的全面考虑。

在我国高等制度体系的建设中，首要的任务是依据国家的各项规章制度和规范文件，来构建和完善高校内部的管理规章和制度，以确保我国高校的内部管理制度能够真正地依法运行。在我国高校的内部管理体系建设中，首要任务是确立学校的规章制度。对学校章程的完善不仅构成了高校内部所称的"宪法"，也是学校管理活动的基础，更进一步地，它是明确学校与政府关系的关键文档。当制订学校的章程时，必须确保以下几点：第一，它必须是合法的，也就是说，高校制定的所有制度都必须与法律和法规相一致；第二，需要确保制度的民主性，这意味着在制订各种制度时，必须深入考虑并采纳高校内部的各种建议和意见；第三，制度必须遵循一定的程序性原则，也就是说，每一个制度的制订都需要经历四个关键步骤，包括起草、审查、投票和公开发布；第四，制订的所有制度都必须针对当前高校急需解决的特定问题和行为模式，也就是符合针对性原则；第五点是，制订的高等教育管理制度必须具备实际操作性，也就是说，这些制度必须是切实可行的。接下来，需要进一步加强和完善在我国党委领导之下的校长负责

制,推动学校内部的民主管理、教授主导的学术研究以及校长的责任管理制度。通过加强和改进党的代表大会与行政会议之间的协调沟通,使其在决策过程中更加科学、有效,从而提高高校民主监督水平和效率,实现校院两级权力相互制约和制衡的目的。再次,应该在更高的层面上改革我国高校的基层学术组织结构。同时还需要在一定程度上推进行政体制改革,使其更好地为高等教育服务。最后,需要实施教师岗位的分类管理和公开招聘制度,逐步建立以岗位绩效工资制度为核心的高等学校薪酬制度,加大人才分配的力度,建立并构建适应我国国情和市场经济体制发展的高校人事制度改革的制度体系。

二、推进我国高校学院制建设

自 2009 年以来,我校全面推进以实施目标责任制为核心的学院制建设,着力构建科学合理的校院两级管理体制,实行学校宏观调控、学院自主管理的运行模式。通过管理体制机制改革,分清了校院职责,实现了管理重心下移,扩大了学院管理自主权,强化了学院目标责任,增强了学院办学活力,调动了学院自我发展的积极性、主动性和创造性,提高和加强了学院工作效率与效益。[①]

采纳学院制带来的竞争上的优势主要体现在以下几个方面。第一,提高了资源的利用率。学院制有利于高校之间以及不同类型院校间教育资源的优化配置。学院制在资源开发上展现了更广泛的成员参与和资源开发途径的多样性,这使得相关的教育工作人员可以从传统方式向学校获取资源,转向与更多的外部资源机构寻求合作和竞争。第二,提高基层学术机构的工作能力。学院制有利于激发教师的创新热情和创造力,提高他们的科研水平与创新能力,从而实现学院内部知识的有效传播与共享,推动整个大学系统的发展。教职工与其他组织在资源开发方面的合作和竞争是一个广泛的信息交流和合作沟通的过程,也是相关成员在产学研合作方面能力提升的过程。第三,推动基层学术组织结构的完善。通过学院制的实施,高校的管理焦点得以下放,这一变革打破了传统大学行政化管理模式,使学院成为负责开展教学和科研活动的单位。通过将重心下移,学院的基层学术组织能够构建更为迅速和灵活的组织响应机制,这也使

---

① 李建宇. 云南大学第三期赴海外研修班英国访学记 [M]. 昆明:云南大学出版社,2013:102.

得教职工更容易主动参与学院的管理模式和运行治理过程，有助于扩大学院的民主制度和管理创新。

实施学院制的核心是要明确校、院、系之间的权力和责任，特别是在学术和行政管理权力的层次划分上。目前我国部分地方本科院校已开始试行学院制管理。我国的高校采用学院制的管理模式，这意味着管理的焦点必须转移到学院上，从而实现从学校的集中和统一管理向学院为核心的双层管理模式的转型。第一，学院制的核心理念是确保在学科建设、教育创新、科研活动、资源开发以及教师管理等方面拥有自主发展的权利，特别是在自主资金和资源使用方面的决策权。教师作为大学的主体力量，拥有充分的自主权来实现个人价值和自我提升。学院作为与教职工关系最为紧密的基层学术机构，只有在学院的层次上，才能深入了解并发掘每个人的潜能，同时，学院对于相关权益的独立性也是推动资源最佳开发和配置的关键。第二，学院制的核心目标是对学院的决策流程进行优化和完善，特别是在决策权、行政权以及监督权的组织架构和程序设计方面。为了获得学院的相关权益，必须构建与之相匹配的民主决策和监督机制，这需要基于学院教职工的集体决策制度，并受到学院的监管、组织以及学校的考核机构的监督与评估。只有当决策权、行政权和监督权在学校和学院两个层面上形成组织监督和程序设计时，才能真正推进学院制的民主参与和决策，从而确保基层学术组织的稳定并促进学院的持续发展。第三，学院制度的发展中，学校的指导方式占据了核心地位。学校作为主导方通过对各二级院系以及学生等进行统一领导来完成学院制建设过程中所需要的各项工作。在学院制的管理模式中，学校主要充当组织者和监管者的角色，其核心职责包括制订发展准则、维护管理流程、解决组织内的冲突，并在学校、学院和职能部门之间协调利益关系。

从当前学院制的实际操作来看，学院制有助于调整和优化学校与学院之间的互动关系，解决由于权力过度集中在学校级别导致的管理不灵活和适应能力不足的问题，并推动高校从依赖资源分配的行政决策模式转向以服务和指导为核心的管理咨询模式；学院制的实践深化，促使教职员工更积极参与学校事务。

三、加强高校人事制度改革的制度重构

在我国的高校中，人事制度的改革应当采用更为高效的方式来取代传统的人

事制度，其中，制度的重塑被视为制度变革的一个重要途径。从经济学视角出发，可以看出以聘任制为主的人事管理制度变革具有合理性和可行性。在当前的高等教育人事制度改革中，采用聘任制被视为人事制度改革的关键突破点。根据过程指向理论和制度变迁理论，我国应从几个关键方面来加强高等学校教师聘任制度的执行力度。

（一）学校拥有自主聘任的权力

根据当前高校的人事制度改革趋势，有可能在大学内部尝试废除职称评审机制，并进一步采用聘任制作为替代方案。实行聘任制后，国家不再对高校的管理人员进行资格审查，而是由学校直接决定是否聘用人员。在高校中，包括职员、专业技术人员、助教、讲师、副教授和教授在内的人员，都应享有相对宽松的自主聘任权力，而政府的职责仅限于监督和制订相关法律。

（二）试行"非升即走（转）制度"

鉴于我国的高校在类型、级别和办学目标上存在差异，因而制度的改革和创新不应一概而论。从整体上看，在不同地区、不同院校中进行渐进式改革是比较适宜的。对于地理位置优越、教育水平较高的高校，改革的强度可以进一步加大。除了对"新人"实施非升即走、聘任制与终身制相结合的全面聘任制度外，还可以考虑对某些"老人"实施过渡性的"非升即走"制度。

（三）完备并完善相关考核制度

在我国的高校中，教师的考核制度主要是基于他们的教学表现和科研成果，这主要是在学术评估的层面上进行的。由于高校自身发展水平及学科性质不同，对高校教师的综合素质要求也有所不同，这就决定了高校需要根据本校实际情况来制订一套适合自己发展的科学、系统的绩效考评体系。

四、加快后勤现代企业制度建设

现代企业制度是一种新型的企业制度，它适应了社会化大生产的需求，并符合我国市场经济的发展要求。该制度以产权制度为核心，有限责任制度为保障，以现代公司制度为主要形式，产权清晰、权责明确、政企分开、管理科学。在此条件下，建立和完善高校后勤管理体制，实现高校后勤管理科学化，不仅有利于高等教育事业的改革，而且也将对整个社会经济生活产生巨大而深远的影响。为了建立一个创新的高等教育后勤现代企业体系，必须遵循现代企业制度的标准和规定，对现行的高校后勤管理体制进行改革和创新。

其次，需要确保高校与后勤部门的职责和权力都被清晰地界定。高校作为法人实体，应承担国有资产保值增值的责任，而在目前的条件下，不能以行政手段来解决这一问题，而应通过法律程序使之明确化。高校的后勤部门需要构建一个与其自身需求相匹配的现代企业体制，并需要明确界定学校与后勤各自的权益和责任界限。再次，要加强资产运营过程中的风险控制。资产投资者的权力和责任是清晰的：根据出资者为后勤企业投资的金额，他们有权获得资产的利益，而学校则有权对此进行重要的决策；享有挑选管理经营者的权力；具有干预集体资产贬值和流失的权力。学校应当授权后勤部门进行经营活动，并在资金分配、人力资源建设、配套设施以及其他多个方面提供全面的支持和强有力的援助；后勤企业应依法自主经营、自负盈亏、自担风险、自我发展、自我约束。在后勤业务缺失的情况下，应当根据其投资总额来对其负债承担一定比例的有限责任，而不是承担无上限的责任。后勤经营是一种特殊类型的商品经营活动，具有不同于一般商品生产和其他经济行为的特殊性。后勤公司应当始终以市场为导向，根据市场的实际需求来组织其生产和经营活动，其核心目标是追求最大的经济效益，并在市场中进行公平的竞争，遵循优胜劣汰的原则。

最后，构建科学而全面的后勤管理制度。高校后勤是一种特殊类型的服务性行业，它不同于一般商品企业。高校的后勤管理需要满足现代国家和社会的需求，应以现代企业管理为准则，构建一套实用、科学且全面的后勤管理体系，以推动高校后勤服务的持续发展。只有这样才能保证高校教育教学质量得到提高，使学生受到良好的培养和熏陶，从而推动我国高等教育事业的健康发展。现代企业制度鼓励采用科学的管理方法，其核心思想是企业根据价值、竞争、供需关系以及社会化的大规模生产等原则来组织和管理其市场。高校是培养高级专门人才的地方，也应在这一基础上建立起一套科学合理的后勤管理制度。

高校的后勤企业需要迅速构建和完善现代化的企业制度，并确保企业的产权、组织和管理制度三者之间的和谐关系得到妥善处理。考虑到高校和高校后勤企业的具体状况，应当借鉴社会其他企业的成功经验，以加速构建一个既符合国家、学校和企业的实际情况，又能与国际标准接轨的，具有中国特色的现代社会主义高校后勤企业制度。

第五节　高等教育管理信息化研究

一、高等教育管理信息化发展的必然性

随着我国在信息化方面的持续进步，高等教育管理的信息化程度已逐渐被视为评价高校的核心准则。高校作为国家培养人才的基地之一，其管理水平高低直接影响到人才培养质量的优劣和人才的培养速度，因此，加强对高等学校教育管理信息化建设具有十分积极的现实意义。教育管理的信息化不仅是高等教育管理进步的必然方向和需求，也与我国社会发展的主要趋势和时代背景相契合。信息化，作为社会进步的一个不可避免的方向，已经变成了衡量一个国家现代化程度和整体国力的关键标准。因此，如何加快推进教育管理的改革创新，提高管理效率，促进高等教育事业健康可持续地向前发展就显得尤为重要。教育管理信息化的进展不仅是社会信息化进程的一个关键组成部分，也是社会信息化发展的核心精神。为了进一步提高高等教育的管理质量，推进高等教育管理的信息化变得至关重要。采用信息化的高等教育管理模式可以更有效地利用各种教育资源，实现教育资源利用的最大化。此外，这种模式还可以跟踪和分析高校的教育现状和学生管理情况，从而为科学决策提供依据，帮助选择适当且有效的教育模式，构建科学的教育体系，更新高校教育管理方法，从而提高高校教育管理的水平和工作效率。目前，我国许多高校都在积极推进信息化建设工作，但是由于种种原因，很多院校并没有将信息化建设作为一项重点工程来抓，而是把它简单当作一项技术问题来对待。目前，世界上大多数国家都将信息化技术引入到了教育领域中去。与发达国家相比，我国在高等教育的管理上普遍面临信息化水平和深度不足的挑战。随着经济全球化步伐的加速以及科学技术的不断进步，在世界范围内的交流日益密切，各国之间的竞争日益加剧。鉴于我国在国际化和改革开放方面的持续进步，我国的高校也应以更加开放的态度迈向国际舞台，这无疑为我国高等教育

的进一步发展提供了宝贵的机会。

二、高等教育管理信息化的特点

（一）职能性

随着高等教育管理信息化的不断建设和进步，传统的、主要依赖人工操作的教学管理方式已经发生了变革，现在已经建立了一个基于信息技术的创新管理平台。这种全新的教育管理手段不仅提高了管理效率，而且还促进了学生学习积极性和主动性的提升。利用信息化手段进行高校管理工作能够提高管理效率和质量。在教育管理的信息化进程中，各类教学资料能够被自动化地处理，从而获得基于科学的反馈和结论，这为教育决策过程提供了坚实的基础。此外，通过网络平台，教师和学生能够对学校管理的各个方面有一个全面的认识。学生还可以根据自己的实际情况和学校的教学环境来选择选修课程，这不仅提高了高等教育管理的人性化水平，还为学生个性的全面发展提供了有力的支持。

（二）高效性

随着信息技术的飞速进步，高等教育的管理方式已经从自动化办公模式转变为信息化管理模式，目前的信息化管理正在向在线决策支持和信息网络整合的方向发展。在这种情况之下，传统的管理模式受到了一定程度的冲击，同时也为高校带来新的机遇和挑战。这种发展和变化的趋势显著提升了高校在教育管理方面的工作效率，同时也削弱了教育管理的控制作用，使得高校在教育管理活动中变得更为主动。

（三）服务性

信息化的高等教育管理是指利用先进技术对高等教育进行全面系统规划和科学管理的过程。高等教育管理在信息化的推动下，成功地从"管理性"向"服务性"进行了转型。这不仅是对传统高等教育管理模式的变革和创新，同时也给高校的各项管理工作带来了全新挑战。在高等教育管理的数字化过程中，始终遵循以满足师生个性化需求为核心的指导方针，并紧密围绕服务受众进行各项工作。

三、高等教育管理信息化中的问题

（一）高校对教育管理信息化缺乏全面的认识

在高等教育管理信息化的建设和发展过程中，学校的领导和相关的教育管理人员普遍缺乏对教育管理信息化的全面了解，没有认识到信息化管理的重要性，这导致了管理理念的滞后。同时由于缺少先进技术的支撑，使得信息化管理难以得到有效落实，无法满足当前时代下高校的快速发展需求。很多高校还存在着将信息化建设等同于信息化教学或信息化考试等错误思想，致使信息化建设成为一种摆设。此外，仍有部分高校的领导和相关的教育管理人员坚持使用传统的管理观念，他们认为即使高校教育管理不依赖信息化建设，也能满足学校的管理和发展需求。另外，高校中负责教育管理的工作人员对信息化管理的了解非常有限，对于教育管理信息化建设的必要性和具体实施方式等问题还没有明确的认识。这些都是导致我国目前教育管理信息化建设滞后于时代发展步伐的重要原因。

（二）教育管理信息化的进程缓慢

在高等教育管理信息化的建设过程中，许多高校的发展速度相对较慢，面临着数据资源不一致和数据应用滞后等一系列问题。这些问题具有明显的碎片化特点，导致信息管理系统在综合性方面存在明显的不足，这极大地制约了高等教育管理平台的进一步发展和建设。随着我国高等教育改革工作的不断推进，越来越多的学者开始关注到高校教育管理系统的信息化建设工作，并且取得了显著成效。通过对高等教育管理平台的实际建设进行分析，可以明确地看到软件环境的落后和相关管理人员在信息化方面素质的不足是最显著的问题。在高等教育的信息化管理建设过程中，信息技术仅仅是一个辅助的发展手段，真正的关键是工作人员能够充分发挥他们的主观能动性。因此，为了提高教育管理效率，必须从培养和提升教师的信息化素养入手，实现人才培养目标。然而，由于高等教育管理部门的员工在信息化方面的整体素质相对较低，这也使得教育管理信息化的建设步伐异常缓慢。

（三）在挖掘教育管理数据方面存在不足

数据挖掘的核心思想是利用搜索算法中隐含的意义来对数据库进行深入分

析，进而揭示其中隐藏的宝贵信息。在教育领域当中，大数据技术也越来越被人们所重视。在教育管理的信息化进程中，大量的大数据是不可或缺的。工作人员有责任对这些大数据进行深入的收集和分析，以便得出科学合理的数据分析结果，从而为高校的教学质量和效果提供有力的支持，并为学生的个人成长开拓更多的可能性。然而，许多高校在日常的教育管理实践中，由于数据模型设计和获取算法的不完善，导致数据挖掘任务难以顺利进行，这进一步影响了高等教育管理工作的执行效果。

四、高等教育管理信息化建设的方法

（一）高等教育管理要全面构建大数据观

第一，通过深入分析高等教育管理信息化建设与大数据之间的紧密联系，教育管理人员能够更好地理解和掌握大数据的相关知识和内容，从而确保大数据能够真正服务于高等教育的管理工作，并为其提供宝贵的教育管理资源。第二，在高等教育管理的决策过程中，必须坚守数据管理和数据驱动的核心理念，确保教育管理与数据资源的紧密融合，使高等教育管理的信息化建设更为直观和细致，还需要对现有的信息进行整合和优化处理，提高高等教育管理信息化水平，促进高等教育的全面健康可持续发展。第三，在构建信息化的教育管理平台时，教育管理者需要深入地分析大数据资源，并确保这些数据的保密性，以保证教育管理信息化平台的完整性。

（二）建设高水平的教育管理信息化人才队伍

为了更好地发挥高等教育信息化管理平台的作用，需要不断强化教育管理队伍建设，提高管理人员信息素质和专业技能水平，这样才能充分发挥出其应有的价值。在推进高等教育信息化管理的建设过程中，高质量的专业人才构成了其坚实的后盾，因此，高校需要培养一批高水平的教育管理信息化专业人才。高校需要加大对教育管理信息技术人才的吸引力度，利用网络招聘和招聘会等多种方式，从多个渠道选拔出杰出的人才。此外，还需要完善激励机制和约束机制，激发高校内优秀的信息化教育管理者的积极性，从而更好地提高高校管理水平。为了吸引更多优秀的校外教育管理人才，高校需要持续优化薪资结构和招聘机制，进一步调整和优化职位配置和人员年龄分布，以便为信息化教育管理人才提供一个展示自己才华的舞台。在人才管理策略上，高校需要对其相关部门的招聘制度进行优化，主要采用竞争性上岗的方法，并对那些考核未达标或违反管理规定的员工进行及时的岗位调整。与此同时，高校还应该建立起科学有效的薪酬管理制度，合理地分配管理人员和普通员工之间的待遇，实现人力资源利用效率的最大化。此外，高校需要深化对员工的人文关心，提高他们的归属感和成就感，以减少杰出人才的流失。

（三）完善高等教育管理信息化平台

高等教育的信息化管理依赖于大数据平台的不断建设和完善，通过建立和优化教育管理信息化平台，可以确保大数据资源结构持续优化，从而为信息化管理提供必要的支持。随着信息技术的飞速发展，高等教育管理已经逐渐向网络化转变，从而实现了数字化校园和智能化教学管理。然而，在高校的实际运营和发展过程中，存在着诸如人才和资金等多种不稳定因素，这些都可能导致高等教育管理信息化建设的滞后。与此同时，高等教育管理系统的开放性和复杂性又使得信息化管理模式无法实现真正意义上的共享。因此，为了使高等教育更具信息化特质，高等教育体系需要与信息化管理平台的建设紧密结合。各高校可以联手合作，将彼此的教育资源进行整合，重视对零散信息的分析，建立有其独特特色的发展框架，并利用丰富的教育资源来构建管理平台，同时通过管理平台的开放性设计来确保平台的持续维护和更新。在大数据时代背景下，高校应当重视数据分析技术在教学管理过程中的作用，通过建立相应的数据管理制度和完善信息管理机制等措施来保证教学管理工作的顺利进行。

（四）完善高等教育管理信息化体系

对高等教育管理信息化体系的完善不仅是提高高等教育管理效能的关键步骤，也构成了教育管理信息化建设不可或缺的手段。随着互联网技术在各领域内不断普及，大数据时代已经到来，为高校管理工作提供了更多便利。目前，我国的高等教育管理信息化建设还没有展现出大数据的优势，其发展受到了很大的限制，再加上相关制度的不完善，这使得教育管理很难实现全面的发展。此外，由于缺乏合理有效的管理机制，使得教育管理工作无法发挥出应有的价值和作用。

针对这一挑战，高校的教育管理部门和信息化建设部门需要给予更多的关注，不断地更新和创新教育管理体系，以提高其实施的可行性和合理性。同时，还要结合自身实际情况，不断完善教育管理工作的信息化系统，实现教育资源优化配置，推动高等教育管理水平进一步提升。

第四章　高等教育人才培养模式改革

人才培养是高等教育最根本的使命和最本质的要求，也是高等教育质量的第一体现，是高校生存和发展的基础。本章为高等教育人才培养模式改革，依次介绍了高等教育人才培养任务、高等教育人才培养模式的构建、高等教育人才培养的改革策略三个方面的内容。

第一节　高等教育人才培养任务

一、营造良好的文化环境

教育在学校中的核心使命是培养人才。校园文化是一种在学校教育环境中生成和发展的文化现象，因此，校园文化无疑具有强烈的教育作用。同时，教育的实质就是利用文化的影响使对象达到目标的社会活动。校园文化可以在教育情景中，即在育人过程中淋漓尽致地表现出它的功能和作用。然而，在实际工作中，一些学校的领导或教师缺乏对校园文化之教育功能的深刻认识，不能够从育人的角度看待校园文化建设的重要性，认为校园文化无非是群众娱乐活动，由学校的学团部门组织一下就行了。这种认识的结果导致他们对校园文化建设重视不够，工作领导不力，忽视了校园文化在学生成长方面的作用，造成学校教育体制上的缺陷；满足于一个整体划一的目标，缺少对学生特长及创造能力的培养；重视第一课堂的理论教学，忽视第二课堂的实践作用；侧重专业知识的传授，缺少对学生全面发展的教育和指导，如素养的提高、道德的完善、知识结构的全面建立以及人际关系协调与改善等。上述缺少的这些内容都有赖于发挥校园文化的教育功能，从而使之得以弥补。

我们审视校园文化，最重要的是明确校园文化建设在高校德育中的位置。校园文化建设不仅是高等教育德育体系中不可或缺的一部分，也是全方位推进德育工作的关键路径。因此，在研究和推进校园文化建设的过程中，必须确保它与现代高校的德育目标和职责紧密相连。高校的目标是充分利用校园文化的教育功能，通过文化建设和其他德育手段，培养学生对社会主义祖国的深厚情感，并拥护中国共产党的领导和基本方针；需要确立一个致力于建设具有中国特色的社会主义事业的政治导向，积极学习马克思主义，逐渐建立一个科学的世界观，并掌握科学的方法论。要走一条与实践、与工农结合的道路，努力为人民服务，并具备艰苦奋斗的精神，以及强烈的使命感和责任感；人们应当自觉地遵循法律和纪律，拥有高尚的道德标准和健全的心理状态，持续努力学习，勇于尝试新事物，并致力于掌握现代科学与文化知识。以此为社会营造良好的文化环境。

二、造就科学高效的创新型人才队伍

遵循社会主义市场经济规律和人才发展规律，健全人才管理体制，是造就科学高效的创新型人才队伍的根本保证。努力推动现代大学的制度发展，并对学校的内部管理结构进行完善。建立"教授治校"体制，加强教师民主管理，保障广大教职工当家作主权利。致力于构建顶尖的教师团队，并利用最新的理论、知识和技术来刷新教学材料。加强高校党建工作，增强党组织凝聚力和战斗力。致力于完善高等教育的质量保障体系，推动高等教育的分类管理和高等学校的综合改革，优化学科和专业的布局，改革人才培养机制，建立学术人才和应用人才的分类、通识教育和专业教育相结合的培养制度，加强实践教学，努力培养学生的创意、创新和创业能力。以下是创新型人才在构建创新型国家中的重要性。

创新可以定义为在社会实践中持续地产生新的思维、知识、技术、产品和作品的过程。这些创新活动对于推动社会的前进和经济的增长具有关键作用，同时也对提高国家的整体实力起到了至关重要的作用。创新活动贯穿于整个人类历史过程之中，并与其他社会活动紧密相连。创新思维构成了创新活动产生的根本和中心因素。创新型人才是指那些能在特定环境中培养出创新思维的人，他们依靠这种创新思维，在自己的专业领域内做出有创意的工作和贡献，从而推动该领域的事业向前发展，并进一步促进社会和经济的进步。

首先，拥有创新思维的人才是推动科技向前发展的核心要素。科学技术是人类改造世界的主要手段之一，是国家兴旺发达的重要动力，也是衡量一个国家综合实力高低的标准之一。在现代社会中，一个国家和地区的发展，主要取决于其科技实力，而科技实力最重要的体现则在于科技人才。科技的进步与人才创新水平成正比，创新程度越高，科学技术也就越先进。因此，科技工作者的创新才能在很大程度上决定了科技的整体水平。

其次，新兴人才不仅是推动经济和社会进步的关键力量，而且在科技领域和各个行业的发展中，创新型人才是不可或缺的。从一定意义上讲，没有创新型人才就不可能有科学技术的进步和社会经济的持续发展。自20世纪70年代起的实践经验告诉人们，我国能够获得全球瞩目的成果，不只是因为科技的进步，更多的是因为在制度、管理和理念上的创新，这也是各个行业根据自己的实际需求，持续进行改革和创新的结果。

三、实施青年科技创新行动

在经济全球化和知识经济时代，人才已经成为最重要、最宝贵的战略资源，谁拥有的人才数量越多、素质越高，人才作用发挥越充分，谁在激烈国际竞争中所处的位置也就越有利，近年来世界各国纷纷出台了各种人才战略，加快了招揽人才的步伐。

美国提出"培养21世纪美国人"，放宽对高科技人才入境的签证；日本提出强化人才培训、加强独创性基础研究的新措施；欧盟提出"将知识化放在最优先地位"等，对人才尤其是科技创新人才的争夺，已经发展成为一场没有硝烟的世界竞争。我国是人口大国，拥有丰富的人力资源。但是，当前，我国的人力资源能力建设与社会经济发展的需求尚未完全匹配，将人力资源的内在优势转化为实际的人才优势仍是一项艰巨的任务。在全球范围内的激烈人才竞争中，与发达国家相比，我国仍然处于劣势。要实现全面建成小康社会，关键取决于人才资源开发水平的提高和高素质劳动者队伍的壮大。高等教育在实施青年科技创新行动中具有为其培养专业的人才的重要的意义。

新的历史条件下，实施青年科技创新行动具有重大的现实意义和战略意义。

首先，推进青年的科技创新活动是时代进步的必然选择。科学技术进步已经成为推动经济社会发展的决定性因素，也是衡量一个国家综合实力和国际竞争力的主要标志之一。在当前的全球背景下，科技的快速发展和经济的全球化步伐持续加速，各国基于经济和人才的综合实力之间的争夺变得越来越激烈。为了推动经济增长，必须将科技进步视为一个至关重要的策略，全方位地开展青年科技创新活动，团结并引导广大的青年，尤其是年轻的科技人员，努力学习、勇于创新，为科技和经济的进步做出积极贡献。年轻人代表着国家的将来，他们充满了梦想、激情和雄心壮志，渴望在宏伟的创新实践中取得卓越的成就。他们能够迅速地掌握和应用新的知识、新技能，在科技创新等方面表现出明显的优势，在人力资源开发中的优先地位应该得到重视。培养青年科技创新人才，是面向未来、建设创新型国家、实现国家战略的一项非常重要的内容。

其次，开展青年科技创新活动将有助于培育更多杰出的年轻才俊。青年科技人才是科技进步的主力军。青年时代被视为创新的最佳阶段，其中创新被视为青年最珍贵的特质，而年轻的科技工作者则是推动科技创新的关键力量。青年在科技活动中具有强烈的求知欲望，渴望获得最新知识。推动新理论、新方法的创立以及新产品的研发，主要的发展动力源于年轻人。随着科技产业化的快速发展，我国迫切地需要更多杰出的年轻科技人才崭露头角。近年来，在国家实施科教兴国战略中，我国科技事业得到了空前的发展，涌现出一批优秀人才，要为青年提供一个展现才华的平台，进一步激发他们的创新激情，引导他们关注科技的前沿，参与关键技术的研究和开发，协助青年科技人员开发拥有自主知识产权的技术和产品，从而为青年人才的成长和发展提供有力的支持。

开发青年人力资源的过程，是一个提高人的素质、挖掘人的潜力的过程。实施青年科技创新行动，从强化青年创新实践、培养创新精神、提高创新能力、营造创新氛围入手，全面提高青年的素质，推动青年人力资源转化为青年人才资源。遵循人才成长规律，最大限度地开发他们蕴藏的巨大潜能，最大限度地调动他们的积极性，发挥他们的创造力，让广大青年为建设创新型社会做出新的贡献。

青年是人生成长成才的关键时期，是创新意识培养和创新能力形成的重要阶段。实施青年科技创新行动，团结凝聚高层次的青年科技人才，为他们施展才华搭建舞台，需要做好几个方面的工作：一是建设有利于人才成长的教育培养体系，为青年创新人才成长打好基础；二是通过促进青年科研人员与产业相结合，为推动科技进步和经济发展做出贡献；三是开展广泛的群众性青年科技创新活动，营造良好的创新氛围，来增强青年人的创新意识和创新能力；四是建立青年科技创新行动项目化、社会化的运行机制，使科学研究与成果转化相结合。

第二节　高等教育人才培养模式的构建

一、"1+X"证书制度下高校人才培养模式

（一）"1+X"证书制度的推行带来的机遇

1. 完善人才培养机制

在"1+X"证书体系中，"X"证书涵盖了学校内外的各种职业技能等级证书，还涉及了群体，如在校学生和社会各界人士。为了保证学生可以更好地完成相关工作任务，国家需要加大对这一政策的落实力度，并在此基础上进一步完善其实施机制，从而使我国人力资源市场能够更加健康发展。人社部的核心职责是对校外的职业技能登记证书进行严格的监控和管理，并根据具体的实际需求来制订合适的职业证书；教育部主要关注校内职业技能登记证书的评估，并在此基础上，结合职业标准来制订与之匹配的培训准则。

通过实施"1+X"证书制度，可以确保学历教育标准与职业技能等级标准之间的无缝对接。这将有助于更好地融合培训内容和教育课程，同时也能更好地培养高校的技术和知识能力。通过统一的学历教育考试和技能等级考核安排，并同时进行考试评价，不仅可以促进高校人才培养模式的创新，还可以为我国高校人才培养机制的进一步完善提供有力的推动。高校需要在已有基础之上，对人才培养过程中出现的各种问题进行全面而深入的研究。同时，也需要细致地整理"1+X"证书制度在课程结构、毕业标准和培养目标等方面所提出的具体思路。这样做是为了尽量避免传统本科教育可能带来的不良影响，并弥补当前我国高等教育在人才培养方面普遍存在的偏重理论而忽视实践的不足，以进一步激发新型人才培养模式和机制的实际效用，从而提升人才培养的整体质量。

2. 增强校企合作深度

对于应用型高校来说，学校与企业的合作模式在人才培养中是非常关键的一

个环节。这种合作的核心在于企业与高校之间的紧密合作,共同进行教材的编写、目标的设定、项目的申报等多个环节,并通过实践指导等多种方式来实现这种合作。因此,校企合作作为当前我国高等教育改革与发展进程中不可或缺的一环,不仅能够有效推动学校教学水平的提升,更有助于学生综合能力以及素质的全面培养,进而为国家经济发展提供有力支持。然而,从当前的情况来看,尽管许多高校对学校与企业的合作持有浓厚的兴趣,但许多企业并没有真正将这种合作视为自己发展的核心战略。这导致了所谓的"校热企冷"现象,尽管存在一些合作机会,但这些合作大多还是停留在书面协议的层面,并没有真正达到广泛和深入的融合目标。这主要是因为我国现行的财税政策并不支持校企双方进行深入的实质性合作。

在当前我国产教融合建设试点的背景下,应当构建与之相匹配的产教融合型企业认证体系。面对那些积极参与产教融合实践的企业,应当实施组合式的激励措施,并根据相关法律和规定,坚定地执行税务政策,同时在已有的基础上,对基于校企合作的兼职兼薪制度进行进一步的完善。与此同时,政府应当通过出台一系列政策法规来引导企业积极参与到校企合作中来,并给予其足够的资金支持。在不断实施政策红利的过程中,各大企业逐步摆脱了过去的被动局面,向主动合作的方向发展,这将进一步推动产教融合的深度实施。

(二)"1+X"证书制度下高校人才培养路径

1. 健全相关制度标准

高校可以在"1+X"证书制度的推动下,采纳"学分银行"的策略,将学历证书与职业证书紧密结合,确保人才培养计划具有针对性和灵活性,使学生在明确自己的兴趣和职业规划的基础上,能够科学地完善他们的学习计划。与此同时,政府则要通过制订相关政策为高校开展专业教育提供良好的支持,促进学校与行业企业更好地进行合作。从现状来看,虽然一些高校已经开始初步推行"学分银行"制度,但其相关的管理准则仍然存在不足,缺乏一致性。对于"1+X"的证书体系,为了更好地体现"学分银行"的积极影响,需要确保高校的专业课程与技能证书能够无缝对接,进一步促进技能证书与课程学分的匹配,并提高相关制度标准的科学性和完备性。在高等职业学院里,工程造价专业被视为一门基础且至关重要的学科，它在培育高质量人才方面起到了不可或缺的作用。以高校中工程造价专业的 BIM 相关证书作为研究焦点，并通过执行"学分银行"制度，为该专业的学生提供了额外的工程造价软件应用方面的课程学分。这种方法不仅能够满足不同层次人才对专业知识和能力的要求，还能实现知识共享，提升人才培养质量。对于那些主修旅游酒店专业的学生而言，选择导游业务课程是一个切实可行的方案。在此情况下，学校需要结合具体实际制订相应教学计划与方案，并以此来实现对学生专业技能培养的目标。学生可以将他们获得的导游证书转换为相应课程的学分，并根据这些学分标准自主取得证书，这将有助于持续提升学生的技能和综合素质。

2. 完善专业课程体系

除了完善相关的制度和标准之外，高校还应该进一步深化和完善现有的课程体系，将其作为核心，通过积极推行"1+X"证书体系，以提高应用型人才培训的整体质量。同时也需要从教学理念入手进行优化升级，实现由应试教育向素质教育转变，真正发挥出旅游人才培养的作用。在教育过程中，应当重视提高学生的综合技能和职业素养，并根据市场的实际需求来构建课程结构。同时也要注意到不同层次院校之间存在一定差异，因此需要从多个方面入手，实现人才培养模式的创新发展。目前，我国大多数高校的课程结构主要由专业课程、公共课程和第二课堂这几个部分组成。其中，专业课程主要侧重于对学生技能和理论知识的培训，目的是更好地展示专业的实际特点，而公共课程则更多地强调对学生在道德和人文素质方面的培养。其中第二课堂教学就是一种新型教学模式，这种模式不仅有利于促进教师自身水平的提高，而且可以帮助大学生实现自我价值的全面发展。第二课堂在本质上被视为一种辅助课程，它在执行时展现出了显著的独立性，为学生创造了更广阔的学习机会。通过这种形式能够使学生得到更加全面的发展，同时也能提高其专业技能水平。通过加强"1+X"证书制度的实施，不仅能拓宽学生的知识视野，还能帮助他们更有效地将技能证书与专业课程内容融合，从而对专业课程内容进行更为深入的解析。在课程设计过程中，学校与教师应根据各自的专业特色，将与行业技能有关的课程纳入其中，并采用考取职业技能等级证书的方式来对学生进行综合评估。这就要求高校必须将教育教学与职业岗位进行结合起来，从而提高学生实际应用能力。

以"工程造价专业"为研究对象，在进行课程设计时，除了需要在该专业内设置经济、管理和人文等相关课程外，还应根据新时代社会对学生技能需求的变化，引入BIM软件课程。通过合理地安排学生在BIM系列证书考试中的学习内容，可以有效地引导学生顺利获得证书，并通过课程设计减少学生在证书考试过程中可能遇到的困难。同时，为了保证学生毕业后具备较高的从业素质，学校也应当结合当前职业教育发展形势合理地构建课程体系，以此来促进学生更好地为社会服务。对于专攻旅游酒店的学生而言，学校应当在"1+X"证书体系的基础上，适当地融入调酒、咖啡和茶艺等相关专业技能课程，以全面提升学生的综合能力。另外，在会计专业课程体系建设中，教师也应当注重与实际岗位之间的联系，以此为基础构建更加合理科学的教育体系，使得学生能够获得更多就业方向选择。在会计财务专业的课程设计中，相关的工作人员需要根据税务师、注册会计师和会计职称考试等多种资格证书来合理安排课程内容，或者可以考虑将国外的证书纳入其中。对于ACCA和CMA等证书，可以安排专门的课程，这将极大地完善专业培训体系，实现培养学生的综合能力的目标，对于满足高校多样化的人才培养需求具有重要的意义。

3. 深化落实多方合作

尽管政府和社会组织是发放学生技能证书的主要机构，但这两种证书在考试方式和认证方法上都有其独特之处。因此，当学生的精力和资源相对受限时，他们往往难以做出明智的选择。为了更有效地指导学生成功考取证书，有必要加强各个参与方的整合，并加强与多方的合作关系。具体而言，要通过建立专门组织管理机构，完善职业技能认证制度以及构建多元化的人才培养体系等多种途径来加强各方之间的有效配合，以此推动我国职业教育事业的可持续发展。除此之外，政府还应该为社会各领域在技能证书培训中的参与提供必要的平台和支持，并从多方面支持大学生积极获得各种专业技能证书。基于此，本文对我国目前高等教育发展现状进行了简要分析，并提出了一系列关于加强多方合作、促进职业技能提升的对策建议。在此背景下，深化多方合作的核心思想是从培训渠道的角度为学生提供全面的支持。高校应当有针对性地构建培训平台，如利用第二课堂作为教学载体，设计与之匹配的课程内容。同时，还需要充分调动人力资源技能培训中心等相关机构的积极性，加大对学生的专项培训力度。此外，高校还应根据学生的专业背景,有针对性地建立专业技能培训中心,以增强学生的专业技能培训效果,并在充分考虑专业特性的前提下,合理地连接"X"证书。

4. 编制考证指导方案

对于职业技能等级证书,它本身具有很强的效力。确定具体的证书考核项目需要根据人才的实际需求和行业的发展现状,同时也要考虑到不同学历层次的实际情况,以满足各种等级考核内容的实际需求。为了确保"1+X"证书制度在高校中得到高品质的执行,学校需要全面考虑各种可能的影响因子,并根据实际情况制订相关的认证指南。这样可以更好地了解学生在与特定行业企业和工作岗位对接时所需的能力和技巧,从而为他们在考取职业技能证书时提供有针对性的建议。因此,要制订合理的课程体系与教学内容。学生可以根据自己的兴趣和未来的发展计划来选择相应的证书。因此,教师要注重从多方面出发来制订科学合理的考证指南。此外,还需要根据专业的相关性,全面地总结出考证的指导方针,以增强指导的有效性。同时还应该注重与用人单位合作,根据不同情况制订个性化的实施方案,从而实现真正意义上的全方位培养方案。考虑到当前时代的背景,人工智能、云计算、大数据和信息化技术已经变成了社会发展的焦点。这些新兴技术的广泛应用在一定程度上模糊了不同行业和企业之间的界限,这也使得当前的社会发展更加需要多才多艺的人才。

二、"政产学研用就创"七位一体高校人才培养模式

国务院办公厅发文《国务院办公厅关于进一步支持大学生创新创业的指导意见》,强调了高校毕业生的创新创业问题,凸显了高校的双创教育和双创人才输出的重要性。提高了高校双创人才培养质量,不能仅依靠传统或单一的教育模式,而应整合多方力量、协调发展,构建全方位平台。

"政产学研用就创"七位一体的理念是将政府、企业、高校、研究单位、人才需求、大学生的就业机会以及创新和创业的关键要素紧密结合,实现各方面的优势互补和共同进步,从而共同推进高校双创人才的培养工作。通过该模式可以让大学生获得更多的就业机会,同时还能提升他们的综合素质,提高其创新能力,从而使我国经济得到更好更快的发展。政府在此扮演了引导、整合和保护的角色;企业不仅是创新和创业的实践场所,同时也是科技创新的核心力量;高校作为培

养双创人才的核心场所，发挥着至关重要的作用；科研机构在推动技术研发方面具有独特优势。研究机构有能力协助高校，为培养应用型人才提供必要的场地和指导方针；政府在政策上给予支持和引导。人力资源的需求具有市场导向的影响；就业状况被视为评估人才培养质量的一个关键指标；校企合作、工学结合是实现这一目的的有效途径。对于人才的培养，创新和创业被视为主要的目标与方向。"政产学研用就创"七位一体的高校双创人才培养模式具体内容如下：

（一）政创融合

政创融合是指在政府的引导下，推动高校的创新和创业发展，建立相应的平台，并制订相应的政策来推动整合发展，确保在强大的政策支持下，产学研的合作能够围绕应用转化和创新价值实现快速增长。根据《国家中长期教育改革和发展规划纲要（2010—2020年）》的明确指示，为了实现我国建设创新型国家的重大战略目标，必须在高校中推广创新创业教育，对学生进行全面的创新创业理论和实践教育，并激励他们进行自主创新和创业活动。高校作为培养高技能应用型专门人才的摇篮，肩负着为地方经济服务的重要责任，是实现"大众创业、万众创新"的主要阵地。为了产业的持续发展，需要得到专业学院的大力支持以及众多的创新和创业人才的协助。

首先，政府应当在整个行业中起到领导和引导的角色，营造一个鼓励创新和创业的环境，并推动创新创业教育的进一步改革与成长；其次，政府需要加强整体规划，协调企业、学校、产业等多个方面的关系，建立"校企共享平台"，从多个方向、多个角度促进创新创业人才的储备；第三，地方政府在政策上起到了引导的角色，他们在规章、制度和税收等多个方面都倾向于支持大学生创业，强化了他们的基础保障，确保学生在进入社会时无后顾之忧；第四，政府提供的资金援助具有杠杆效应，有助于降低学生在创新和创业过程中的成本和风险，因此应当整合各种资源，以促进创新和创业成果的有效转化；第五，政府有责任制订并不断优化行业与职业的标准，同时也需要加强对这些标准的监管和规定，以明确招聘准则和人才培养的方向。

（二）产创融合

产创融合不仅体现在创新和创业人才培养与产业发展之间的高度匹配和融

合，还涉及双创人才与企业之间的有效对接和整合。通过产创融合可以促进产业转型升级和产业结构优化，提升区域创新能力，推动经济增长方式转变，提高就业水平等。产业的未来发展依赖于大量的创新型人才，这与高校培养双创人才的目标高度一致，因此，高校需要积极地参与到产业的发展过程中。

首先，人才培养的核心目标应该是服务于特定地区和产业，全面掌握当地产业发展的整体框架，这样才能实现专业、创业和产业三者的有机结合；其次，应以实际经验为导向，紧密结合当地的产业特点来执行人才培训方案，构建创新创业的课程和研究框架，并在此基础上寻找与产业相匹配的创新创业机会；再次，需要加大对产业创新实训基地及其相关配套设施的建设力度，利用当地的产业园区作为基础，建立孵化基地和众创空间等设施，确保创新创业人才的培训真正得到实施；最后，企业不仅是产业的核心组成部分，也是吸引创新和创业人才的主要途径。因此，学校应与企业建立持久的合作伙伴关系，强化产教融合和校企合作。学校应根据企业的具体需求进行有针对性的人才供应，而企业则应从制度、职位和待遇等多个方面为高校的双创人才创造有利条件。同时，学校应为实习实践提供适当的场地和企业家的指导，双方应在多个方面密切合作，以加强成果的融合和转化。

（三）学创融合

高校作为学术与创新相结合的核心平台，其核心理念是在人才培养的每一个环节中都融入创新和创业的元素，从教师团队、授课方式到专业课程和实际操作训练，都要构建一个既重视专业技能，又注重创新能力的人才培养框架。

首先，在高校内部营造一个有利于创新和创业的环境，能激发学生的内在动力，并培育他们敢于冒险和善于创新的精神，这构成了培养创新和创业人才的基础驱动力；其次，需要强化高校中的创新和创业教师队伍，并促进双创课程教师与专业课程教师之间的深度融合，这样可以打破目前专业和创业两个系统之间的隔阂，培养出既有创新和创业能力，又精通专业技术的"双师型"教育者；第三，高校在专业设置和课程教学方面，也需要实现理论与实践的融合。这就意味着高校需要对传统的课程结构进行调整，摒弃过时的教学模式，并在教学计划中明确创新和创业的理念，逐渐将这些理念融入专业课程的设计和教学过程中，确保课程的每一个环节都融入了创新和创业的元素和方法；第四，需要强化理论课程与实习、实践、就业和创业之间的联系,确保创新和创业与专业知识同等重要,成为学生进入社会所必需的技能;第五,为了帮助学生更快地将创新创业的理论应用到实际中,应当为他们提供多种竞赛平台,让他们参与到高层次的比赛中,为他们提供竞赛的指导建议,并设立创新创业基金等措施;第六,在评价体系的构建上,为避免过于单一或偏颇,应采用多样化的评价标准,并借助现代教育工具,从意识、能力、理论和实践等多个维度进行全面评估,以实现学术与创新的有机结合。

(四)研创融合

"研"指的是研究机构和研究资源,而"研创融合"则是指这些研究机构和资源能有效地推动高校在双创人才培养方面的进步。因此,要想提高高校双创人才的培养质量,首先需要构建出一个完整的管理体系,其次才是提升教师自身素质以及科研水平。

从高校的内部视角看,首要任务是鼓励教师基于自己的科研项目和成果,引导学生进行学习和应用,鼓励他们进行创新和创业实践,协助学生将技术成果转化为实际应用,支持他们参与大型项目的研发工作,尤其是在创新研发阶段,从而帮助学生积累宝贵的经验并锻炼他们的能力;此外,还可以通过设立奖学金等方式给予资助,激发学生自主探索、勇于尝试的热情,提高其创新能力和综合素质,促进大学生就业,需要进一步完善学校的科研基地、实验设施和设备,并确保这些设施对学生开放。这不仅可以提高学生的基本技能和操作能力,还为创新和创业项目提供了必要的场地和专业环境。

对于院校之外的研究机构而言,强化与高校的日常合作关系,并加大对科研技术种类的推广、交流和培训力度,能为学生提供一个有效的研究平台和相应的指导方针;还可以通过合作组织科技创新活动和比赛等多种方式,强化两者之间的紧密联系,共同推动科研成果与创新创业项目的有机结合,从多个角度促进成果的实际应用和转化。再次,注重知识产权的保护,将其作为高校科技成果转化的重要组成部分进行规范。代表性的中科院科研机构始终遵循"鼓励创造,重视保护,加强转化,创新管理"的核心理念,其目标是利用知识产权来推动科研和创新活动的进展。

(五) 用创融合

"用创融合"理念是基于用户的实际需求。高校在培养人才时，应确保满足雇主和社会的双重需求。那些既具备专业技能又有创新能力的学生，更有可能迅速地融入社会，更快地得到社会的认同和接纳。在培养过程中，企业参与到了人才培训及创业指导当中，而高校则承担着对学生进行专业知识传授、技能训练以及创新能力提升的重要责任。因此，"用创融合"构成了"政产学研用就创"这七位一体的高等教育人才培养策略的核心理念和实践目标。

高校在人才培养方面的目标不应仅仅局限于专业知识和技能的掌握，更应注重培养具有全面发展能力、社会责任感、创新和创业精神以及实践技能的应用型高素质人才，以满足国家社会经济和产业发展的需求。目前，高校在开展人才培养过程中存在着培养目标与市场需求脱节、学生就业难等问题，这就要求各高校要转变传统教育思想，树立"校企合作"理念，明确人才培养定位。所有的学院和专业都应遵循这一指导方针，以满足雇主的需求为核心，结合其独特的专业属性和服务目标，制订出专业人才的培训计划。为了满足市场对于技能型人才不断增长的需求，高校设定了专业办学的标准，并结合了专业群的建设方向。通过院校与企业的双重主体合作，制订了人才培养的实施策略，旨在从专业和技能的角度培养和输出具有创新和创业精神的人才。通过校企合作，搭建"双元"教学平台，建立完善的保障体系等措施，使得创新型人才培养模式能在高校教育体系中得到推广。社会有潜力成为学生的另一个学习场所，因此，确保第一课堂与第二课堂之间的无缝对接是高校培养人才的关键环节。通过用创融合，可以确保学校与社会之间的需求与供应相匹配，有针对性地解决双方在人才输出和招聘上的问题，解决社会经济发展中出现的冲突，这也是评价高校人才培养质量和结构的关键标准。

(六) 就创融合

对于大学生来说，进入社会的两个关键路径是就业和创业，这也是评估高校培训质量的关键指标。在我国，大学生就业困难已成为一个突出的民生问题。尽管从外部观察，毕业生的数量似乎超出了实际需求，但他们经常遭遇的就业困境并不完全是这样。从根源来看，主要还是由于用人单位在人才市场上找不到适合自身岗位的高素质人才所致。问题的核心在于，学校在人才培养目标、品质和组织结构上都未能满足社会的实际需求；另一方面，由于毕业生自身素质不高，在求职过程中没有掌握必要的技巧和技能，导致无法实现有效地就业或成功地创业。另外，由于学生在创新和创业方面的意识不足，他们无法为企业创造应有的价值，这进一步削弱了企业对学生的需求，导致了一个不良的循环现象。

因此，为了解决学生找工作的困难，确立明确的人才培养目标显得尤为关键，既要关注就业又要鼓励创业，这就是"就创融合"。只有这样才能为大学生提供更为广阔的发展空间和良好的成长平台，促进他们更好更快的成才。在国家教育供给侧改革的核心议题中，要求要有针对性地指导各学校和专业展现其独特性和水平，以培育社会所需的专业人才，同时也注重培育具备创新思维和创造力的人才。就业和创业并不是相互冲突的，它们不能单独存在，也不能仅仅突出某一个方面，它们应该是相互依赖、相互补充的。在新时代下，如何实现就业与创业的有机结合，已经成为摆在高校面前亟待解决的难题。培养双创人才不仅能让学生拥有创新和创业的精神、素质和能力，还能扩大他们的就业选择，提高就业成功的概率，并为他们的职业生涯规划和终身学习提供坚实的基础；同时，大学生通过自主创业可以为自己找到更好的发展平台和机会，实现个人价值。在高校的人才培训中，充分利用"就创融合"的策略，成为解决毕业生找工作困难的关键途径。

近年来，我国政府高度重视创新型人才队伍建设，出台了一系列鼓励和扶持政策，为高校开展创新创业教育提供了有力保障。毫无疑问，提升高校在双创人才培养方面的质量，不仅是推动国家创新和创业发展的关键步骤，也是提升高等教育整体质量的重要手段。为了提高双创人才的培训质量，需要融合各种资源，共同努力。在具体实践中，由于缺乏有效的组织与管理，导致高校双创人才培养存在诸多问题。因此，需要构建一个"政产学研用就创"的七位一体的高校双创人才培养模式，其中各个主体应该紧密联系，相互促进，全面发展，从而从整体上更合理、更高效地推动创新创业人才的培养。在此过程中，还存在着一些问题，如缺乏顶层设计、相关法律制度不完善等，都制约了高校双创人才培养质量的提升。从政府视角出发，有必要明确高校在双创教育中的角色，深入了解高校双创教育的实际需求，全力支持高校双创教育的进一步发展，并构建高校与企业、机构之间的双创交流平台，同时为创业大学生和高校双创教师提供适当的政策支持；

从大学和科研机构的视角出发，需要积极主动地加强与产业及企业之间的合作交流，优化双创教育的师资配置和专业发展策略，充分利用各种资源来满足社会的不断变化的需求，并建立一个全面而合理的评估机制，以确保双创人才的能力和质量得到有效评估；站在企业的视角，可以在创业比赛、实习培训、专家训练、实践基地和共享平台等多个领域为高校提供必要的支援。通过上述方式实现了对高等院校创新驱动型人才培养体系的有效建设，同时也为地方经济发展提供了源源不断的高素质应用型技术技能型专门人才。综合来看，构建一个"政产学研用就创"的七位一体的人才培养模式，可以充分利用政府、企业、高校和科研单位等多方面的优势，从而实现资源的集中利用、团队协作、基础设施的稳固和未来方向的引导。

第三节 高等教育人才培养的改革策略

我国高等教育需探索一套中国特色的人才培养模式，提升高校整体教育水平，提升人才培养质量，为中国社会主义事业培养合格人才。改革人才培养模式不能直接照搬外国高校的教育理念、教育模式，高校需结合具体校情，融入新理念，全面革新人才培养的理念、价值观和内容，真正地构建中国特色人才培养新模式。

一、更新培养理念与目标

如今，我国社会主义建设已完成两个"百年目标"，进入了新的发展阶段，社会主义建设与社会经济发展对人才的需求更加多样化，高等教育建设也要突出多层次、多类型的特点，既要发展高水平研究型大学，又要发展应用型大学，既要发展普通高等教育，又要发展职业高等教育。各种层次、各种类型的高等教育共同发展，才能够培养高素质的多元类型人才。高校需确立立德树人理念、终身教育理念、内涵式发展理念，在先进理念的引导下，培养社会主义现代化建设需要的多种人才。

（一）确立立德树人理念

纵观国家教育发展历程，在各个历史发展阶段，各个国家都大力探究教育理念,重视其对教育实践活动的引领作用。我国同样在不断探索中国特色的教育理念、教育价值观念等。立德树人是高等教育的根本任务,党的十九大要求,坚决落实这一根本任务,《中国教育现代化2035》也明确指出,"全面落实立德树人根本任务,就是要广泛开展理想信念教育,厚植爱国主义情怀,不断加强品德修养,努力提高学生思想水平、道德品质与文化素养。"[①]可见,在当下的高等教育改革中,立德树人有着根基性作用。

为将立德树人从口号落实到行动,真正促进学生的全面发展。高等教育需关注如下三个方面:第一,坚持"以文化人、以德育人"的理念,全面发展和完善学生人格。高校需将重点从完成教学任务,转移到切实发挥育人、化人功能上来,关注学生健康人格的塑造,将文化育人融入学校教育的全过程,融入学生的全面、个性发展,从而完善和发展学生人格。第二,高等教育要坚持以培养全面发展的人才为目标,不仅要关注学生智慧的发展,还要重视学生在道德等方面的发展,将人格塑造与能力培养有机结合,真正培养出知识、能力、素养兼具的综合型优秀人才。第三,高校要进一步创新育人模式,将关注的重点从"教"转移到"育",以"育人"为核心优化教育资源配置。

(二)确立终身教育理念

随着知识经济的发展,知识型社会的构建,终身教育理念应运而生。在这个知识大爆发、快速更新的时代,过去的学校教育已经难以适应当下社会对知识和技能的要求,甚至我们仅仅凭借在校期间所学的知识和技能,无法跟上社会不断发展的步伐,必须不断学习,坚持终身教育。

根据终身教育理念,教育应当伴随人的一生,为不同年龄段和地域的人提供教育,促进其人格不断完善,帮助其实现终身化发展。《中国教育现代化2035》中明确指出,"要构建服务全民的终身学习体系,建立全民终身学习的制度环境、跨部门跨行业的工作机制、专业化支持体系。"[②]我国高等教育要确立终身教育理念,构建终身教育理论体系,并在教学实践中不断探索。

当下,高等教育的终身教育探索需着眼于两个方面,一方面,进一步开展和加强终身教育实施主体的建设,整合已有教育资源,推动学校、社会教育机构和

---

① 中共中央国务院印发《中国教育现代化2035》[J]. 人民教育,2019,(05):7-10.
② 中共中央国务院印发《中国教育现代化2035》[J]. 人民教育,2019,(05):7-10.

教育组织等确立终身教育理念、参与终身教育实践，并且，大力构建覆盖全社会的终身学习网络。另一方面，重点构建终身教育体系，联系各地教育主管部门与学校等教育主体，建设开放大学系统，并以此为依托，根据终身教育理念，推进终身教育体系与学校体系的充分结合。

（三）确立内涵式发展理念

2018年印发的《关于加快建设高水平本科教育全面提高人才培养能力的意见》强调，高等教育要转向内涵式发展，并解释了所谓内涵式发展指的是发展的形式将从以外部膨胀与扩张为主转到以自身优化和质量提升为主，由此高等教育的内涵式发展理念逐渐形成和不断完善。

现阶段，高等教育首先要做的就是优化专业结构以及改革人才培养模式，提升教学质量，培养满足社会实际需求的优质人才。提升人才培养水平是高等教育内涵式发展的重要要求，高校需关注如下三点：首先，高校应构建科学化人才培养质量观念，坚持以人为本，坚持以人才培养为中心，围绕着学生的全面发展、健康成长进行工作安排；其次，构建新型人才培养观念，结合教育现代化的要求开展人才培养工作，最大程度地发挥人才培养工作的作用；最后，基于社会主义现代化建设与经济社会发展需求制订人才培养模式，合理设置与整合各个专业和学科，坚持跨学科培养理念，使不同专业之间、不同学科之间相互贯通和相互促进，坚持学科素养培养与实际能力培养并重，切实有效地提升高等教育人才培养质量。

二、调整高校专业布局

国内社会主义建设与社会经济发展呈现出新形势，对人才的需求发生了变化，人才市场体系不断完善，外界环境对高校教育有一定的影响，高校需结合外界环境变化合理调整专业布局。

（一）优化专业结构

我国高校采取分科教学制度，整体结构为学校—学院—专业。教育部监督指导高校开展教学和管理，评估其办学、教学水平，会对各个高校以及学科专业作出评估和排名，教育主管部门会评定重点专业、特色专业、优势专业等项目，也就是说，高校内部的各个专业发展并不平均，有优势专业与弱势专业之分。通常而言，优势专业、特色专业的发展历史较久，理论根基深厚，有较为完备的学科体系，是高校办学的特色和发展的重点。所以，高校首先要保持和进一步发展优势专业、特色专业，给予其资源倾斜，进一步巩固其规模，保证其教育质量，需加强教师队伍建设，通过引进教研兼优的教师提升教学水平，促进科研成果产出，以充分的资金投入促进专业良好发展，从而促进学生全面发展，培育大量理论、技能、能力、素养兼优的专业人才，推动学校的整体发展，同时助力社会经济的发展。

其次，高校要利用优势专业、特色专业的发展带动和辐射相关专业的发展。如东北电力大学的优势专业为电力系统及自动化专业，该专业开设时间长，专业水平高，教学与科研成果产出多，规模大，学生数量为学校最多。东北电力大学充分利用了电力系统及自动化专业的发展优势，着力推动该专业与校内其他相关专业如电信工程专业等在专业师资、教学与实验仪器设备等方面的合作、交流、共享，有效促进了这些相关专业的发展，从整体上显著提升了人才培养质量，增强了学校在招生与就业方面的优势。

最后，高校还应当构建专业退出机制，科学评估专业发展水平，有计划地逐步清退招生困难、缺少设备、就业率低等专业，避免资源浪费，从而节省更多资源投入其他专业的建设发展中。

（二）突出社会本位价值取向

高校需重视发挥社会服务功能，在专业布局上突出社会本位价值取向，关注和把握社会经济发展对人才需求的变化，及时调整专业及专业人才培养计划。

高校应当加强与地方的联系，以市场动态为导向合理设置专业。加强与地方的联系指的是，高校应当积极与地方政府、行业、企业等交流、合作，形成良性互动、共赢发展的关系，及时获取企业在人才招聘方面的需求、提供岗位的具体情况，与地方企业合作开展实习和校招等活动。以市场动态为导向合理设置专业指的是，高校应当关注地方经济发展与人才市场动态，以此为依据，增设新专业或者新课程，撤销与市场需求不符的专业和课程，调整和优化专业结构，将学生培养成社会需要的人才，传授学生真正用得上的专业知识和技能，使之能够学有所用，助力其未来职业发展。

高校在设置专业时不仅要立足当下，还要展望未来。大学学制一般为四年，人才培养周期较长，因此，其向社会提供的人才总是滞后于市场发展。所以，国家要有计划地向高校放权，增加其设置专业的自主权，高校也要在教育主管部门的指导下，科学地预测未来经济发展形势，前瞻性地调整专业布局，调整人才培养计划，从而向社会输送其需要的人才。

三、优化教学内容与模式

课堂教学是高校人才培养最主要的途径，是高校完成教学任务的载体。正是通过课堂教学，教师才能实施教学活动，向学生教授学科知识，从而提升学生的专业知识、技能与素养。因此，高等教育人才培养改革要以课堂教学为突破口，坚持以学生为中心，优化教学内容与模式，适应学生的学习特点和学习需求，切实提升育人质量。

（一）优化教学内容与方法

从当前的高等教育改革深化情况来看，高校学生学业水平、课堂教学效率还需进一步提升，这要求高校优化教学内容与方法。

传统的课堂教学中，教师主要以教科书为教学内容的载体，所用的教科书内容较为过时，并且不够全面。很多高校会开发本校的教科书，但基本上无法摆脱旧教学内容框架的束缚，仅调整、更换一些边角知识和少数课文内容，所以每一届学生所学的学科知识基本没有变化，但是社会现实生活却在不断变化，总是出现新现象、新事物、新知识，这就导致学生在学校学的知识很难用于实际生活，并且很难对这些陈旧的教学内容提起学习的兴趣。一些理工学科直接照搬国外高校最新的学科知识体系来安排教学内容，但是国内外的社会发展、文化环境等不同，就会出现"水土不服"的现象，如有些教学内容涉及的仪器设备在国内并不常用等。教学内容如何直接决定着学生的专业知识和技术能力体系的优劣，关系着学生能不能解决实际问题，尤其是在进入社会后解决工作问题，所以，高校必须优化教学内容，一方面要结合社会实际的发展更新教学内容，使之与时俱进；另一方面要根植于中华优秀传统文化，构建中国特色教学内容体系，以此促进学生的社会化发展和全面发展。

高校还应当优化教学方法，激励教师结合现代教学理念和先进技术，灵活应用各种教学方法，尤其要注重教学方法的适用性和有效性。如今，新一轮科技革命方兴未艾，互联网技术、大数据技术、人工智能技术等在不断发展更新，并融入教育教学之中，出现了微课、网课、多媒体教学、虚拟教室等教学技术。教师应当充分借助这些技术创新教学方法、模式，让教学贯通课内课外、线上线下，提升教学效率。但是也要注意，这些技术只是教学的一种辅助，不应过分追求新教学技术和方法的应用，而要以学生为本，以学生的能力发展为重，选择合适的教学方法，把握新技术、新载体的应用尺度，不可舍本逐末。

（二）创设"生态式"课堂模式

在"学生主体，教师主导"理念的引领下，课堂教学正在从以知识灌输为中心转向以学生学习为中心，关注知识构建与师生双向交流，逐步构建以促进学生全面发展为目的，开放、平等的"生态式"课堂模式。

"生态式"课堂模式是对传统课堂模式的一种超越，知识的传授只是其中的一部分，其更为关注技能、心理、社会适应力等方面的发展，致力于将学生培育为"完整的人"。

高校需积极构建"生态式"课堂模式，革除传统的教师权威式师生关系，构建现代式平等、民主、和谐的新型师生关系。以往的高等教育中以师为尊，教师是知识的持有者、课堂的掌控者，学生只能被动接受知识，师生之间形成了一种不平等的上下位关系。教学过程是教师的教和学生的学相统一的过程，只有在师生的双向互动中，学生才能够高效地完成知识构建。在"生态式"课堂模式下，师生之间平等对话、双向交流，保障了学生的主体地位，激发了学生学习的主动性。

教师在"生态式"课堂模式中，需关注学生兴趣，以此为根据设置课程，不可照本宣科。在课堂教学中，教师不必局限于学科限制，应当以跨学科的理念，引导学生构建立体知识体系，拓展学生思维，培养其跨学科的研究素养。此外，教师除了学科专业知识之外，还需关注人文知识，在课堂教学中融入优秀传统文化，以文化滋养学生，同时应关注人文价值，培养学生的人文精神；并且引导学生了解自然科学知识，以及自主探索自然科学规律，发展他们的逻辑思维。

四、促进就业创业教育

我国拥有众多的人口，劳动力资源丰富，但也存在就业机会和人口基数相矛盾的问题。所以，我们要充分利用市场经济机制促进人力资源优化配置，实现人力资源和市场机制的相互促进，这对我国长期发展意义重大。现今，国家积极号召"大众创业，万众创新"，并深入推动"供给侧结构"改革，在这样的背景下，大学生就业形势发生了新的变化，自主择业成为了当下就业制度的重要导向，同时，新兴市场的发展对人才提出了更大的需求。

（一）推进创业带动就业

高校工作的一个重要目标在于维持和扩大就业，为此要引导毕业生自主创办企业，通过促创业实现促就业。高校需加强创业制度建设，助力学生灵活就业，提升其就业质量，促进他们充分就业，这有助于推进构建以国内大循环为主、国内国际双循环相互促进的新发展格局。高校应顺应国家政策导向，积极推动"大众创业万众创新"，积极培育学生的创业精神，采用多种方式进行创业教育，在人才培养体系中强化对学生创业能力的培养。

首先，需要确保创业政策得到有效实施。由于就业市场变幻莫测，为了更好地、全面地了解专业前景和职业需求，必须有充分的政策信息作为参考。高校应当更加积极地宣传和深入解读就业创业政策，以引导毕业生充分了解当下国家的就业政策并使之善于利用政策实现就业。除此之外，很多大学生在进行创业规划时，常常只关注微观层面，没有在创业所需要的专业技能、行业知识、设施条件及人力资源等各方面形成全面的认知，并且创业项目计划往往非常模糊和笼统，所以常常做出盲目决策，因而受损失的可能性较大。高校应该灵活全面地利用各种手段，如监测人力资源市场供求情况和大数据分析等，帮助学生及时了解最新的市场信息。同时，高校也需要跟踪了解大学生的创业状况，收集数据，以此为依据不断调整政策措施，以帮助更多学生成功创业。

其次，从多种渠道为学生提供创业指导和服务以强化创业支持。第一，高校应该积极运用互联网思维，并着力构建和完善"互联网+"创业网络体系。应当积极领会和跟从政策精神，与相关政府部门协作，积极推进大学生创业优惠政策的真正实施，并从师资、设备、资金等方面加强对学生"双创"项目的支持，同时大力开展各种"互联网+"大学生创新创业大赛。第二,举行"高校毕业生创业服务专项活动",积极建设和健全创业孵化基地,利用此推进在各种创新创业大赛上获奖项目的进一步发展和落地,从而发挥创新创业大赛的长线作用,帮助大学生更好地创业就业。第三,高校应重视毕业生的创业培训,将其与人才培养计划相结合,通过校企合作的方式建立实习基地,为毕业生提供更加适宜和多样的实习机会和创业实训。以此全面提升毕业生的创业能力,培养其创业技能,并且不断归纳和分析实习和培训情况,打造具有推广价值的毕业生创业典型,并宣传和推广相关经验,激发学生的积极创新意识和创业热情。

(二)强化就业指导服务

很长一段时间,我国高校一直未重视就业服务体系的建设,导致就业指导服务流于形式,与学生需求相差甚远,无法真正指导和服务学生的创业活动。我们可以看到很多高校的就业咨询、就业指导和技能培训缺乏实质性作用,都是面子工作和形式。

党中央在很多会议和场合反复点明要建设和完善就业服务体系,提升大学生的创新和创业能力,要求构建专门的大学生就业指导服务机构,以便于系统化地指导他们的创业和就业,并为其提供专业的咨询服务,从而实现创业带动就业、创新驱动发展,减轻当前大学生的就业压力,同时促进经济和社会的不断发展。

当下就业工作需精准化发展,就业服务工作应当以学生为中心,关注并适应他们的多元化和个性化需求。高校应该先对学生的就业意愿进行详细调查和研究,以便有的放矢地制订更加有效的就业指导。通过宏观调查,更好地掌握学生的就业理想,从而更加精准地了解他们的就业动态,以此为开展就业指导服务的重要前提。其次,高校要利用合适的、科学的、有效的就业指导方法。要应用互联网思维,充分利用"互联网+"平台,发挥数字化系统和大数据技术的作用,通过数据分析帮助学生获取就业市场信息、寻找和筛选就业机会等等。高校应该充分利用手机APP、小程序以及社交软件等方式,及时向学生推送各类招考信息、各项政策的解读和面试技巧等,帮助大学生便捷高效地获取就业信息和学习就业技能等。最后高校要积极开展多样化的就业指导活动,如邀请就业创业领域的专家、知名企业家、优秀校友等作为讲师进行就业交流培训,以此在校内创造一个良好的就业指导环境,并逐渐建立一个横向协同、纵向贯通的就业指导体系。

根据二十大精神，我们应当坚持和强化就业优先方针，不断完善促进就业的机制，推动高校毕业生的充分就业、稳定就业和高品质就业。不断完善就业公共服务体系，加强对就业困难人群的就业支持并优化相应的支持体系，为其提供就业兜底帮扶。从政策层面上，对城乡就业进行全面统筹，解决制度和政策上不利于劳动力和人才流动的因素，促进平等就业，消除就业歧视，确保所有人都有机会以个人勤奋劳动实现成长和发展。建立完备的终身职业技能培训体系，缓解结构性就业矛盾。健全和优化创业带动就业的保障机制，积极构建和促进新型就业模式的发展。不断调整和完善劳动法律法规，改进劳动关系协商协调机制，从制度上为劳动者权益提供更加有力和充分的保障，尤其要保障灵活就业和新就业形态的劳动者的权益。

总的来说，我国高校需要重点建立一个宏观布局、精准指导和专业服务相结合的就业指导服务系统，这个系统应该贯穿学生整个大学学习过程。此外，高校还需要建立多方位、多样化的就业服务渠道，并不断优化就业和创业指导服务，以帮助毕业生迈出职业生涯的第一步。高校应当积极响应和配合人才强国战略，进一步推进精准就业指导工作的深入开展，培养社会需要的复合型、创新型人才，为国家的未来发展和民族复兴贡献力量。

（三）"四新"建设背景下的创新创业教育

2018年，教育部下发文件，要求全面开展新工科、新医科、新农科以及新文科建设，这就是"四新"建设。教育是一个国家和民族发展的重要根基，我们需要推进教育改革不断深化，持续发展和提升自主可控的人才供给能力，培养国家发展需要的大量杰出人才。"四新"建设是我国教育事业发展和人才培养发展中的关键策略之一，它可以为高等教育人才培养的创新注入新的动力。开展创新创业教育有助于贯彻落实党的教育方针，是实现立德树人的要求，是深化教育改革的路径，有助于进一步推进"四新"建设，有助于培养多才多艺的创新人才。

1.营造浓厚文化氛围

首先，高校要全面开发和利用创新创业文化资源，组织各种形式和主题的系列活动，激发学生的创新创业激情，打造典型的优秀创新创业学生团队，将创新创业元素融入校园文化，融入学校的教育教学环境、实习实训环境和科研实践环境，在学生的校园生活和学习环境中营造创新创业氛围。其次，高校要积极促进创新创业文化转化为切实的育人成果,将评优体系、学分体系、奖学金体系与学生创新创业表现挂钩,以"创新创业之星"评选等方式,表彰在创新创业方面取得优秀成果的学生、指导教师、优秀项目等,发挥示范带头作用。最后,组织"创新创业文化节",以丰富多样的途径和形式,如培训、讨论会、社交聚会、比赛、专家演讲和小组讨论等,引导和支持各个学校根据自身专业特色举办各种各样的学术科技文化活动,实现"一院一节一特色",来引领一种积极健康的创新创业的文化,丰富学院的活动形式,提高学院的整体素质。

2. 完善教育课程体系

根据教育部在创新创业教育方面的具体要求,高校需要在各个学院和专业在课程教学中革新教学方法,构建新的教学模式,探索新的教学评价方式,创新课堂教学的各个要素,提高教学质量。一方面加强创新创业课程建设,如开展教学改革项目、建设一流课程等,同时根据本校学生团队在各种高水平创新创业赛事中获奖的情况,对课程建设情况作出衡量和评价,倡导和支持教师在教学中积极引入前沿学术理论、科研实验成果和实践经验,利用互联网平台开展线上线下混合教学,同时积极指导学生参与创新创业大赛。同时,高校需进一步调整创新创业学分体系,构建和健全校内外互动的创新创业交流合作制度,并构建开放课程学习学分认定制度。为了鼓励学生创新创业,提升其综合素质,高校需拓展创新创业学分认定范围,将学科竞赛、技术开发、专利申请、项目立项、科研论文、社会实践等囊括其中,允许学生将"互联网+""挑战杯"大赛获得省赛一等奖及以上的优秀创新创业项目申请为毕业设计、论文。

3. 夯实实践平台建设

高校需整合资源,大力构建各类实践平台,如实验实训平台、校企合作育人平台、创新创业实战平台等,以此为基础构建多功能的创新创业教育指导服务平台,从而针对大学生开展创新创业教学、展示大学生的创新创业成果、指导大学生参与竞赛和转化创新创业项目成果,构建多功能的创新创业教育实践服务平台,为他们的创新创业活动提供信息、咨询、中介、融资、科技、培训等服务,推动创新创业理论和实践教育的发展。

合理利用高校的已有实践平台,如二级学院的实验室、工程中心和科研基地等,同时建设新型创新创业孵化中心,制订完善的管理制度,采取开放自由的运营模式，采取设备模块化管理模式，积极构建创新创业信息平台，实时导师制等，通过多种措施构建"种子培育、苗圃助长、企业孵化"链条。严格把控孵化中心的准入门槛，仅接纳省级及以上赛事获奖的项目团队，以及经过严格选拔的重点孵化项目团队。利用实践平台为具备潜力的项目团队提供量身定制的指导和服务，如针对性的创业政策、投融资和市场开发等服务，助力其快速发展，帮助学生获得切实的创新创业实践成果。

4. 强化师生队伍建设

"内部培养"和"外部引进"双管齐下，打造兼备专业素养和实践经验的专职教师与兼职教师结合的创新创业师资队伍。高校需重点打造三个队伍：第一个专业教师队伍，高校要完善"双师型"教师培养和评价机制，实施科技特派员制度，安排校内教师深入企事业单位挂职锻炼，支持教师参与科研攻关项目，鼓励教师参与各种创新创业活动，积累实战经验，以充实创新创业教育专任教师的队伍。第二个队伍是辅导员队伍，高校要组织辅导员参与专门培训，提升他们的就业指导能力、创新创业教育辅导能力、职业生涯发展规划指导能力等。第三个队伍是校外导师队伍，高校要积极聘请具有创新创业理论和管理经验的政府人员、企事业单位精英等进入学校担任创新创业指导教育，引导学生了解真实的创新创业问题以及经验，丰富创新创业教育兼职教师队伍。

高校需要重点开展针对校内教师的培训，提高他们相关理论水平、锻炼他们的创新创业实战经验，提升其竞赛指导能力、创新创业指导服务能力等，构建和完善创新创业教师的管理机制，尤其是考核评估机制，将之与职称评等挂钩，切实打造优秀的、立体的创新创业教师队伍。

5. 发挥党建引领作用

高校要推进党建工作与创新创业教育体系的有机融合，以多样化的途径和形式，如课程思政等，最大程度地发挥党建工作的优势和价值，以正确的价值引领创新创业教育，统筹教育资源，优化组织建设，完善工作谋划等等，避免负面价值观和错误理念干扰创新创业教育的实施，一方面发展学生的创新思维、提升他们的创业能力，另一方面使之自觉地将个人发展融入国家发展，将个人职业生涯的成功融入民族复兴伟大事业中；最大程度地开发各类创新创业课程中的思政元素，将大学生的创新创业联系于国家富强、民族振兴、国际竞争，从而强化他们的社会责任感、爱国主义精神，引导更多的学生开展创新创业活动。开展多种形式的党员先锋引领系列活动如"先锋岗""示范岗"，发挥党员在"四新"建设和创新创业教育改革中的示范带头作用，如党员教师要自觉积极担当学生创新创业项目导师，着力建立党建引领创新创业教育的评价机制，在党员的年度考核指标中添加申报专利、科研项目成果转化等创新创业活动的要素，以此激发和提升党员参与创新创业教育的积极性和主动性。

第五章 高等教育质量管理改革

本章分为五部分内容,依次是高等教育质量建设的主体与体系、高等教育质量提升的路径、高等教育质量评估体系改革、高等教育质量监测体系研究、高等教育质量保障体系研究。

第一节 高等教育质量建设的主体与体系

一、高等教育质量建设的主体

高等教育的主体是谁,是提升高校教育质量首先要思考的问题。"谁的高等教育"所表征的高等教育为谁"拥有",而不是归谁"所有"。高等教育为谁拥有,谁就应该对其质量建设承担一定责任,这是合乎逻辑的。因此,问题的焦点就集中在"谁的高等教育"。从利益相关者的理论视角来分析,高校不同于企业的股东所有制,而是一种典型的利益相关者组织,高等教育为所有的利益相关者共同拥有。根据高校的具体情况来说,改革的对象应该遍布教育过程中的所有利益相关者。

(一)利益相关者视域下的主体分析

现代意义上的企业利益相关者(Stakeholder)发端于1963年斯坦福大学的一个研究小组,迄今为止,已成为经济伦理学的一个重要范畴。狭义的利益相关者为"组织若没有其支持,不能存在的群体和个人",而广义的利益相关者的定义由弗里曼(R.E.Freeman)于1984年在其著作《战略管理:利益相关者方法》中提出,与企业是否获得利益有关的人主要是指对企业进行了投资或是企业的生产结果有利于它。企业利益相关者理论提出后,引起了公司治理方式的新变革,即从股东治理方式、员工治理方式转向利益相关者治理方式。利益相关者理论挑战了传统的股东利益至上价值观,在承认股东作为权益出资人享有公司剩余索取权的同时,坚持所有利益相关者都应参与公司治理,"企业在考虑股东利益的同时,还要顾及债权人、雇员、消费者、供应商、政府、社区以及环境等个人或群体的利益"[①]。

利益相关者理论产生于企业经营领域,有学者认为,企业本身并不是一个利益相关者组织。关注利益相关者的利益固然具有重要的进步意义和现实合理性。但是,对于企业而言,企业本质上是营利性组织,股东经济利益无疑是企业所有经营活动围绕的核心,这是企业经营的根本责任制。否则,企业经营便失去了最重要的激励机制。因此,关注企业利益相关者的利益在相当大程度上只是企业正常运转的一个有效手段,而并非其存在的目的。基于此,有学者提出高校是一种典型的利益相关者组织。不能将大学与企业同等看待,大学是公益性的服务组织,而企业是以盈利为目的的商业性组织,大学中不存在某一主体对大学进行入股的现象,各方力量可以对大学进行投入,但是不能获得大学的管理权,大学从来不是针对某一利益主体进行的,它是社会性的、公共性的教学活动。与企业归股东所有不同,高等教育机构为利益相关者所拥有,就是说大学并不属于某一群体而是属于公共群体,任何个人、任何群体不能将大学囊括在自己的利益范围内,大学永远不可能成为谋私利的利益机构。对高等教育机构性质的新认识必然带来高等教育责任内涵的变迁。在高等教育历史上,大学主要是作为一个学术组织,研究和传播学术是大学存在的唯一责任。但是,随着社会发展,在学术责任之外逐步提出了大学的社会责任。从利益相关者理论视域来看,大学并非仅仅深居"象牙塔"中践行其学术责任,而是要在利益相关者构成的社会网络中履行其社会责任。如果大学各项决策和教育结果不能满足于社会各群体对于它的需要,大学就不能为其投入的各方势力带来经济收入,所以大学的每一次改革都是需要谨慎小心的。在明确了现代高等教育机构的利益相关者属性之后,面临的首要问题是弄清谁是高等教育的利益相关者。

原哈佛大学文理学院院长罗索夫斯基(Henry Rosovsky)在《美国校园文化——学生、教授、管理》一书中,将与教育有关系的各个主体和组织与教育的

---

① 李善民,毛雅娟,赵晶晶.利益相关者理论的新进展[J].经济理论与经济管理,2008,(12):32-36.

关系进行梳理，按一定标准将这类人群进行划分，希望能够通过关系的梳理找出对教育过程影响最大的群体，来促进教育方式的改革，其中与大学教育牵扯最大的第一个层次是教师和学生；第二个层次是校长、社会慈善教育机构以及涉及教育资金的机构；第三个层次是被罗索夫斯基称为"部分拥有者"的利益相关者，就是他们与学校有资金上的往来或教育制度上的建议，如社会慈善机构会对教育进行投入，对学校的教育内容提出建议的社会学者，他们都是属于与高校有部分关系的人群；第四个层次是与高校关系较为浅的群体，如新闻媒体等，他们虽然会对教育改革和高考中考进行定期的报道，但是他们极少深入校园之中，与高校也没有资金上的往来。我国还有其他教育学者对社会群体与高等教育的关系进行了其他方面的分析，还是根据利益大小的关系，认为要根据利益大小和与高校教育联系的深度找到利益最深的群体首先满足其教育需求。有相关领域的专业人士依据大学和利益者之间的关系进行分析：第一层级为利益关系者——教育讲授者、教育客体对象和组织领导者；第二层级为利益相关者——校友会成员、资金提供者；第三层级为利益相关者——社区和社会资源等。还有学者依据能力和对大学管理程度做出利益者划分：中心利益者为大学管理的核心管理人员；主要利益者为国家和教育讲授者；密切利益者为公司和教育客体对象；普通利益者为教育客体对象的家长。还有通过米切尔的三个维度形成的评分体系阐述了高等教育利益分配关系：首先是确切利益者，也就是具备法律约束性、决策性和迫切性，面向对象是政府相关部门、高校和相关领导者；其次是利益相关者。这种利益相关者又分为三个层次：第一层次是胜势型，主要对象是教师和行政人员，他们是合理的利益者，受到法律的保护和约束，具有一定的迫切性，通过自身优势形成一定的利益福利；第二层次是依靠型，主要对象是教育客体对象，被法律保护和约束，具有一定的迫切性，但是对其他人没有什么影响力和作用；第三层次是风险型，主要对象是外部恶势力，违反法律法规，干预学校发展和利益；最后是潜在利益者，这种利益者又分为三类情况：休眠、酌情和强要。通常休眠型的代表是媒体和相关行业机构，一般处于松散状态，对高校不进行影响。酌情型通常是指教育客体对象的家长，是法律的保护对象，对学校提出一些要求和需求，但是不影响学校正常管理和发展。强要型主要是针对一些不诚信的公司，这些公司参与了学校活动等，但并未兑现条件或承诺。另外，还有其他利益相关者分类方式：

亲近层次主要对象是教师、教育客体对象和领导者；朋友层次是财政部门、投资者、合作单位、相关办学单位等；广泛关系层次是附近居民、媒介机构、联系不密切的公司、其他高校等。

总之，高等教育机构是一个典型的利益相关者组织，利益相关者理论是分析高等教育质量建设主体的重要视角。只有充分调动和发挥各个利益相关者的主体作用，高等教育质量建设才具有根本的依靠。这种教育改革在国内不仅要咨询业内专家陆续开展，还要在国际中满足国际机构需要。总括起来，教育者、学习者、管理者、校友会、政治组织、契约组织、社会公众是高等教育的重要利益相关者。教育者、学习者和管理者是高等教育内部利益相关者，政治组织、企业单位、社区机构和校友会是高等教育外部利益相关者。

（二）高等教育质量建设的内部主体

1. 以学生为代表的学习者

学生是学校的主人，是活动在大学里最庞大的一支力量，很难想象会存在一所没有学生的大学。在中世纪大学诞生之初的相当长时期内，学生在大学办学过程中处于绝对强势地位，对课程设置、教师聘任与考核等诸多环节具有决定性作用。随着高等教育发展，学生的地位逐渐受到教师、政府、投资者的影响，但学生作为高等教育重要的利益相关者地位没有发生根本性改变。在知识经济和终身教育时代，传统意义上的学生（Student）概念已不能涵盖在高校里接受教育的学习者（Learner）。除了以学习为职业的学生外，还包括各类以闲暇或者职业为目的接受继续教育的成年学习者（在职），后者在现代高等教育机构中所占的比重越来越大。因此，在本书中，我们采用更具有包容性的"学习者"来代替"学生"。

高等教育质量建设应当以学习者为主体，满足学习者需求，在学生中形成质量扩张力，并形成一定的价值导向。因为接受高等教育的群体始终是学生，如果高校不能满足学生对于其实用知识的需要，会大大减少学生进入高校学习的机会，学校的教育经费也会大大减少，高校教育在社会群体心中会减少公信力，人们不会将教育作为人生发展的首要出路，所以在教育的过程中要考虑到学生个性化的需要。既然学习者是高等教育质量建设的主体，那么就应当尊重并为学习者提供参与高等教育质量建设的路径和机制。学校教育规章制度的制订也不能完全依靠教育管理者，学习者群体是占高校内部人群一大部分的群体，如果学校的规章制度也能从学生的需要出发，考虑到学生主体的合理要求，能够有效推动教育规范的执行，能够增加学生对于学习的动力和创造力，那么就有利于形成新型的教育管理方式。这是对学生权力的认可，也是对高等教育现有行政权力与学术权力二元格局弊端的有效修正。

2. 以教授为代表的教育者

教育者是教育活动过程中两类重要主体之一。一般认为，教育者就是教师。但在现代教育条件下这种说法太过于局限。当人们提到教师时，"教师"概念所指涉的是在学校中专职教学工作的专业人员。在精英高等教育阶段，这些被称作"教师"的教育者蛰居在大学"象牙塔"中，教育者与教师基本同义。但是，在现代高等教育体系中，对学习者实施教育影响的不仅包括传统意义上的教师，还包括社会其他机构中的专业人员，如科研机构的研究人员、行业企业的技能型人才等。这些人员的身份显然不是"教师"，但他们确实经常出现在高等教育机构中，对学习者产生了实质性影响。因此，我们认为，教育者（Educator）概念比教师（Teacher）具有更大的包容性，也更适合当前高等教育发展的实际情况。

采用教育者概念并没有否认教师，教师仍然是教育者的主体，他们是高等教育形成质量扩张力的主体对象，为教育质量提供了基本发展机会。无论高校管理者制订怎样适合学校和学生群体的管理规范，都需要教师进行辅助执行的功能，如果不将教师看作与高校教育有关系的群体，高校教育的产出质量会大打折扣，高校管理者与学生之间会产生较大的隔膜，教师群体从始至终都是与学生接触最为密切的人群。在高校教师群体中，教授处于领导地位，对高等教育质量建设发挥着直接性的重要影响。在各个高校内部会聘请一定数量的教授级别的教师，他们既要定期为学生进行一定数量的授课，还要对普通教师群体进行培训，传授教育经验。让教师尤其是有丰富经验的教师在教学过程中引导学生，帮助学生找到学习方法，使这些教师成为高等教育建设中的骨干力量。

除了教授带领下的教师团队，活动在专业领域的社会人员还有非职业的教师，都是发展高质量教育的重要人力资源。当高等教育发挥其经济属性和承担起社会责任后，高等教育发展必然是符合时代发展要求和顺应时代发展需要的。加强高等教育与社会联系的重要方式就是直接从其他社会机构如企业、研究机构引入智力资源,他们是高等教育的教育者,是质量建设的重要组成。

3. 以校长为代表的管理者

高等教育机构是一种社会组织,它承担着特定的责任和使命,具有相应的人员、部门和制度。在高等教育"去行政化"的改革氛围中,也不能否认高等教育机构的行政职能。高等教育即使能够"去行政化",也不能"去行政"。高等教育机构这种社会组织的正常运转必然需要依靠一套人员精干、结构完整、功能完备、制度健全、经济高效的组织体系。"去行政化"所批判的是高等教育机构中普遍存在的行政权力对学术权力的僭越。要对高校管理职能部门进行正确引导,形成优质管理体系。当前高校管理部门要坚守原则底线,同时配备监督部门,为高校管理的健康发展保驾护航。管理者是高等教育质量建设的具体实施者、组织者和具体负责人。

在高等教育机构管理者团队中,校长是发挥核心作用的领军人,是高等教育质量建设的顶层设计者。在"政府主导下的合规格性单向度质量观"时代,校长是政府在高等教育机构中的代表,是政府政策的具体执行者,但缺少足够的办学自主权,具有浓烈的官方色彩。在"多主体介入表达的合需要性复合质量观"阶段,校长是高等教育利益相关者群体中的"首席",因为校长既是教育活动管理者也是教育责任的承担者,对上需要对政府进行定期述职,接收国家最新教育思想,对下需要制订不同阶段的教育管理规范,无论校园内部事务大小校长都需要安排好学校运行的具体流程,同时还要关注学生的生命健康,校长是促进高校运动起来的主要连接点。校长角色和地位的变化,让校长真正具备了成为教育家的现实条件。校长及其所带领的管理者团队是高等教育质量建设最重要、最直接的主体,其他利益相关者能够在多大程度上参与高等教育质量建设以及参与的形式和方式都受到管理者的决定性影响。

(三)高等教育质量建设的外部主体

1. 以政府部门为代表的政治组织

政府是高等教育质量建设的重要利益相关者。首先,政府是高等教育的重要投资者,政府每年都会将财政收入的一部分拿出来对高等教育领域进行投入,在我国公立高校主要靠政府教育部门来支撑教育活动的运转。作为管理者,政府保持对高等教育或大学的有效干预，作为高校教育资金的主要投入者，政府在一定程度上对高校的内部管理事务有一定的控制权，作为监督者的政府是唯一可能成为最公正的监督者的。在当前时代，政府主要是作为标准制订者、评估组织者角色对高等教育质量建设进行外部考核；在当前阶段，政府不仅是高等教育质量的外部考核者，更应当成为内部建设者。

2. 以用户单位为代表的契约组织

高等教育质量是高等教育机构提供的教育服务产品满足利益相关者需求均衡解的程度。高等教育的产品主要有毕业生人力资源、科学研究成果和社会培训项目等，用人单位、成果受让方、接受培训者等是这些产品的用户或顾客。产品能够在多大程度上满足用户需求是判断质量高低的标准，也是质量建设的根本着力点。高等教育机构与产品用户之间形成了契约关系，这些契约组织是高等教育的重要利益相关者。在这个意义上，高等教育质量建设就是不断地改善高等教育机构与这些契约组织的契约关系。如果将大学教育管理独立于各种利益群体之外，还想要大学正常运转是不可能的，大学不仅会缺乏运行经费还会缺少发展方向和目标，所以各方面力量要找清自己的位置，合力促进高校教育的发展。

在传统高等教育质量建设模式中，这些契约组织只是类似于普通商品消费者一样单纯地使用产品，而不参与到产品生产过程之中。高等教育质量建设的现代模式要求契约组织参与到产品生产全过程中，扮演质量建设的重要主体。一方面，高校可以通过市场调研，改变高等教育课程的内容和组织模式，通过多样化的教学方式和培养模式来调整人才培养目标，使得毕业生在增长知识的同时具有相应的技能和良好的合作意识。另一方面，通过与契约组织合作的方式，如在课程设置和课程评价中邀请雇主参加，让雇主直接表达对精英人才的切实需求和企业对人才发展方向的规划，使教育内容更加灵活机动，形成能力教育。通过高等教育机构与契约组织深度合作的方式，发挥契约组织对质量的管理作用，形成建设性扩张力，进而利用内部能量促成高质量教育局面的形成。

3. 以媒体机构为代表的社会公众

时至今日，高等教育机构绝非孤岛式的"象牙塔"，而是处在社会巨型系统中的一个因子，与其他社会公众保持着千丝万缕的联系。高校教育与普通民众之间的联系表现在民众的子女多是高校教育的对象，人民需要时刻关注高校教育的政策，接受高校提供的教育服务，同时公民工资收入的一部分会进入国家财政税收作为高校教育投入，二者之间相互促进。高等教育机构与这些社会公众保持着或直接或间接，或明显或潜在的互动联系。否认这种联系，对高等教育质量建设主体分析就不是全面客观的。例如，银行等信贷机构与高校教育活动之间也存在一定关系，如果高校教育运行良好但是想要进一步发展改革可以向银行机构进行申请贷款，二者相互了解之后达成一定的教育合作，在高校得到进一步的发展之后，就能及时将教育贷款归还银行，银行也能在这一过程中得到一定的利息利润。

当精英高等教育转向大众高等教育，高等教育竞争空前激烈。高校竞争力的核心在于质量，有质量就有品牌，有品牌才有市场。在这一系列的互动环节中，社会公众发挥着重要影响作用。社会公众对高等教育质量的认可度是高校质量评价的准绳。一方面，如果社会公众对高校教育质量认可度高，那么，高校能够因此集聚更多的教育资源，使其质量建设进入一个良性循环轨道；另一方面，社会公众对高等教育质量的评价可以作为高等教育质量建设自我检视的镜子。将外部的社会公众引入内部，并成为高等教育质量建设主体，能够有效地改进高等教育质量。

4. 以杰出校友为代表的社会团体

校友是高等教育质量建设的重要主体之一。校友是学校曾经的学生，对高校发展的历史有比较深入的了解，对学校抱有深厚的依恋情感。这些杰出校友走出校门之后，在社会各行各业建功立业，是社会建设与发展的主力军。他们所创造的物质资源和其他社会资源在服务于社会的同时，也可以为高校的建设与发展贡献力量。对于走出校园的校友管理方面，美国的管理模式比较成功，在美国高校内部会建立校友办公室，对于每年走出高校的学生根据地区的不同进行记录，学校与校友之间保持着良好的联系，建立起了网状的校友信息互通状态，一旦学校有新的项目投入或建设时，校友会根据自身经济状况进行投入，同时学校也会定期拿出资金对校友会进行改善。将分散的校友资源组织化，建立校友名录，邀请成功校友回校交流经验。除了优秀校友外，还有大量的学术团体、院校联盟等社会团体也可以成为促进高等教育发展的重要力量。

综上所述，高等教育发展的对象由各个部分组成，包括学习者、教育者、管理者、政治组织、契约组织、社会公众、社会团体等。以高等教育机构为核心，众多利益相关者彼此之间形成紧密的合作伙伴关系。但这些合作关系不能使资金往来混乱，每个利益主体所得到的利润应该是符合其投入资本的，不同群体不能以任何方式占用他人的既得利益，每个进行投入的群体都应该为如何获得更多的利益而共同为高校教育的发展提出有效举措。在保证各方利益的前提下，利用现有条件发挥出更大的效益，形成更高的改革张力，需要针对教育的各个方面，结合市场需要进行深化改革。

二、高等教育质量建设的体系

高等教育质量建设是高等教育的利益相关者共同追求高质量的行动的过程。在这一过程中，包含着评价策略、品质保证和质量提高等重要内容。评价策略是质量建设的先驱思想力量，品质保证是评价策略目标的实现，质量提高是对二者综合力量的发展和保证。

（一）高等教育的质量评估

在20世纪中期以后，世界高等教育进入快速发展期。在高等教育急剧扩张的同时，伴随着高等教育经费短缺，再加之公共问责的范围越来越广泛，高等教育质量评估成为了影响高校生存与发展的关键，从而掀起了新一轮声势浩大的高等教育质量保障运动。正如有的学者指出，高校教育的评价功能有其他任何检测方式不能代替的功能，通过对高校教育结果进行教育质量评价，能够有效检测出高校教育针对上一次进步的地方，使高校专业教育的方向更有针对性，使高校教育培养人才的方向更符合社会和政府的需求。就中国高等教育评估来看，只有几十年的发展历史。但是教育改革与教育评估都是相伴发展的，改革教育需要随时检测改革的效果，所以也要积极促进教育质量评估的发展。

根据联合国教科文组织出版的《质量保证与认证：词汇的基本术语和定义》对"质量评估"的定义可知，质量评估（Quality Assessment）是一个系统收集、量化、运用信息，并据此判断高等教育机构或者教育项目的教学效果和课程充足程度的过程，前者即机构评估，后者即项目评估。与此同时，质量评估也是一个评价学生学习成果，并提高学生学习与发展和教师教学效果的技术性设计过程。该定义指出了质量评估的核心内涵是"判断"，也就是要对高等教育质量水平的高低做出断定、形成结论。一个科学合理的判断要以有依据为前提，这种依据一是标准，二是事实。高等教育质量评估的结论不仅是表征事实满足标准的程度，更是要反映事实和标准在哪里？事实是能够真实可靠的、反映高等教育质量的"信息"或"证据"。若没有这些"信息"或者是不真实的"信息"，高等教育评估就只是人为的"闹剧"。标准是评估的尺度，任何评估都不可能离开标准，但标准应当是生成性而非完成性的，是个性化的而非统一性的。该定义还指出了根据对象不同的两种质量评估类型：机构评估和项目评估。机构评估是对高校整体办学水平的评估，项目评估是对高校内部某个专业或学科的评估。一所整体办学水平不高的学校完全有可能在某个专业或学科上办出特色、办出水平，一所整体办学水平高的学校并不意味着其全部专业或学科都是高水平的。高等教育质量评估的这两种区分具有重要的实践价值。另外，高等教育评估十分关注课堂教学的质量和学生在课堂的学习状态，可以提高国民综合素质和人的价值体现。评价策略成为高等教育质量建设的起点，是提高高等教育质量的手段和环节，其根本的目的在于提高教育质量、促进学生发展。高等教育质量评估在高等教育中有着十分重要的作用和地位，但质量评估只是实现目的的手段，而不是目的本身。

质量评估是对质量状态的诊断，其诊断结果即评估结论可以是定量的，也可以是定性的。但是，无论是标准参照性评估还是常模参照性评估，其评估结论要求具有区分性。这是高等教育自身发展的需要，也是社会公众对高等教育的要求。在这个意义上，对高校教育结果进行评价是十分必要的行为，在这一过程中能够共同提升评价方和被评价方的能力，评价机构需要聘用专业的学者建立合理的教育评价标准，被评价一方的高校需要不断改进自身教育水平，最终的评价结果是对高校教育质量进行等级划分。质量评估是一项复杂工程，将其应用到教育领域中来，使问题变得更加复杂。高等教育质量评估的复杂性主要体现在评估主体和对象的多元性。高等教育机构是一种典型的利益相关者组织，它为所有的利益相关者共同拥有，而不是某类主体的私有财产，即使民办高校也不例外。高等教育质量评估究竟由谁说了算？在理论上，所有的利益相关者都是高等教育质量评估的主体，但在实践上，往往由个别主体在没有得到其他主体认可的情况下代行了该项权力。如何吸收社会力量参与到改革过程中，是建设教育评估部门需要考虑的问题。从评估对象来看，以整体办学水平为核心的院校评估、以专业人才培养质量为核心的专业评估和以质量建设专项工程为核心的项目评估都应当被纳入高等教育质量评估的视野，是高等教育质量评估的核心。

简而言之，构建评估策略体系是提高高校教育质量的重要手段，只有进行有效监督才能对教育形势做出准确的把脉和诊断，找到问题的症结所在，质量保障和质量改进才有坚实的基础。否则，高等教育质量建设很可能在错误的方向上渐行渐远。

（二）高等教育的质量保障

质量保障（Quality Assurance）是从工业管理中的"质量保证"概念衍变而来，大大地超越了传统质量管理中的质量检验思想。与质量检验强调对产品严格把关、禁止劣质品进入市场交易从而提高产品质量不同，质量保证强调从生产全过程的视角对产品质量进行监控，从源头上提高产品质量及出产产品合格率。质量保证体现了全过程、全方面、全体人员的全面质量管理思想。高等教育质量保障也应当体现工业领域全面质量管理的理念，对高校教育专业进行全方位的管理与监督，其监督经验可以借鉴其他领域的管理方式，因为各个行业之间都存在一定的共通的理论基础，以此可以有效促进高校教育质量水平的提高。高等教育质量并非某一个方面的质量，而是涵盖各个方面的整体质量；高等教育质量保障并非只是着眼于毕业生的就业状况，而是涵盖入学、培养、就业等全过程；高等教育质量保障主体并非只是教育者，而是包含了教育者、管理者、政府、企业、社会团体等各个利益相关者。高等教育质量保障突破了点、线、面的局限，是在系统框架下寻求高等教育质量建设的有效路径。对不同院校的高等教育做出个性化的教育指导，实现高校整体教育实践能力的提升，是对传统高等教育管理理论与实践的重要突破。

对高校的教学活动进行保障性评估，也是确保国家教育政策落地、提升人才培养质量的有效手段。对高校教育进行质量保障不是对单一专业的监督评价，也不是一项单独的工具或技术，而是高校内部各专业的通力合作。创新教师理念、加大教育投入、提高教学质量、促进教师发展、完善教育评估、争取社会资源等方面都是高等教育质量保障体系中的重要内容，但他们每一个具体方面仅仅是一个构成要素，要素功能的充分发挥有赖于健全的总体方针政策来保障运行。在以往发展高等教育的过程中，过于注重要素而相对忽视了结构。以人才培养质量为例，高校管理者和教育者往往把人才培养质量归结为教务处的职责，而忽视了人才培养质量的责任是高校的整体责任，每一位教师甚至职工都与人才培养质量有着重要的关系。高校可能会把某方面的工作做得很优秀，但整体办学质量难以得到切实保障。高等教育质量的保障是一项系统性工程，它有赖于高等教育管理者对各要素进行有效统筹，如此才能发挥出最大的效益。高等教育质量保障体系包括以下几个主要内容：理念创新支持系统、教育经费支持系统、教师人才支持系统、社会资源支持系统和国际资源支持系统等。

质量保障是高校为达到高等教育质量标准所做的持续性发展过程。我国一位教育学者曾提出，建立完整的高等教育质量保障体系需要教育活动中的各方主体共同参与，首先需要评价机构与学校合作制订出评价检验规范，同时高校内部教职老师和学生都可以对本校的发展提出自己的建议，高校管理者必须定期向基层了解发展意见，从下至上形成合力提升学校专业教学水平。质量保障贯穿质量建设全过程，在任一环节都不能缺失高层次的、总体性的教育目标。质量评估仅仅能检验高校的教学结果，但对教学过程中出现的问题无法给予帮助，它具有明显的阶段性或局限性。但是，质量保障却只能是连续性的过程，因为每一个中断都可能会对正常的高等教育质量建设过程造成致命的打击，可能会对学习者发展带来负面影响，也可能会对学校发展带来严重破坏。在这个意义上，质量保障是高等教育质量建设永恒的主题，在这一连续性过程中不容许任何中断，质量保障没有"假期"。质量保障是高校为达到高等教育质量标准所做的制度性建构过程。

高等教育质量保障当然离不开要素投入，但更重要的是如何将各种要素有机统一以产生更大的功效。这需要一套相对完善的制度机制来保障，它体现了对高等教育质量管理的思维方式创新。对高校教育进行教育质量保障也是管理高校教育的一种新形式，但是质量保障有自己的运行规律，应该在进行专业的理论研究的基础上进行技术性的评价保障。关于教育质量保障西方学者提出了自己的理解，认为教育质量保障是衡量教育活动过程的一个标准，而不是衡量教育结果的标准，并且质量保障活动是持续于高校教育活动过程始终的，不是进行片面性的评价，教育质量保障与进行教育质量的评价在本质上都是为了促进高校教育专业满足社会需求和政府教育政策，这两项工作在进行的过程中，都要配备其他机构进行监督。这些"规范工具""体系"和"程序"就是使高等教育系统中各个要素协调配合的"润滑剂",系统的有效运转离不开发挥润滑作用的这些制度与机制。

总之,质量保障与质量评估具有紧密的内在联系,质量评估以质量标准为前提,而质量保障又以质量评估为基础。坚持合理标准、科学评估,高等教育的质量保障才会有稳固的基石,高等教育的质量才会有可靠的保证。

(三)高等教育的质量改进

高校建立的教育质量检验标准是为了确保国家教育政策进一步贴合我国教育的实际情况,避免高校教育改革过程中出现的一些问题,同时教育质量保障活动也能反映出政府的教育资源是否均匀地分配给各高校教育内部,有助于解决高等教育内部资源配置的问题。但是,高等教育质量建设的终极目标并不仅仅停留在对基本标准的达成,更重要的是对标准的超越,即质量改进(Quality Enhancement)。因为追求更高质量是包括政府、企业、社会、学校、教育者、学习者等众多利益相关者在内的全社会的共同诉求。更高质量的高等教育能够为社会培养更多高素质人才、创造更多高质量研究成果、提供更多优质社会服务、传承并创新更多优秀文化成果;更高质量的高等教育能够促进学习者提高职业能力,也能为学习者终身发展能力奠基;更高质量的高等教育是高等教育机构在激烈的市场竞争中,科学发展、和谐发展、可持续发展的生命线。也就是说,高等教育质量建设是不断超越的过程。每一个阶段都有不同的教育质量要求,根据经济发展状况不断提升教育质量是经济全球化的必然要求。

质量改进是质量评估和质量保障达到高等教育质量标准之后,不断追求的新的教育质量目标。对教育活动进行质量改进与教育评估不一样,但质量改进与教育评估共处在一个更广泛的连续性过程之中。质量改进也可称作质量提升或质量提高,如果高校教育能够得到明显的质量改进,对高校进行教育质量评价时评价标准的等级划分可以更详细,会减轻政府教育部门的工作压力,使企业拥有更多的新型技术人才,促进国家整体教育经济水平的提升。从这个意义上讲,建立质量改革目标和对教育效果进行质量评估都是为了对高校教育理念进行改进。也可以说,质量保障与质量提升是同一个问题的两个不同侧面,前者侧重于最低"底线",后者更强调更高诉求——追求"卓越"。"卓越"没有标准,没有最高,只有更高,因此,高等教育质量改进就是一个没有终点的连续性过程。不断的质量改进是高等教育实现其本体性价值和工具性价值的要求和体现。

在高等教育质量建设体系的质量评估、质量保障和质量改进层次上，所有的利益相关者都应当是责任主体，都对高等教育质量建设担负着一定的责任。但是，在不同层次上，各种利益相关者所负责任比重并非固定不变。在传统的质量评估过程中，只有政府部门从事评估工作，评估机构相对单一，忽视了高校的自我评估和社会机构的第三方评估。未来的发展应当是这三类核心利益相关者共同参与、均衡协调。在质量保障方面，政府的主要作用是为高校建设投入资金和教学设备，高校则是具体采取有效措施来实现质量保障，社会参与具有重要意义，但往往需要政府和高校提供有利的平台和机制。总体上讲，由于高校是典型的利益相关者组织，政府又是公共利益的代表者，政府具有信任度和权威性，有责任保障高等教育机构向社会提供的教育人才能够满足不同岗位的需要。当然，这并不意味着政府要参与整个评估过程，政府也可以提出自身对教育质量的要求，但具体实施可以通过高校和第三方机构去完成。

与质量评估和质量保障不同，高等教育质量改进的首要责任主体是高校。政府有责任保证所有高校向社会提供的高等教育服务达到基本要求，但政府没有义务也没有能力将每一所高校办成有特色的高水平学校，而完成高等教育质量改进使命的只能是高等教育机构即高校。在当前的高等教育制度环境中，政府为高校提供了核心资源，搭建了公平有序的市场竞争环境，高校只有通过持续的质量改进来提高核心竞争能力，才能在激烈的高等教育市场中发挥自己的教育优势。起初来看，推进质量改进是重要环节和内容，但在其背后更深层次上所蕴含的是高校与政府之间的权力关系的变革。"质量提升的主要目的是要把质量管理的权力交给高校，发挥其在质量保障中的能动性。质量的提升主要依靠高校，依靠教师和学生。"因此，高校及其内部利益相关者是高等教育质量改进的首要责任主体，而履行责任的前提和基础是政府能够赋予高校充分的办学自主权。当然，在强调高校质量改进首要责任主体地位的同时，也不能忽视其他社会主体的质量改进责任。

高等教育系统是一个复杂性系统，质量受到高等教育系统内各组成部门和主体机构的制约。进行质量改革要将教育过程中的主体进行多层面、多途径综合治理。总体上讲，坚持特色化战略、一体化战略、国际化战略和协同创新战略是推动高等教育质量改进的重要路径。

第二节　高等教育质量提升的路径

一、强化高校办学主体地位

高校作为实施高等教育的重要主体，其使命在于培养社会发展需要的时代新人。高校需要及时调查和掌握学生就业情况，基于此分析和预测人才市场对不同专业人才的需求状况和变化趋势，从而快速、合理地调整各个专业的招生计划，以免培养出的人才超出市场需求范围，节省人才培养资源，重点发展社会需求较大的专业，避免学生就业困难，使学生不仅能学有所成，更能学有所用。所以，教育主管部门要适当放权，使高校具有足够的办学自主权，避免过度干预使得高校"带着枷锁跳舞"，这样高校就能够及时根据市场需求合理优化专业布局和课程体系，使人才培养适应社会的发展需求。并且，高校要与时俱进地改革管理方式，提升管理水平，尤其要抓住社会经济变化趋势，正确预测未来人才需求方向，与社会发展保持同步。

二、深化"以人为本"的教育管理理念

科学发展观的核心理念在于"以人为本"，而高等教育的目的在于将学生培养成有用之才，所以，高等教育要坚持"以人为本"的教育管理理念。高校需全面地、深入地掌握其内涵，将人的发展作为教育的中心，服务于学生的全面发展与个性发展。高等教育要认识到学生的发展不仅是个人的发展，还是社会化的发展，不仅要关注其专业知识和能力的提升，更要顾及其综合素质的发展、精神世界发展，要坚持专业教育与素质教育相结合，立足当下，着眼未来。除了职业，人们的生活还有其他方面，学生的发展决不能等同于其未来职业的发展。高等教育工作者必须深入理解和领悟"以人为本"的理念，方可合理地定位和准确地把握与表述高校的人才培养目标，协调"精英教育"与"通识教育"的关系，革新教育教学目标，构建创造独具特色的专业教育，打造高校品牌，提高教育质量和社会认可度。这样，高校才能吸引、获得更多学生，才能不断提升高等教育的质

量和水平，培养出更多优秀人才，促进社会的不断进步和发展。

三、重视学生人文素养的培养

现代社会不断发展，多元化成为当下时代的重要特征，社会发展对人才的需求多元化、个人自身发展需求和追求多元化，高等教育也应该跟上这种多元化趋势，更加注重多元化的人才培养目标。高校要坚持"以人为本"的宗旨，关注学生在物质生活和精神生活方面的追求。所以，高校可以举办多样化的文体活动，拓宽学生的视野，丰富他们的校园生活，这也有助于培养他们的多种能力的人文素养。其中十分关键的是，高校要精心设置选修课、公共课，组织多种专项培训，为学生提供发展个人爱好、涉猎本专业知识的学习机会和条件。

四、促进教育资源的合理配置与共享

高等教育的最终实施者是教师，教育对象是学生，两者直接影响着高等教育的质量。但即便老师和学生都很优秀，在缺乏教育资源的情况下，也很难获得理想的教育效果。所以，每一所高校都需要积极投入更多的资金来优化教育环境，并合理配置教学资源，为教师和学生提供更好的学习条件。高校可以采取供给侧改革的措施，通过提供多元化的学习资源，引导学生学习，若是资金有限，高校可以通过共享教育资源的方式，如安排本校教师到他校讲课、将本校科研实验室租借给其他学生等等，这样有助于充分利用各个高校教育资源，为学生提供更加丰富的学习资源。

五、建构跨学科课程体系

当下社会发展需要的是综合型人才，是具备跨学科素质的优秀人才，因此，高等教育要积极构建跨学科课程体系，这意味着高校要立足宏观视角开展课程改革与跨学科专业建设，只有这样我们才能培养出创新型人才。跨学科课程体系是以培养创新型复合人才为重要目标的，针对具体的交叉学科专业，在教学内容、课程体系、教学方法和手段等方面进行的全方位改革和整合设计。高校需结合实际的学情、校情和专业培养目标，坚持市场需求导向，建立"双螺旋"课程体系。其教学内容应当是难度由低到高、层层深入的，同时不同内容之间交叉融合、相

互促进，使得学生的知识、技术和能力螺旋式上升。为了构建"双螺旋"课程体系，高校既要在其理论层面作出改革，又要在实践层面进行探索，不断优化和完善跨学科课程体系，真正培养出创新型复合人才。

六、打造多主体协同育人模式

高等教育的主体不仅包括高校和政府，还包括多个社会主体如产业、研究机构和企业等等，我们要整合来自不同主体的教育资源，构建多元主体相互协同的育人模式，以达成理想的人才培养目标。高校重点关注学生创新能力的培养，推动科技成果的转化，积极参与技术创新，与其他教育主体深入协作，建立起适合本校的人才培养机制。第一，应当制订更加完备的政策，促进多元主体协同育人模式的形成。针对不同主体制订系统化的人才培养政策，以政策引导各个主体参与育人并且相互协作，从而形成良好的培养模式。我们可以从发达国家的一些成功实践中汲取经验，比如美国实施的"政府全员应对"计划。第二，要构建有效的多主体联合互动机制。具体而言，政府和高校应该消除以往的偏见，将关注的目光从人才培养的规模上转移到质量上，构建育人合力。除此之外，政府加强资金支持，完善人才培养的基础设施建设，并且大力支持其他主体参与人才培养体系建设，确立育人长效机制。第三，应加大力度培养创新创业的文化和精神。这需要社会各界的参与，各个育人主体都要自觉发挥自身作用，营造鼓励创新和创业的文化氛围，创造有利于培养创新创业精神和价值观念的社会环境。创新是教育发展的必由之路，是高等教育质量提升的关键，各个育人主体要高度重视教育创新、重视创新人才的培育，积极参与到高等教育的人才培养体系之中，不断完善多主体协同育人模式，提升高等教育育人质量。

第三节 高等教育质量评估体系改革

一、转变政府职能，加强宏观调控

我国从发展高等教育改革以来，将高等教育的一切工作都视为与行政工作同等重要，对为高校教育进行教育评价的工作也要非常重视。对于教育评价工作和高等教育发展如此重视还有另一个原因，就是高等教育发展的主管部门和教育评价标准制订的部门都是政府，一旦有政府参与的活动就必须严谨对待。让政府参与高校教育活动的各个方面，既有好处也存在不足，因为我国目前的经济政策是希望加大社会市场对于经济的自主调控力度，这种经济发展理念也影响着我国教育发展的过程，提倡政府减少对于高校教育活动的干预。政府可以参与教育活动，但只是合作总体政策流程的把控者，不能深入教育评价过程的具体环节，政府如果想要有效地发挥自己的教育权力，制订真正对于高校有作用的教育政策和教育评价标准即可，增加社会其他力量对于高校教育活动的参与，提高民众对于教育结果的信任度。

所以，针对目前各方主体都认识到了政府应该减少教育评价活动中参与性的问题，政府应该采取一些措施进行改进。能够采取的具体措施主要在以下几个方面：一是政府减少具体过程中的行为干预。政府属于高层领导机构，每天日常工作事务繁多，不应纠结于某一问题的细小方面，政府管理的主要对象应该是运行规则，而不是监管教育评价机构和高校本身。政府应该进行的是做好大框架的运行规则的制订，具体的教育评价权力应该给予专业的部门，自己进行间接的监督即可。这样政府的工作精力就能放在更多重要的项目上面，不参与复杂的评价工作也能够避免评价过程中人员的一些不正当行为，提高公民对于政府权威性的信任。另外，如果政府部门担心自己将权力外放之后，会完全失去对高等教育的管理权，可以提前对教育评估流程进行法律规范，也可以对教育评价的结果留有自己解释的权利。

二是为避免第三方评价机构产生不正当的评价行为，扩大对高校进行评价工作的主体。政府部门不仅要对我国高等教育领域进行管理，我们生活中的方方面面都有政府管理的痕迹，所以，政府对高校教育进行评价这一行为是符合其权利规定的，政府肯定是众多高校教育评价主体中最重要的一方。随着我国经济形势中社会力量的影响越来越大，教育评价活动中如果没有社会力量的参与也会减少一定信服度。所以，社会力量和公益机构开始对教育领域追加资金投入，也希望能够通过高校教育获得一定的利益，因此想要保持政府是唯一的教育评价主体的现状是不可能的，只有越来越多的利益主体参与高校教育活动的过程中，高校教育的效果才能得到普遍提高。既然各方社会力量都已经对高校教育进行了一定的前期投入，在教育管理和教育评价的过程中各主体都应该有一定的决策权力，高校教育所得的结果也应均衡地满足各利益主体的不同需要。所以，政府将教育评价的权力分配给其他机构，给予了社会和企业不断发展的自信心，同时对于自身和其他主体的权力可以给予立法保障，政府既能减轻工作压力又能使评价工作更有效率。

二、加快高等教育评估法治化进程

如果不将高等教育评价的具体过程以法律条文的方式进行明确规定，机构之间的评价行为就会过于随意化，第三方评价机构的独立地位和权利也得不到合法保护。如果高校的评价标准仅由评估机构制订对于高校不公平，所以政府需要派遣专业学者帮助第三方评价机构制订评价标准，同时将评价标准用法律条文的形式固定下来，减少评价过程中主观性的想法发挥。第三方评价机构身上还有代替政府对高校教育过程进行监督的作用，如果不将这一权利在法律上给予规定，在执行过程中就会缺乏说服力和威信力。如果法律无法保障评价机构评价过程的公正、公开和透明，那么评价活动便会被其他不可预见的势力所影响，只有一切评估行为依靠法律规定进行，社会群众对于评价机构的评估结果才会更加信任。将评价过程法律化可以从以下几方面入手：一是用评价章程规定好评估人员每日的工作内容、工作检查标准、工作范围；二是将评估过程的具体流程以条文形式固定下来，评估人员在进行检测时可以明确照此执行；三是增加对评价过程中边界性行为的界定，减少评价过程中各方力量的摩擦。同时，不能只制订法律评价政策而不去照做执行，加强对评价法规执行过程中的监督，使评价的法律法规真正有效落实。

当下的高等教育评估法治化建设中，存在数量少和配套不足的问题，为了推进高等教育评估法治化进程，需要关注以下两个方面：首先要立足于我国目前的高等教育评估状况，实施已有的评估政策，提升基本法的法律地位，以更好地发挥其规范作用。并且按照高等教育评估的客观规律，宏观思考，有计划地制订新的政策、调整旧的政策，不断丰富和完善高等教育评估的政策体系，并扩大其中基本政策的涵盖范围，使之与剩余教育政策相辅相成、相互促进、互为补充。具体的政策内容应包括以下几个方面：高等教育评估的目的、依据、主体、标准、程序，以及评估结果的利用方式。同时，还应明确相关高校部门和政府人员的职责、责任，并建立相应的奖惩制度。我们要积极推进高等教育评估的法治化进程，在法律层面上明确相关主体的权利和义务，确保高等教育评估合法合规、规范有序。

另一方面是丰富教育评价过程中不同流程的法律规定。制订教育评价法规与制订教育评价标准一样，都需要先根据高校的教育专业和课程对高校进行一定的分类，在分类指标的基础上，根据教育层次的不同对高校评价工作进行不同的法律规定，同时要考虑到地方学校的特色化专业和民族课程，对此要进行一部分特殊规定。在制订相关教育评价法规时要考虑到，有从属关系的部门应该有更针对性的法律去规定，同时不同部门之间应该协作共同完成教育评价过程。制订教育评价法规的部门也需要制订一些补充条例解释具体的法规政策，因为教育法规里面全部都是专业名词，社会民众和工作人员理解起来有一些困难。建立细则化的解释规章后能够减轻评价人员的工作任务，使教育评价工作更具严格性和信任感，也有利于我国教育评价工作取得阶段性的进步。

三、改进高等教育评估方法和评估技术

加强对一个技术种类进行深入研究，需要从以下方面入手：

首先，是基础知识的学习，而后才是实践手段的练习，如果改进教育第三方评估技术不经过系统理论知识的学习，技术就是架空的，评价方法在应用过程中会不符合高校的专业要求，评价结果不能反映高校教育的真实水平。我国开始认识到教育的重要性是在西方国家已经在教育领域取得一定进步以后，所以我国对高等教育的评价标准的理解还存在一些不足。但是我国教育历史丰富，与高等教育评估方法相关的其他学科在我国已经有较长的发展历史，我们可以通过阅读教育史料并结合当代各方面力量对教育需求的新趋势建立完备的教育评估方法。

目前我国已经实施的高等教育评价方法还存在以下几方面不足：一是评价一门专业学科仍然只依据此门学科的相关检验标准。评价一门学科时如果不能结合相关其他专业的质量标准，其评价结果是不全面不专业的，评价应该从多角度和不同主体的需求入手，这样才能检验出该专业的真正教育质量；二是第三方评价机构在对招收人员进行评价时，没有严格的人员收录标准，有的新招入的专业检

验人员根本不具备此专业的理论知识，已有的检验人员跟不上时代形势改变速度个人的理念落后，一直采用最原始的传统检验方案，这对于一些新兴的专业来说是不公平的；三是弄清楚教育过程中的几个利益主体，根据不同主体对于教育结果的需要建立教育评价的标准，因为高校教育本身就要求满足不同群体对于其结果的需要，如果评价标准没有实际意义，那么评估结果也不具备参考性；四是身处于大城市和县城地区的高校同一专业的检验标准也应该不同，因为二者之间本来就存在较大的基础性差距，所以在建立评价标准时，应该对学校所处地域进行一定调查。

其次，需要积极应用先进的信息技术开展高等教育的评估工作。收集和分析有效信息，是评估工作的前提性工作，也是其中最烦琐的工作，在当下这个信息时代，各种信息技术如互联网技术、大数据技术等的广泛应用，极大地拓展了信息收集渠道，降低了信息搜集的难度，提升了可获得的信息量，各种信息分析工作极大地降低了信息分析的难度，因此我们能又快又好地完成以往难以完成或无法完成的评估工作。以往的评估经验和很多科学研究显示，评估信息的收集和整合情况直接关系着评估结构的有效性、客观性、科学性。为了获得准确、可靠的评估结果，我们要尽可能收集大量的资料和信息，采取更为科学的信息处理方法和技术。因此，应当积极应用先进的信息技术，借助各种分析、统计软件（例如SPSS等）来自动生成评估报告，从而实现快捷、方便的评估，这有助于节省时间和精力，还可以借助先进的信息技术，更加全面和动态化地监控高校的教育行为，使更多的社会主体参与评估，简化评估流程，保存各种信息和文件等等。我们要积极推进高等教育评估的信息化建设，大力构建相应的管理系统，实现整个评估过程的公开透明，使高等教育评估接受全社会的监督。

最后，要针对具体的评价方向和内容进行规定的详细评价。我国在一开始进行教育评价工作时就提出评价针对的方向和对象要具体，不能对高校教育的一整块进行评价，评价工作不细致评价结果就不具备参考性。同时，我国在进行教育评价工作之前还会派专业的技术人员对高校的教育专业数据进行一定统计，以数据为基础制订相应的详细评价方案，在初期采取这样的方式取得了较为可信的评价结果。但是，在教育评价活动进行的过程中，评价人员逐渐发现影响教育过程的因素有很多，许多影响因素带有很大的主观特点，是不能通过数据分析进行控制的，因此，针对初期的教育评价发展来说单纯某一方面的详细教育数据无法真正对评价工作有参考作用。所以，针对无法进行简单量化的教育影响因素采取衡量化的指标，如果这些影响因素是人的主观精神和能力，就可以具体对这一部分人进行分析研究，先确定人的影响能力的最大限度和最小范围，再来进行教育评价数据的统计，这种属于定量性的评估方式，将二者针对的不同方面协调起来能够对教育活动中的因素进行可信任的数据建模。

四、积极培育独立的中介评估机构

世界各国都在针对本国的高等教育做出不同程度的改变，世界性的进步也为我国建立教育评价体系提供了积极的借鉴作用，要想检验高校教育改革方案是否针对上一次有所提升，就需要对高校教育质量进行评价。经过我国长期的评价活动实践，总结发现，可以通过法律规定评价过程中各评估主体的行为和评价流程建立第三方的监督机构来监督评价机构的行为，减轻政府部门对于教育评价过程的干预，能够使对高校的教育检验评价更加科学和专业。其中主要进行评价工作的中介机构可以是政府组织建立的机构，也可以是社会力量组成的私立评价机构，目前还新兴起了一种由高校内部教师和专业学者组成的评价机构。但是，无论采取哪种性质的评价机构进行评估都需要确立其独立性地位，确保其运行过程中各项物资和资金储备充足。中介性的评价机构是处于政府和高校之间的部门，其地位的独立性也决定了它是连接二者的桥梁，向政府及时报告高校教育的不足之处，向高校传达政府最新的教育政策理念，通过自身的特殊性质建立起完备的教育质量评价体系。

我国高等教育评估的起步较晚，仅仅开展了三十多年，其评估中介机构同样发展时间较短，尚未发展成熟，仍处于成长阶段，它们的影响力不够强大，我们的政府要给予其更多的鼓励和政策扶持，社会要给予其更多的支持和信任，其本身也需不断努力，朝着专业化和独立化的方向发展。政府对其既要充分引导又要大力支持，既要加强管理又要重点监督，为它们创造良好的发展环境，以发挥它们推动高等教育发展的作用。

首先，我们要革新观念，重新审视和全面了解高等教育评估过程中，中介机构所扮演的重要角色和发挥的重要作用。我们需要革新以往的思维方式，正确认识和包容接受中介评估机构,这是一个以评估高等教育质量为基本职能的、专业化的团队和组织体系,受到政府的支持,有助于提高高等教育的质量水平。所以,政府应循序渐进地向中介机构放权,并积极提升评估职能水平,强化其服务于高等教育评估的能力。目前,政府为了维护其权益,已经发布了一系列政策法规,并提高了其法律地位,这个举措在法律上为高等教育的进一步改革和健康发展提供了良好保障。高校需认识和认可其在高校发展中的作用,应该自觉配合其评估工作,与其沟通和分析评估结果,利用评估结果改进自身教育教学。如今,社会各界在政府政策引导下,越来越多地与高校合作,参与到高等教育之中,很多合作项目需要中介机构的参与,所以,社会也要对中介机构的发展予以关注。

其次,应将社会上约定俗成的评价机构的地位和性质确认在法律条文上。目前我国社会把日常生活中遇到的大小事情都纳入法律规定的范围内,在矛盾双方起争执的时候法规就能成为很好的利益判断标准,所以对高等教育进行评价的行为也不例外,将其评价程序经过法律的明文书写能够确立各权力主体在评价过程中的职业范围和检验标准。这样一旦教育评价过程出现问题,就能随时查找责任主体,减少无效工作时间,同时关于教育评价过程的法规还会对评价人员的具体行为内容进行规定,减少评价人员发挥主观随意性的机会,促进教育评估结果客观公正。自从把对教育评价进行立法的理念加入教育评估活动中后,社会和人民才真正意识到第三方评价机构地位和运营方式的改变,再经过长期的评价工作实践人们对于其的信任度不断增加。这种方式不仅能完善我国教育法律法规的建设,也能促进教育评价活动真正有效进行。不能只对教育评价过程的外部进行规定,在内部建设方面也应该进行优化。建立评价队伍时要聘用不同方面的、专业性的学者和教授,对参与评估的人员受教育水平和职业操守进行严格的规定,因为评估的对象本身就是高等教育学校,如果评价人员不了解高校内部的基本运行规律和知识教育结构,也无法深入校园内部进行教育测评。针对这种状况,我国应该将行业准入制度延续到教育评价活动中,想要进入专业教育评价机构从业需要考取相应的资格证明,这样才能严格控制评价队伍的平均教育水平。如果不能及时执行这种资格证明制度,教育评价行业会加剧混乱情况,本来评估人员受教育层级并不高,但是因为其从事对高校教育的评价工作,社会上不知情人士就会抬高其身价地位盲目信从其说的话，所以应该建立严格的教育评价行业的准入制度，每隔一段时间对专业评价人员进行审查和培训。

五、对不同层次的高校实行分类评估

由于目前国家能投入高校的资金数量有限，如果不对高校进行类别的划分，资金就没有合理的使用方向，高校之间便采取不正当方式去争夺政府的款项，所以政府要做到对于学校内部情况非常了解，可以掌握每笔款项究竟适合于哪类学校。国家在进行改革的过程中意识到了高校分类的重要性，因此建立了专业队伍去各个高校内部考察，了解高校的教育历史，建立分类的标准，这样政府就能够保障资金使用是有效的，同时对高校进行评价的第三方机构也能够加深对高校的了解。目前我国高校教育是由政府和社会共同参与，所开办的学校类型比较多，我国各地区政府对于区域内的学校还会采取不同的政策，所以，如果不及时对高校类型和扶持标准做出统一规定，高校和社会都会产生不满情绪。

对高校进行分类的具体规则要服从国家文件的相关要求和高校内部的具体情况，如果不能将适配的教育资源分配于适合的学校，学校就会因为资金不足不能提供企业所需要的技术人员，学生也得不到公平的受教育环境，学校之间原本的差距就会被越拉越大。对高校进行划分的好处还可以避免高校都向同一种类型发展，那样其他方面的专业就会出现断层，对于这一专业的教学很难再延续下去，在高校分类的前期调查中还可以增加对高校民族特色专业的挖掘，带动学校招生人数的增长等等。在高校分类标准制订完毕后，对于理科类院校可以增加试验设备投入，对于文科类院校可以增加藏书投入，各有针对地发挥自己的长处使学校有更长远的发展前景。

根据学校办学的大小和直属部门层级的不同，对于高校进行划分时需要实地考察，了解不同高校是否有核心特色的教育课程，是否可列为民族特色学校，掌握高校是否是国家采取重点政策去培养的院校，是否是民间力量创办的小型院校等等。如果不考虑学校的大小和教师的能力水平，只考虑学校服务的对象，可以将高校分为职业类和普通教育类，职业类是针对企业的就业缺口，培养具有专业技术的实践型学生，普通教育类是学生学习其他的实践性不强的专业。在这个过程中如果政府不能将教育资金均衡地分配于各个学校，只依据办学场地规模来投

入资金则会影响高校内部的运行秩序，不能真正发展平等的教育，导致高校之间教育成果会相差较大。

还可以根据学校对某一学科的精深程度、入学学生的文化层次和学校专业设置的类型，将学校分为某学科研究型大学、中等还是高等类的学校、侧重于文科类还是理科类的院校。第一种类型的学校主要是对于一个方面有比较多的学者聚集于此，学校这一学科本身就有历史研究记录，再通过学校的设备室和图书库对这一学科研究比较通透。第二类学校主要是根据学生年龄和文化层次对学生教授基本知识的同时，还要让学生学习技术操作。第三类是根据学校擅长的专业是偏向于哪方面，将处于同一大类中的专业聚集在一起，因为每一个专业想要学得精通都不是只学习一个门类就可以的。对大学进行各种分类并不是要将高校排出贵贱等级，而是增加公众和政府对于大学内部的了解情况，可以根据分类的不同采取不同的评价和管理政策。

将各个高校根据不同的标准建立分类体系对于社会和教育评价机构开展工作来说都十分有利，各个高校之间教育基础、历史文化底蕴和发展方向本就不同，所以不能用相同的评价标准去衡量。对高校教育进行分类也能够促进国家政府对教育工作的有效管理，这样政府就能够根据对高校数据的统计，了解高校教育过程中的设备和资金需要，不会出现重复投入和缺设备却久久得不到解决的现象，能够增加高校对于政府的信赖度。同时根据高校教育分类的不同制订个性化评价标准，使教育评价的结果更具针对性，让高校能够根据评价结果制订自身的教育改进目标和长期建设方案，再结合高校的地区特色，就能形成与其他高校不同的特殊专业，增加在整个行业的教育吸引力。而且，在原来的评价标准下高校之间会不断攀比，最终培养的人都走向了同一种发展方向，各高校在发展的过程中逐渐没有什么区别。对高校进行教育分类能够使高校认清自己的定位，跟自己比较，不断提高自身的教育特色。

现代社会的发展对人才的需求越发多样化，高等学校体系下包含的各级各类高校具有各自独特的定位和任务，我们要基于统一的评估指标体系，结合高校的具体情况，合理地调整各个评估指标的占比，从而作出合适的、合理的评估。对高校开展分类评估能够及时向公众公开高校发展情况，有助于高校吸纳社会资金，促进校企合作，促进社会主体关注和参与高校人才培养工作。

六、将评估结果与财政拨款挂钩

如果不将第三方教育评价机构的评价结果与政府的教育投入资金相联系，高校在改进教育时就会缺乏动力。高等教育学校虽然有政府投入发展资金，但是政府的资金毕竟有限，而且一个地区内高校众多，政府每次拿出来的资金总数是一定的，所以高校如果想要额外发展一些教育项目引进教育设备也需要自己筹措一部分资金。目前我国高等教育院校的经费来源主要有政府专项资金、社会慈善机构捐款和成功企业家的捐款等，在一定程度上丰富了高校资金来源的渠道。对高校内部课程和专业进行改革是一个不断前进的过程，同样也应该将对高等教育的质量进行教育评价发展成一个长久的持续的教育行为。在之前政府没有介入高等教育活动的过程中，随着政府将资金投入高校，便开始了对高校教育过程和教育结果的干预，目前也要规划好政府投入资金的时间和数量，高校也要做好资金使用计划，将资金使用过程透明化。而且，在世界其他国家发展教育时都需要先对教育进行投入，投入的部门通常是与教育结果有很大影响的各方群体，他们希望通过为教育投入资金使教育的结果更符合其实际发展的需要。

我国高等学校更新学校内的教学设备、聘用教授级教师和学校内部行政管理的各项开销资金主要来自政府、教育慈善机构的捐款和企业的项目投入，在这几种资金来源中，政府对学校教育的教育投入是占大部分的，但是就国家每年对各种项目的投资总数来说，对学校的投入只是其中的一小部分，因为目前生产领域是能有效提高国家收入和人民生活水平的部分，所以国家的大部分资金会流入生产部门。在这种情况下如果政府投入学校的资金不能得到有效利用，高校不能很好地改进教学方式，便会使得教育不能满足社会对于专业人才的需要。所以，高校目前想要发展教育主要可以从两方面入手：一是为自身寻找新的教育改革经费的投入者，另一个是将有限的资金进行最大限度的使用。目前各国之中只有英国教育资金的使用最有效率，英国建立的资金使用制度具有很高的实用价值，其政府设立两个教育管理机构，针对学校教育类型的不同，投入不同的教育款项，其核心理念就是将涉及资金的项目根据一定标准分配到不同部门去管理，减少过程中的成本。

为了让拨款得到更有效的利用，我们需要根据"目标明确、分类考核、先易后难、稳步实施"政策导向建立科学的高等教育评估体系，并确保其与公共财政相适应，根据评估结果合理配置公共资源。

中央正在逐步推进高校预算拨款制度改革，主要思路是优化支持体系，显化和发挥高校职能；细化综合定额，充分体现不同学校的办学差异；稳定专项资金投入，明确支持重点；增加绩效资金，建立激励机制。在高等教育逐渐向大众化深入发展的大潮下，政府根据评估结果来拨款有助于解决高等教育的大众化趋势和实际需求之间的矛盾。这种方式有助于高等教育竞争机制的形成，有助于有效地重新组织高等教育资源，刺激高校良性竞争，最终促进高等教育资源配置的优化、提升高校教育质量。

第四节　高等教育质量监测体系研究

高校教学质量监控体系的优化过程是一项全方位、多层次的系统性工程。要推进高校教学质量监控体系的不断发展，只有与时俱进，牢固树立起发展进步的创新意识，形成"全员参与、全程覆盖、全方位育人"的教育模式，由浅入深，循序渐进。

一、把握教学质量监控核心理念

把握好教学质量监控的核心理念，关键是要树立牢固的质量意识。构建高校教学质量监控体系的终极目标是要不断提升人才培养的质量，体系中的各个环节和方面都要根据这个目标展开。在运行高校教学质量监控体系时，要对体系中出现的问题和现象不断反思，积累经验和教训，及时发现问题并做出正确调整。此外，构建高校教学质量体系也要将人才培养的质量和效益有机结合起来，以学生、家长和企业的就业满意度作为参考，检验教学质量监控体系是否真实可靠。

其次是要明确教学质量监控的目标和标准。在开展高校教学质量监控活动时，相关部门的管理人员都要对各自的职责有准确的定位和明确的目标。高校可以按照现有的教育相关制度和理念，结合自身的特点有针对性地制订出教学质量监控的总目标和各个分目标，并将各个目标落实到各个职能部门。高校要进一步把各部门的工作职责和制度规划清楚，以免引起不必要的资源浪费。此外，高校在开展教学质量监控活动时，必须有清晰的标准，包括动态标准和静态标准。动态标准主要体现在活动开展的过程中，静态标准主要体现在活动的结果上。比如在对学生进行监控时，目标体系既要涵盖学生对教学的满意度，也要将教学育人的成效包括在内。标准除了要有稳定性之外，也要对其及时调整和完善。在完成一个监控周期后，要根据监控结果所体现出的问题及时地对监控标准做出调整。

最后要制订规则和不断创新。规则主要是指高校在教学质量监控体系的构建过程当中，要按照一定的规则对各项工作的流程和要求提出明确要求。要不断推进教学质量监控活动的开展，在全体教职工人员和学生群体当中牢固树立起规则意识，要求其以规则作为行动引领，所开展的一系列相关工作都要以此规则为前进标准。创新是指高校要不断对自身的教学质量监控体系进行创新性的改进，在结合自身特点和借鉴其他高校的有效经验的基础上，不断完善自身的监控体系，在校内成立专门的教学质量监督组织。因此，高校在构建监控体系时，不能盲目照搬其他高校，要充分结合自身的办理理念和实际特点，以问题为导向，在遵守相关规则和发展规律的情况下，对监控体系不断地进行创新和完善。

二、提升教学质量管理的信息化水平

目前现代信息技术蓬勃发展，给各行各业都带来了实质性的影响。教学质量监控也要充分与现代信息技术有机结合起来，通过相关技术手段对信息进行科学的搜集和分析，不断提高监控成效。因此，高校在进行教学质量监控时，也要不断提高教学设施的信息化水平，结合学校特点努力构建人才培养的数据采集和管理平台。数据采集与管理平台是体现高校人才培养实效的重要标准，能够将高校的办学情况和人才培养效果直观、全面地展示在大众眼前，学校能够更全面地掌握每个学生的就业情况，为高校监控教学效果提供了坚实的基础。

促进高校的人才培养数据采集与管理平台的建设，充分体现了人才培养数据信息对教学质量监控的积极促进作用，主要可以从以下方面进行。其一，高校要不断对人才培养信息系统进行调整和完善，及时更新相关数据，确保数据的准确性和时效性，教学主管部门系统的相关数据和校内平台的人才数据需要保持一致。因此，要努力组建一支高水平的信息人才队伍，为学校开发出人才培养数据系统，同时要结合自身的实际情况，不断完善系统功能，及时整理、补充、完善相关数据，构建起科学合理的质量预警体系，将影响人才质量的不利因素减到最少。其二，高校要不断优化和完善信息的搜集方式，制订科学有效的信息搜集制度，努力从数据源头采集第一手数据。构建人才数据库,从原有的走过场的数据采集形式逐渐转变为主动采集形式并持续完善,从容应对数据的缺陷和不足。此外,要结合实际情况制订出科学有效的数据处理制度,对搜集到的数据进行科学正确的分析和整理并不断改进,对各教学单位的人才培养效果做出科学客观的评价,形成"实时、动态、共享"的数据评价体系,不断促进教学质量监控体系的发展,切实提高教学质量。

三、培育现代高等职业教育质量文化

在实际的教学实践中形成,学校所有成员普遍认同,科学稳定的群体意识、目标、标准和评价体系所形成的集合,称为高等职业教育质量文化。高等职业教育质量文化的发展已经逐渐成为高校教学质量监控体系的一个重要方向。高等职业教育的质量文化呈现出"金字塔"结构,从上到下主要是:精神文化、制度文化、行为文化和物质文化。因此,要培养出高质量的高等职业教育文化需要重点从以下四个方面着手。

首先,构建物质文化。高校的物质文化层面涵盖范围广,具有职业指向,主要分为校园设施文化和校园环境文化,能够体现出学校的办学理念和综合水平。校园的设施文化主要指学校的各类建筑、楼宇、装饰等,环境文化是指学校的生态环境、资源以及合格发展等方面文化。校园的设施文化和环境文化都对高校的教学质量监控和人才培养起着积极的影响作用。

其次,打造行为文化。高校的行为文化主要指各类活动,包括教学活动、课外活动、社会活动等形式。行为文化体现着学校的文化氛围和人文风貌。

再次,凝练制度文化。制度文化能够约束高校的管理,使其不断趋于标准和规范。高校的制度主要包括各类组织运行机制和管理体系,是文化建设的重要组成部分。

最后,弘扬精神文化。精神文化作为文化建设的核心,具有一定的隐现性,主要是指各种形态观念和心理建设。对于高校来说,精神文化的具体化形成了校风,精神文化的核心则是校训。因此,要不断传承和发扬学校的精神文化,明确学校文化建设的根本目标,找准关键,通过文化熏陶不断将人才培养的目标落到实处。

第五节　高等教育质量保障体系研究

一、高等教育质量保障体系存在的问题

在高等教育质量的历史研究中，高等教育质量体系以保障主体为主要方面，同时设立保障的目标以及与主体对应的保障客体。针对这种情况，我国教育专家也对我国高等教育质量体系进行了系统研究，将其主要研究结果归纳为以下几方面。

（一）地方政府、评估机构及社会参与不够

关于高等教育的保障机制，我国传统是以政府为主，由政府统一拨教育款项，设计整体教学任务，教学效果的评估也主要由政府部门监测。对此贺祖斌、沈玉顺提出，由政府一个部门进行的评估是可以及时调整政府教育政策，但是由于目前高等教育学校类型丰富、私立公立学校并存的情况，有些情况这种单一的评估方式无法适应：一是由政府独立监测教育成果，检测方式单一，无法适应多元化的市场需求；二是评估对象根据政府评估结果对自身教育模式做出改革，缺乏个性化发展的特点，千篇一律，各个高校的发展模式趋同；三是评估方式多为考试，缺乏对学生实践能力的检测，高校发展与市场需求脱节；四是政府评估结果是针对各个高校整体而言的，缺乏针对性。因此，这种政府性评估的弊端无法在这种模式下解决，持续地使高等教育远离市场经济需求。

目前，我国高等教育质量保障组织不健全，运行起来不便利，不能及时监测评估教育水平。随着最近几年政府教育政策的变化，将高校办学自主权下移给学校本身，政府革新了评估体制，政府官方与民间组织合作建立评估机构。目前我国评估机构众多，但相比于其他的评估组织机构来说，民间评估机构的影响较小，很难收到政府委托的评估项目。同时，我国的高等教育质量保障评估机构只是初步成立，自身仍处在不断发展和完善阶段，代表公共利益开展大学排行也在不断探索中。目前，代表高等教育机构的社会团体评估机构也不断发展壮大，使得我国的高等教育质量保障机构的发展出现了新局面，政府与社会建立联合保障机构，

政府、社会和高校相结合，建立全面立体的评估体系。综上所述，要想推动我国高等教育快速发展，首先就要完善与改进高等教育保障评估机构和组织。

（二）缺乏多样化的质量标准及功能发挥

在具体保障过程中，我国高等教育全靠政府监督，其在教育方向上具有高度的威信力。在之前颁布的关于教育评估的规定中，明确说到，高等教育最终要服务于市场经济需要，要加强社会与学校之间的联系，以实际需要为标准提升教育质量。但是政府作为唯一评估主体，其评估标准多带有政府意志和价值观，评估的真正目的是适应社会发展的需要，社会各界更需要参与到评估之中，让多元评价主体对高校教育质量进行评价、监督，这样才能让评价结果更为准确，让高校得到优质发展，以提升办学质量。

为了推动高等教育发展，提高高等教育的水平，我国制订了"以评促建、以评促改、以评促管、评建结合、重在建设"的方针，这一方针是在开展本科教学工作水平评估时提出的，明确了质量保障的发展目标，并取得了一定的成果。但事实上，这种保障目标只是对高等教育的片面的认识，政府部门要不断完善管理体系，在扩大教育规模的同时注重质量的提升。以往政府部门在制订评估方案时存在以下的不足：第一点，政府的权力过大，政府拥有绝对权威和行政管理色彩，没有加强与社会和高校的联系，没有真正做到听取意见，做到简政放权；第二点，将教育发展方向与外部机构的监测评估结果直接关联，高校自身的监测评估部门不健全；第三点，评估标准固定化问题，由于我国有几百所高校，每所院校都有自身的优势和特点，而将评估标准固定明确后，高校为了达到标准，牺牲自身的优势和特点去迎合评估标准，从而忽视了自身的办学特色。

根据目前的高校教育质量评估体系来看，存在着教育质量监测标准不全面的问题，为了纠正这一问题，我国学者进行了许多探索，提出应该制订明确的质量标准的要求。季平曾经提出我国目前对高等教育质量标准的研究还没有深入到一定程度，无法看清其本质，所以评估质量标准不一的问题持续存在，也导致高校办学理念和办学定位与主流教育理念出现偏差。加之在政府各部门间、政府与高校间存在着质量保障体系建设的地位、目标、职能模糊以及责任界限不明确、责任重复等问题。同时，现阶段我国在高等教育评估实践中也存在评价质量标准单一的问题，这就无法明确利益主体的需求。教育质量保障体系本身具有证明高校教育质量、对监测结果进行反馈和对最新教育理念进行结合预测的功能，但是在如今市场环境下，这些功能并没有被全部发掘出来，作为其评价主体的政府部门也不能完全发挥作用，不能正确利用评估方法。过分强调评估的结果和等级，只会阻碍我国高等教育质量的提高，监督功能和鉴定功能被过度放大，这使我国教育质量评估体系功能被严重弱化。

（三）对教学过程及分类指导关注不够

事实上高等教育质量是由多个方面和环节决定的，高校自身教育组织的建立、课堂教学进度安排、各学科专业的设置等，这些部门内容和环节都要提高质量才能真正做到高等教育质量保障体系的完善和进步。与此相关的是，在以前的高等教育的质量评估中，存在以下几方面的问题：第一点，针对不同等级的高校有不同的评估标准，并不注重各学校是否具有特色学科以及教学效果；第二点，评估的制订标准落后，没有对学生的学习状况和学习产出进行评估，评估过程中参与的主体较小，教师、学生以及社会人士的参与度较低；第三点，各个学校间的评估标准是固定的，这就导致各个院校缺乏了特色和优势，评估的标准和风格过于一致，缺少分类评估和分类指导；第四点，现阶段我国已经对高校教学学科进行专业化要求，对检测的高校类别也逐步扩大，在机械化领域和医学教育领域也进行了试点评估，但是在总体学科、专业领域上没有明确的评估标准和认证，这就说明，我国高等教育质量保障体系还不完善，质量评估体系存在着一些弊端，如发展不平衡、不充分的问题。

虽然《关于中国教育改革与发展纲要的实施意见》中明确指出不同类型、不同层次的高校应有不同的发展目标和重点，办出各自的特色，但是政府对于高校教育质量的管控具有权威性和导向性，因此，在对高校教育质量进行评估时运用到的方法和标准具有同一性和统一性，这就会造成高校为了满足政府的评价标准而忽视自身的特色。如果这种高校教育评估的标准一直制约着高校的发展，高校就会在这种评估中失去自身的特色，在发展方向和专业设置上的特点就会逐渐消失，各大高校就会逐渐走向趋同。现阶段的高校教育评估的主要对象就是政府举办的高校，教育评估很少对民办院校或者独立院校进行评估，但事实上，这些高校办学不是在政府的监督领导下进行，所以更需要进行监测评估，这些高校的教学质量才更需要被关注，所以要加强对这类高校的评估，在教育质量和教学环境等方面加强管控。另一方面,评估标准的统一化影响着教育质量的多样化,其中存在着两个问题:第一点,质量观念片面化。在高校教育评估的标准中,教学的规模和教学的环境以及培养出的人才是一项重要的标准,这样反而忽视了高校在社会中的影响、社会地位、政治环境、文化发展趋势,如教育能否满足人们的需求以及教育内容是否符合社会发展的需求均被忽略了,这些条件都应该成为高校教育质量评估的影响因素。第二点,对于教育质量的标准设置得过高,如果教育质量的标准是以精英高校的教学质量为标准来进行评估的,这就会导致各大高校逐渐趋同,出现教育质量标准同一化现象。

(四)未形成多样化评价体系及评估制度

关于如何进行评估的问题,由于评估主体不同,评估方式和角度也不同,在现今我国教育发展的情况中,评估主体仍是政府,政府主要采用控制高校教育经费投入额度、教育政策发展方向、投入各高校的新型教育设备的方法来确保高校教育的发展质量。在实际评估过程中,我国高等教育评价模式行政性强,体现政府意志,没有各个专业和领域的共同审核标准,不具备学术行业质量检测的专业性。通过上面我们可以看出,我国在高等教育保障方法和手段方面还比较单一,因此促进政府转变评价方式、强化评估手段势在必行。

在政府部门对高等教育质量评估方法改进的过程中,要注意不能再强调单一部门的评估,针对这一现象,贺祖斌提出了几个问题:一是评估对象仅能依据评估结果对教育模式做出改变,缺乏高校自身的思考。政府教育部门确立哪个高校作为评估对象以后,这个高校自身只需等待评估,没有自己设计完整评估过程的活动,在政府的监测评估活动中完全处于被动状态,缺乏高校自身关于质量评估的积极思考。在评估的过程中被评估的对象一直处于被动地位。二是,评估活动的封闭性,导致了高校和社会的脱轨。推行评估过程以"政府—学校—政府"的运行模式,这个评估的过程是由政府开展,行政部门进行监测评估,行政部门拥有评估结果的解释权和处理权,这种教育质量评估体系不利于将高校的真实的、精准的信息进行传递,阻碍了社会和高校的交流与互动。相反,强化了高校对政府的依赖,隔离了高校与社会的关系。三是,评估结果完全掌握在政府手中,政府对质量评估标准具有绝对权威性,极大程度上削弱了高校自主办课程的积极性,而且政府在教育质量评估中的标准具有一定的随意性,而且在对教育质量评估的结果中缺少公正性、公平性以及公开性,这也在一定程度上弱化了高校自主办学的积极性。

随着社会力量融入高等教育发展,目前高等教育质量评估体系产生了不同的评估主体,其评估体系相对应可以划分为以下几方面:由政府独立进行评估、由高校自身制订标准完成评估过程和政府高校社会三家合作的社会性评估等新型评估方式。这种多元主体参与高等教育质量评估的情况下,也有一定的问题:第一,放权给高校,但高校质量评估体系尚未健全,质量评估标准也不统一,高校主体的随意性较大,自我约束控制能力差,导致评估结果没有信服力;第二,在我国高等教育发展历史中,社会力量极少参与高校教育发展,所以在教育质量保障体系中缺少社会评估部分,社会参与性不强,忽视了市场需求对教育的导向作用;第三,高校自身完成教育质量评价之后,政府部门没有检测标准和激励制度,应该对高校检测结果进行复查或对教学质量较高的学校进行财政拨款奖励或增加其专业认证和职业资格审核等;第四,没有形成一套完整的高等教育质量保障体系,国家、地方、高校以及社会间的联系较弱,没有形成相互影响的立体化监控体系。在评估制度发展建设的过程中,各级学位类评估、专业专科内部学术评估、高校学者和科研人员评估等评估方式之间相互独立,各自有各自的评价标准,无法互相结合参考评估结果,并且上面所述各类评估与高校自身监测教学状态的评估、作业和课堂完成效率的评估等评估机制也没有联系,要想从整体上看出高校教育质量如何,各种衡量教育的指标需要联系在一起进行综合分析。

综上所述,针对我国高等教育质量保障出现的问题,我国开始建立完整的质量保障体系。这一时期国际上也在进行教育质量保障体系改革,我国紧跟时代步伐及时作出改变。虽然在政府主导下,新的质量保障政策有效落实,但关于组织制度建设还有明显空缺,顶层领导有一定的缺失,领导没有做到集中和完善,组织机构分散,在体制机制等问题上没有进行创新和发展。

二、完善我国高等教育质量保障治理体系的建议

(一)加强政府对高等教育质量保障的主导

在我国建立的对教育质量评估机构进行监督的众多组织中,政府部门仍是这

些监督机构的领导者，这一体制确保二者的行为都在国家规定之中，体现国家意志，建立高效的教育质量保障系统既需要行政监督也需要法律约束。但在这一过程中，政府要明确自身定位，不能同传统评估方式一样独揽评估工作。目前政府对于建立教育质量保障体系还可以采取以下措施：一是做好评估规则的制订者，根据国家新型教育思想改进教育质量评估规范；二是督促社会组织及时建立评估监督机构，这个第三方机构可以代政府完成监督任务，还可以确保评估结果的专业性；三是协调好各方面对于高等教育发展提出的建议，对教育质量评估机构给予专业方面的支持，提供专业咨询；四是对不具备评估资格的评估机构采取强制退出市场的做法，充实元评价机构的人才队伍。将我国教育质量保障机构建设成"政府领导、委托评估、评价监督"的完整体系。还可以采取以下几种。

第一，由直接组织高等教育评估活动转变为对高等教育质量保障宏观管理。

通过分析我国建立高等教育质量保障体系的历史可以看出政府角色发生了巨大改变，评估行为由政府独揽变成政府引导监督，具体分析政府发挥的作用可以从以下两方面看：一是政府的主要任务由对高校教育质量进行直接评估转变为通过颁布政府文件制订各专业评估规范，同时聚集社会各界高质量人才成立针对评估机构的教育咨询部门，根据国家教育政策的调整改变教育评估标准，将最新教育思想传达于高校和评估机构，通过多种渠道和方法任命权威评估机构的负责人。二是组建评估行业内的评价监督机构，通过将评估任务作为委托招标的形式激励评估机构革新评估方式，建立审核评估机构资格的专业性组织，对教育质量评估结果好的高校给予教学设备奖励等，提高高校发展高质量教育的热情，加强评价机构的专业化建设。综合各个国家发展教育质量保障体系的过程，都是在不断改进和探索中走向完善，同时在发展过程中结合本国教育特色，建成高效的教育质量保障体系。在探索过程中起最大推动力的是政府，政府放权于专业评估机构，将评估行为以委托承包的方式交给评估机构，使整个评估过程运行更加高效。并且由政府制订专业评估规范、监督评估过程，使评估结果更具可信度。政府还督促建立中介评价部门，对评估机构评估行为专业给予一定的资金扶持，促进行业内良性竞争。通过三方合作有效促进了我国高等教育向高质量转变，高校可通过社会各方面提出的意见和专业机构的评估结果改进自身教育模式，为教育质量保障体系注入活力。

从教育质量发展的模式来看，政府在教育质量保障体系中扮演领导者角色，结合我国高等教育发展形势的变化和社会市场的需求对高校教育活动进行总体上的协调管理，由此建立适合我国国情的高校教育发展模式。利用多种多样的调控手段加强学校同市场和社会的联系，但不能过多地依靠行政手段，要推进教育治理体系现代化。政府部门还要建立质量保障行业的相关法律法规，规范评估机构的评估行为。政府成为行政和法律两个层面的领导者，在行政方面建立评估行业规范和教育质量评估标准，在法律层面，通过法规约束评估机构和高校两个单位的活动。最终实现在政府引导下进行专业性评估并不断自我审查，高校在评估结果的指引下革新教育方式、提高教育质量，形成新型的高等教育发展模式。

第二，加快推进我国高等教育质量保障与评估法规建设。

从我国高等教育质量发展的情况来看，在高等教育发展的早期并没有很多关于教育质量的法律法规，仅有一部专门的法律规范从大方向上对评估过程进行规定，它将评估行为交给政府全面负责，认为政府可以做到上传下达。政府根据对国家教育新政策的解读制订新的评估标准，这就是国家对高校教育发展新要求的体现，同时政府对高校教育质量进行评估也丰富了政府监督高校教育的方式。

但是这种评估模式是被固定的，如果实际运行过程中出现问题则没有相应机构和法律处理。在实际评估过程中，政府部门日常事务繁多，加之法律法规不健全，我国真正具有评估资格的机构少之又少，各评估机构评估标准不一，评估人员教育素质参差不齐，政府对于评估机构不能及时监督。所以，仅一部法律已经无法满足我国当前教育发展模式要求，我国开始丰富教育质量行业的法律法规，其中的《教育规划纲要》对于建立专业化的评估流程制订详细规则，也规定了评估机构的资格认定条例和从业人员的职业资格规范，是目前较为完善的教育质量法律纲要。所以推进我国高等教育高质量化，有完备的法规条例十分必要，通过法律健全教育质量评估市场准入和促进评估机构评估行为专业化。

在国内外发展高等教育的历史中我们可以发现共同点：将评估行为独立于政府部门以外，不仅在行政方面承认评估机构的独立性质，也在法律层面进行评估地位的规定。评估机构的主要工作内容是不受其他部门干扰，进行专业化的评估和对高校教育质量进行监督。目前我国对于建立高等教育质量保障的法律法规的理念才刚开始形成，所以可完善的部分较多，可以根据管理部门的不同制订不同方面的教育质量法规，教育部和国务院可以分别颁布教育质量的评估条例。目前国家对于高等教育质量的要求是通过专业化的评估促进高校教育管理体制的变革，将政府教育部门的评估权力与监督权力分离，提高我国高等教育整体水平。政府教育部门的工作任务主要是建立第三方中介评价机构、确立评估行业规范、筛查评估机构评估人员资格等，同时要关注社会各界专业人才和普通民众对于高等教育的意见，从各方面丰富我国高等教育发展的内涵，从整体上要协调好高等教育质量评估过程中几个主体的关系，促进教育质量评估行业法律化、专业化。

第三，完善高等教育质量保障与评估的市场机制和全国监控系统。

政府应当不断完善和调整法律法规，梳理清晰评估机构与政府、学校和社会之间的关系。此外，需巧妙地发挥市场机制和行业组织的作用，让两者各尽其职、各守其位，发挥政府的宏观调控作用，促进高等教育质量保障体系的完善。随着我国高等教育的不断发展，其质量保障体系要在规范高等教育市场方面发挥积极作用，在促进国内高等教育与国际教育接轨方面发挥作用。当下，已经有一些国外的评估机构尝试开发和占据国际高等教育评估市场，试图以自己的质量标准来主导其他国家的高等教育发展。在这一背景下，我国必须积极与国际高等教育评估界接轨，推动我国评估机构提升专业水平和介入国际市场，规范高等教育评估行业，否则，我们将无法跟上国际潮流的步伐。

政府应当针对高等教育质量保障构建对应的监控系统，对相关保障机构进行监控、收集和分析反馈信息，从而有的放矢地调控教育质量保障宏观管理措施，完善教育质量保障体系。此外，政府还可以利用这一系统向学校传递重要信息，进行信息指导。《教育规划纲要》提出，政府要对教育质量监测评估机构和相关资源进行集成、整合，构建健全的监测评估体系，并重点激励各种社会组织参与教育事业，以强化其教育公共治理，着力发展教育质量保障与评估的行业协会，以及构建国家级的全国高等教育质量保障与评估网络。

（二）深化事业性教育评估专业机构的改革

教育统筹管理基本上是政府及其教育主管部门自觉组织和控制教育活动的工作，必须体现社会主义市场经济发展对教育的要求和影响。通过收集社会各方面的教育发展意见，结合我国教育特色，建立教育质量保障体系，有利于加强学校与市场和社会的联系。政府可以制订评估行业的评估标准，改善评估市场的评估风气，以委托评估的方式促进评估机构自我发展与自我完善，形成评估行业的良性竞争。控制手段多种多样，但不能过分依赖行政手段，推动教育治理体系现代化，最重要的是完善质量保障和评价的法律体系，重点完善规定教育质量的法规，明确规定减少政府直接参与评估过程，放权于评估机构，引导高校重视教育质量问题，从社会广纳人才加入专业评估队伍，帮助政府部门监督评估机构，通过开展广泛监督，促进教育治理能力现代化。在教育质量法规制订的过程中应该考虑到参与评估过程的各个个体之间的关系，政府也要为评估机构提供一定的评估机会，让市场再造市场，让行业管理行业，落实政府对高等教育质量保障和评价治理的全面监督系统。在世界各国都在大力发展高等教育的情况下，我国的高等教育发展也不能只拘泥于国内教育形式，要与其他各国交流教育发展经验，吸取西方国家关于高等教育的先进理念。国外的教育质量评估机构也在进行除本国教育行业之外的拓展业务交流，希望能通过本国的质量检测模式帮助其他国家教育行业的发展。所以，我国要与其他国际高等教育组织进行平等会话交流，从不同方面提升我国高等教育评估系统和评估行业的标准。

除此之外，结合新形势下互联网技术的发展，政府可以建立起动态的教育质量评估网络，将从社会各方面反馈的关于评估机构的建议进行信息整合，公布在评估交流平台上，同时规定教育质量评估各机构进行到每个具体评估步骤时要随时更新评估进度情况，整个评估过程可以随时监督随时改进。这种动态评估网络的建立不仅可以便于政府部门监督，还有利于高校随时查看评估不足之处，将评估过程透明化。《教育规划纲要》明确要求"整合全国教育质量监测评价机构和资源，完善监测评价体系"。同时，要"切实发挥行业协会、专业协会、事业单位等社会组织在教育公共管理中的作用"，建立评估机构的评价部门和动态教育质量评估网络是提高高校教育质量的重要举措。职业教育评估机构是一个半正式的组织，一般隶属于教育部，具有很强的正规背景，但也可以更灵活地为社会服务。这些机构的服务主要针对高校的教学质量、职业教育规划、高级学位资格的研究规划等。这些机构可以更方便地拿到政府委托的评价项目开展评价工作，同时可以根据市场需求开展评价项目。但是，由于这些评级机构在人员、资金、运营等方面都不能自负盈亏，外界很容易将它们误认为是政府机构，也容易对评估的公正性产生怀疑。但是，机构评价是政府职能转变的产物。

政府应促进监督机构过程的公开化、透明化，让一切评估行为处于法律的约束下，邀请社会各界专业人士参与，这种模式对于我国中介评价机构还不健全的情况非常适合。

面对我国市场经济逐渐取代原有计划经济的情况，由政府评估管理高校教育质量曾是社会上普遍公认的高等教育检测方式，这一时期社会还处于发展中，评估机构要求有自主权的想法并不强烈，使我国专业评估机构在一开始发展的过程中遇到了许多问题：评估行业市场风气不佳、需要评估的高校少、不受高校信任、评估标准不一等。这种评估环境不利于我国高等教育质量的提高，所以应对我国政府教育部门进行机构改革，重新定义评估权力的归属，给予专业评估机构法律上的承认，帮助评估机构制订相关行业规范，我国的专业评估机构应逐步从政府依赖转向相对独立的媒介，为社会各界提供公益性评估、监测和咨询服务，坚持价值观的多元化和引入社会参与，努力为自我生存和发展开拓领域。

1. 保持自身独立性并逐步走向中介

事业性教育评估机构的发展定位在早期是由政府规划的。随着时代发展，政府职能和形象发生转变，事业性教育评估突破了政府决策管理，采用新公共管理方式进行，使权责分配机制的使用更加灵活，教育评估体制也随之要进行全面改革以期与新管理方式形成配套机制。新管理方式采用市场主导机制，这就要求传统事业性教育评估机构在脱离政府管辖后形成独立发展体系和机制，并占有一定的市场份额。为了保证评估的客观和公正性，事业性教育评估机构必须是健康且独立发展的，不能被市场负面因素所影响而脱离教育评估的本质。评估机构对高等教育院校既起到社会监督作用，也起到社会指导作用。评估机构作为中介机构，在符合国情和国家宏观调控相关政策的同时，需要坚持客观、公正的原则，服务于政府、学校、社会三方，承担起社会责任，接受政府、学校、社会的监督，与政府、学校、社会之间形成良性关系和生态发展环境，为自身发展提供更多优秀力量，实现教育评估价值和知识经济价值。

教育评估机构的评估行为是否透明公开，评估结果是否具有较强专业性，决定了社会对独立于政府和高校的教育评估机构的认可程度。此外，评估机构以何种方式作为资金来源、由谁领导也是社会关注的主要方面。一直以来，政府的分派资金是评估机构的主要资金来源，但如果能够面向社会各界提供公益性的评估、监控、咨询等服务，尤其是在行为方式上能让社会广泛参与，这样的教育评估机构就具有较强的"中介"特性。所以，这种教育评估专业机构必须是具备独立发展的能力的，具有发散性、多样性、客观性、公平性、竞争性和市场性的特征，并且在发展过程中能够对其他三者起到承上启下的作用，进而发展出自己的行业体系和规则。只有教育评估专业性机构形成自己的发展特征，才能发挥真正的价值，为高校发展提供评估指导和价值效益。

就高校教育活动来说，教育评估机构并不能完全代替政府行使监督职能，因为教育评估机构归根结底还是民间评测机构，不能完全代表政府教育部门，管理教育活动时如果政府不能控制好自身权力的发挥限度、学校还不能使用好国家赋予的自主管理权利，那学校内部就会受多方管理，解决问题混乱，因此扶持第三方评价机构是对高校和政府最公平的解决方案。目前我国的第三方机构处于发展初期，政府部门也没有将这些机构定义为公益性服务性质，这种选择立足于当下社会发展的需求。对于第三方评价机构来说，如果不能从政府下属教育部门中独立出来，不能制订出专业的评价标准，无法为学校和政府提供更细致的服务，就不能实现自身向独立中介机构方向发展。所以，第三方中介机构应该不断吸收专业学者加入评价队伍，提高其评价专业能力，在建立评价标准时进行大量的社会调查和教育政策的解读，满足不同方面的教育需要。

2.逐步理顺与政府部门之间的关系

在全球化经济发展和多边外交政治格局的影响下，文化软实力在国际较量中的地位愈发突出。高等教育作为文化软实力竞争的重要组成部分，其发展战略地位的提升促使事业性教育评估专业机构不断发展。这种机构在国际上形成了一定的发展势头，我国要在国际中继续保持文化软实力输出就必须结合本土特色，继承和发展传统管理方式和发展模式的优秀成分，不断创新，形成新的发展体制和体系，进而形成独立健康的行业。同时，还要吸收来自政府、社会和高校的力量和资金支持，为自身创造更优质的发展条件和发展机会，并将结果反作用于政府、社会和高校，进一步发挥评估经济和社会的作用，为提升我国国际文化地位奠定基础。

教育评估机构依据其主体关系和职能可以划分为三类：第一，面向对象是政府和学校时，起到润滑剂的作用，调节政府和高校管理中产生的冲突矛盾，为政府管理和监督提供更多选择方向，对学校管理和发展提供更多可能，通过科学监督促使二者更加协调发展。第二，面向对象是社会与学校时，主要行使监督和服务功能，为社会公共事业发展提供一定服务，并监督高校教学和素质教育进展情况，为其提供更加全面的数据保障和科学支持。第三，由非官方也非教育界的社会机构（如有关媒体）担任评估机构，其目的是向社会提供可比较的数据和有关信息。但随着社会发展，这类机构的局限性逐渐显现，存在对政府的依赖性过强，导致机构冗杂和关系复杂等问题，这种阻碍使教育评估机构的社会属性较少，社会价值不足，资金保障和吸收力不够充分，无法形成自身市场导向体系，所以其发展性和价值性不能被完全开发和利用，对社会经济反作用力不强。

3. 坚定不移地走专业化发展的道路

事业性教育评估机构以专业性很强的高等学校为研究对象，教育评估以定向性数据的集成化为技术支持，是一种综合性学科，需要专业人员的知识和技能为辅助支撑。因此，评估机构在传统的管理方式下不能过于依赖政府扶持，只有走专业化道路才能实现发展和创新。一方面，评估机构要形成行业规则和用人规范，结合国际发展形势完善我国体制中的不足，发展出本土模式，利用高科技形成新的发展机制，在行为方式上坚持价值多元和社会广泛参与的特点，面向社会各界提供公益性的评估、监控、咨询等服务。另一方面，提升发展人员的培训机制并完善培训系统，丰富理论指导并以理论指导实践，为优化行业规范服务，保证各方面实现公平公正和合理竞争。只有在发展中形成自身的特色和竞争性，保证数据精准度和专业度，才能实现可持续发展。

（三）鼓励学术性机构和专业团体的参与

传统评估机构主要是在政府管理范围下开展评估，挂靠的主体主要是政府相关部门，政府具有决策权和方向权。半政府性质机构在人员调配和管理上与政府管理模式有很大的相似度，存在人员专业性和全面性不足的问题，无法适应学校发展需求，对学校发展的最新动态了解程度不够，不能及时掌握高校最新的改革方向和出台的政策法规，评估结果容易出现误差，不能保证其客观性和公平公正性，最终导致评估结果公信力缺失。针对这些阻碍因素，必须进行彻底改革和突破，把阻碍因素转变成为优势因素，只有这样才能形成内在动力进而发展出新的机会。同时，还要引进和使用市场机制，利用学校、政府、社会的需求导向，通过三方联动进一步弥补由政府单一监督方式造成的评估结果不全面的现象，从而增加评估机构的可信度，形成具有针对性的特色评估体系，完善评估指标和评估发展方向，为高等教育发展提供更优质的数据基础和指导条件，形成评估教育新态势。

1. 主动承担或参与高校质量审核活动

我国教育在发展过程中不断与国际接轨并借鉴国际先进教育模式，形成了具有本土特色的教育方式，逐渐改变传统教育弊端和消极影响，将教育从政府管理中释放出来，发挥新公共管理的作用，创新教学质量评估指标和制度，形成教学质量评估的新发展——审核评估制度。这种新的评估制度是在国际文化竞争力不断提升的环境下应运而生的。知识经济的发展需要更多专业人才和强大教育体系为支撑，要形成配套的评估机制，而审核评估对高校自主权的肯定和发展有重要激励作用。审核评估使人员调配的选择面更广阔，评估结果更具公信力，进一步促进了高校管理人员和专业人员素质提高，发挥了组织管理和评价作用，为知识经济健康发展提供了有力保证，是高等教育发展方向的重要依托。

新的评估机制的发展是社会和教育发展的必然选择，审评估核从多角度出发对根本制度的形成提出了重要指导意见和给出了评价结果，而不是针对某一环节的发展和问题提出指导意见和评价结果，是对评估的宏观层面进行管理和调控。因其更加全面和宏观管理性促使其对内对外都有了一定审核标准。内部审核以教育质量和教育政策为考察和审核标准，依据相对应的审核指标进行评估形成最终的评估结果。外部审核主要是通过高校之间的合作和交流，形成综合性评价。高校评价结果由各高校通力合作共同形成，最终审核结果也是根据内外部指标将评审结果反馈给学校。内因和外因的结合发展促使高校在实践发展中能够认识到自身发展的不足，并在审核模式中不断修正并创新发展，为形成评估审核模式提供了发展空间，对教育前进增添了更多的推动力。

2. 精心指导高校内部质量保障体系建设

新时期高等教育的使命从单纯的知识传播和集成地转变为人才输出和知识价值输出地，更加重视经济和社会价值以及人的价值的实现。高等教育在发展和使用评估体系的过程中更加注重微观具体的管理，在微观上处理好事物内在矛盾，可以为其外显化提供更多机会。微观管理不同于宏观，其对内因的挖掘和使用能够形成机制能动性，这种机制能动性能够吸收更多优质元素用来发展。宏观管理主要是大方向的调整和权利的调整，没有对责任和具体环节进行细致划分和明确规定。这促成了基础环节的完成和发展，为自己发展提供坚实基础。如果基础不稳定就很容易在发展中形成分支，分支管理不协调就会影响高校教育质量，导致质量下降，评估数据不准确，其参考性和公正性就会缺失。为了高等教育发展和审核评估机制的健康发展，就要内外兼修，形成微观机制效益。

我国的发展面向大众、面向社会、面向国际，高等教育也要具有开放性，需要吸收市场和外部的优秀成分才能促进高质量发展，从而取得市场份额，形成市场优势。政府职能从管理转为服务，而高校的发展不能脱离社会和国家，那么教育政策的落实就需要政府的服务和强制性监督，但是要想获得政府倾向性帮助就必然要成为高等教育中的佼佼者，这样才能获得国家帮助和扶持。社会资源只有充分发挥教育的社会属性才能实现价值最优化，从而提升社会地位和社会价值，取得社会关注，成为高等教育的发展力量。通过多方力量的支持能够促使教育获得更多资源和经济支持，但教育不能只依靠外部环境和国家政策导向，更重要的是实现内涵式发展。教育如果没有促进自身发展，就无法形成特色教育模式，其审核结果会出现问题，发展潜力评估结果会被降低，导致自身发展更缓慢。为了促进其更全面发展，发挥其优势作用，就必须发挥相关利益者作用。我国高等教育各类评估认证活动，都十分重视引导和推动高校建立健全内部质量保障体系，形成了同济大学、厦门大学等诸多各具特色的优秀实践案例。

联合国教科文组织国际教育规划研究所（UNESCO-IIEP）启动全球性质量保障示范项目——"高等教育内部质量保障优秀原则和创新实践"项目，旨在总结全球高校内部质量保障的优秀实践案例，以点带面，在更大范围内推广典型大学内部质量保障的先进经验。厦门大学成功入选该项目，成为中国也是东亚唯一一所入选高校。我国为建成高等教育质量保障体系采取了许多措施，建立专业性的评估机构、中介评价机构等部门，还组建动态的网络化评估交流平台，将国家最近教育理念和社会对于高等教育发展的意见公布于平台，让教育质量化发展有方向可寻。在高校改进教育模式的过程中，邀请相关专家加入调整教育方式，提供教育咨询，将评估机构的专业性贯穿改革教育质量保障体系的始终，帮助高校在提高教育质量的同时发展学校特色教育。

（四）支持行业性机构开展专业认证

行业性机构在行业内的声誉、认证准确性和专业性决定了审核结果的权威性和公正性。审核结果不是凭空出现的，是在对高校教育发展中具体的相关指标数据进行收集、加工、处理和综合分析后形成的报告。这份报告为高校教育各方面发展都提供了指导性意见：面向政府时，这份报告是政府服务和监督管理的方向，为政府提供了具体的数据，政府在此基础上能够迅速做出正确决策和反应预案，对高等教育存在的问题给予更多的支持和帮助；面向社会时，这份报告能够分析出社会发展潜力和社会发展价值，吸引社会资源为高等教育解决问题，并进一步丰富其发展；面向高校时，高校通过报告进行自我分析，并改正自身的问题，形成特色发展模式，提高教育质量，增强自身改革的能动性，帮助利益相关者更加平稳地推动教育改革和教育实践，为审核评估提供更多支持。面向国际时，通过报告结果可促进教育高质量发展，能切实提高我国文化国际竞争力和输出力，打开国际局面，形成特色教育模式，同时被其他国家借鉴，吸引国际人才为我国建设添砖加瓦。

1. 制订政策鼓励行业性机构开展专业认证

专业认证机制缺失对行业的影响很大，这就要求发展专业认证机构的实际作用。由于我国社会属性的组织结构存在分散性和不系统性的问题，导致这些机构不能发挥社会作用，对高等教育的影响微乎其微。高校对专业认证机构的审核结果质疑性比较高，社会评估机构和高校之间的矛盾不断激化，而这种对抗性使二者处于对立面，对二者的健康发展均产生了巨大阻碍。传统的供需关系对高等教育形成了很多限制，错失了很多发展机会。只有充分发挥专业认证的作用，才能实现高等教育的高质量发展，但目前国内对于专业机构的扶持力度还是不充分。行业协会处于社会和市场的边缘化位置，其对教育和教育质量评估只起到了辅助作用，而非导向作用。这种专业认证机制的缺失使得行业协会的话语权非常低，很难在社会上形成良好的公信力和声誉。针对其发展受限，国家应该借鉴国际教育优秀案例，吸收优秀成分到国内并形成发展机制。只有这样才能够发挥出行业协会的积极作用，对相关日常事务的处理才能更加游刃有余，对根本制度、行业规范和人员规范的形成才能发挥出管理作用。认证机构与高校形成合作，促进高等教育实现企业化管理，提高教育质量与教育能力，并在专业机构的指导下，发展出教育新潜力和新方向，为国际输出本土特色文化，提高汉语地位并向全世界推广，增加国际对我国文化的认可度和学习度，让高校教育真正走向国际化，形成文化输出和文化深入的局面。这样才能真正发挥人才吸引作用，为我国吸引更多高科技人才。

2. 推进我国专业认证的国际交流与合作

在经济发展的推动下，各类社会组织占有比例也发生了改变，非政府性质组织比重增加，数量群体上升，形成繁荣的发展态势。但非政府性质组织想要长期稳定发展势必要提升服务质量，实现优胜劣汰，让正规专业的机构进一步发展。因此，我国对专业机构需要加强认证和管理，只有经过多方检验和审核认证才能让其在市场中更好地发展。同时，政府应为正规机构提供必要帮扶，予以资源倾斜，确保形成良性市场机制和环境，促使他们反作用于我国高等教育发展，建立健全学分制度，实践制度和学位机制，完善人才定向培养方案和目标，形成强劲的知识国际输出力量。这些实力较强的认证机构要积极参与国际研讨会等行业大会，学习、交流和分享制度管理及其他经验，通过不同视角和不同层次的交流互动，不断吸收国外优秀制度和优秀元素，挖掘自身发展的优势和反省自身发展的不足，通过借鉴学习、弥补缺陷、扩大优势，形成长期有效的国际知识输出体系，吸引其他国家的优秀人才，留住我国高科技人才，强化我国人才储备战略和引进战略，增加我国文化软实力，不断提升国际影响力，为其他国家的教育发展提供成功借鉴案例。

以开放促改革、提质量，用"国际实质等效"助推我国高等教育质量的提升。在高等教育国际化大背景下，一些国际组织（如国际工程联盟、国际高等教育质量保障机构联盟、欧盟等）都在推行"国际实质等效"的专业教育认证、机构资质认可、全球大学多维排名等国际项目。"国际实质等效"推行国际通用和国际实质等效的标准，研制全球性或区域性质量保障指南，并主张通过成员之间质量保障机构的评估认证合作，促进高校之间的学分互换、学位互认和学生流动。我国成功加入《华盛顿协议》，标志着我国高等工程教育质量达到了国际水准。近年来，国内上百所高校的数百个工科专业自愿接受"国际实质等效"的专业认证，极大地促进了我国工程教育质量的全面提升。我们要总结和推广这些"以开放促改革、提质量"的好经验，并通过参与国际评估认证等不断改革创新，主动用国际实质等效的新理念、新标准、新方法、新文化，指导我国高等教育质量建设，加快从高等教育大国向高等教育强国转变。

（五）规范社会性组织大学排行活动

通过政府组织建立社会评估组织，我国高校教育开始受到各方力量的关注，自上到下开展了一系列卓有成效的评估活动。这些活动大部分是由教育主管部门或者相关行政领导组织开展的，在实施之前就已经将被评对象的价值取向融入了评估体系当中，从而实现自上而下开展。被评对象按照相关规定执行，评估方式一般以政府评估结果为主，在以往教育评估中以政府评估方式为主，属于行政性评估。政府评估的结果在社会中有很大公信力，但也存在一定弊端，评估过程不受其他部门监督，有失公平公正。从广大人民群众对行政性教育评估的异议来看，价值主体对于评估活动有着强烈的参与和多元价值的追求的意愿。自我国开始实行市场经济体制以来，社会民间组织为高校教育做出了不少努力。尽管社会组织和机构对社会和经济有着积极的促进作用，但结合我国高校的实际情况来看，社会组织和机构在高校教育质量评估中的作为也需要制订相关政策进行规范和发展。传统教育的评估主要是政府下达教育指标，评估结果参照指标的完成度形成报告反馈于高校，高校根据政府下达的具体决策和要求进行教育调整，这种管理和传达方式较为单一，形成的改革内容和结果也不能体现社会的要求和大众的需求。传统教育的弊端导致其发展动能不足、改革和转变存在不彻底性，严重阻碍了教育目的和新人才培养方案的实施。同时，政府管理的集中性和决策的不全面性使得我国教育错过了国际发展机遇期，出现了高等教育质量停滞不前、管理方式陈旧、管理效益低于预期值等问题。这些弊端促使政府要转变职能和形象，采取开放式管理新形式，让教育在市场调节作用下形成自主机制和需求导向机制。只有这样才能在提高政府公信力的同时，让教育和评估机构抓住国内国际机遇，实现高质量发展。政府通过自下而上的职能转变和自上而下的权责分配，使实践型教育和评估制度不断完善。同时，教育评估指标的多样化和全面化，使数据建模更加科学化和丰富化，数据库更加完善，数据指导性更加明确，高等教育创造力和创新性更加明显，相关利益者的管理更加科学化。

1. 完善大学排行的科学性及公正性

对大学进行排名这一现象最开始是在西方国家出现的，因为西方国家对于教育进行改进的时间远在发展中国家之前，所以到这一时期他们开始探索如何能更好地促进高校自己去发展教育，这也是对大学进行排名的原因。但西方国家这个排名发展时间不长，在排名过程中不能采取单一的评价标准，要收集社会对于教育的多方面需求。

对大学进行排名的机构是第三方评价组织，这一组织内部人员是政府从社会基层选拔的擅长各方面学术知识的专业人士，如果这个机构不能建立合理的高校评价制度，就不能激励高校本身去不断改进教学过程，就不能给学生提供参考价值，则这一机构的存在是没有价值的。只有参与评价的第三方机构真正从人民和政府对教育需求的角度出发，才能够提高各大高校的影响力和公信力，逐渐打造出自己的品牌，且充满生机，蓬勃发展。另外，政府也要对评价排名组织进行监督检查，如果第三方机构不能将对学校进行专业排名的工作独立于其他方面之外，大学排名就不能真切反映各个大学的真正教育实力，这一过程会被不正当的金钱交易所覆盖。由于我国目前对于大学教育的改革还处于初期，所以对大学进行排名这一工作还不能完全达到专业要求和公正化，但是社会中的企业和人民在长期的实践中会不断发现评价工作具体的不足之处。

2. 加强对大学排行的规范和监督

大学排名榜起到了一定的评价、鉴别和激励作用，增加了衡量大学办学水平的渠道，具有一定的参考价值、研究价值。但在实践活动中，针对大学的排名也会在一定程度上有失公正，造成公众对大学的误解。因此，政府应该作为强有力的引导者，采取具有针对性的措施对社会组织大学排行进行规范，确保其公正、合法，引领社会组织大学排名向着健康的趋势发展，不断加强对其的管理和规范。在对社会组织大学排名活动进行管理干预时，政府主要起引导作用，同时加以服务，主要有以下几种措施。第一，在政府的引领下制订行业检测标准，政府可以将权力下放到全国高等教育质量保障与评估协会，委托其开展有意愿进行资格评估的社会性组织和机构进行资质认定，并对全过程进行监督，对评估的结果进行鉴定和公示。第二，政府要确保评估数据来源的真实性和客观性，向社会组织提供相关数据服务。社会性组织可以自行进行评估活动，但其数据来源必须是政府，以确保数据信息的可行性。目前我国大学的相关数据还远没有达到对外界公开的地步，有些评估机构、排名机构以在媒体上搜索得到的资料为依据，或仅凭被评高校提供的资料为依据，难免有失公允。此外，政府没有将高校教育的具体成果展示给群众，市场对教育信息的需要显得更为迫切，给了相关不具备评估资质的社会性组织的排行榜以可乘之机，误导广大人民群众。为了压制此类不良现象的出现，政府和相关部门要适量进行教育信息的公开和服务，这也能让相关社会组织更好地为有需要的群体服务。第三，政府要加强监督。政府的监督可以分为法律监督和舆论监督。针对现实情况中的排行乱象，政府需要加强对社会组织的管理和相关大学排行榜的规范，制定相关规则和条款，对社会性组织和机构的资格认可、排行榜公布及相关行为严加监督，促进当前行业乱象的改善。大学排名榜起到了一定的评价、鉴别和激励作用，增加了衡量大学办学水平的渠道，具有一定的参考价值、研究价值。对大学的排行主要有以下几种方式：第一种是高校历史因素形成的，这种高校一般是由国子监等转变过来或者是很多伟人组成的教育集成地，比如我国的北京大学、清华大学等。第二种是国家直属的高校，比如军事学校等。第三种是地域发展特色学校，这种学校很有自己的教育特色，比如西安法学院和哈工大等。这种自然形成的社会排名是具备公正性和发展性的。但是这种排名也是非常容易受到市场弊端影响的。有些高校为了吸收生源就会通过其他渠道提升排名，这就有可能出现不正当竞争，为了杜绝这种现象的出现，政府要积极引导，促进行业排名机制成熟。政府引导社会排名机构通过认证的方式取得资格，然后通过对高校数据库的建立进行数据分析和数据建模，对高校排名保持公正和合理性。政府还要对数据进行监督和查看，纠正其错误数据并防止其通过技术数据更改，保证数据真实有效，并为数据长期发展提供有力保障。高校教育信息的封闭性和保密性促使社会教育信息缺失，很多被改革的和合并的高校信息并未重新公布或者正式公布，造成了很多公众认知误区产生。所以，政府和社会组织要及时管理这些信息并对社会公布，承担起信息发布责任，而不是根据利益因素对这些大学进行排名发布。政府和社会机构要形成良性市场环境，对高校排名机制进行明确立法和监督管理，形成根本制度约束力和排名管理制度，这样能够加强高等教育发展力和保持力。

（六）支持相关机构在国际上扩大影响力

随着经济全球化及教育国际化时代的到来，越来越多的人选择到国外求学或就业，学习西方的先进文化和科技知识，将中西方文化融合来提升自身受教育水平。各国针对这种情况，也在不断完善自身高等教育发展体系，通过多种途径和形式成立相关质量保障组织和机构。在国际合作方面，各国也加强了高等教育质量保障与其他国家之间的交流和发展。在这种发展趋势下，许多国际性的高等教育质量保障组织也得以产生，如 INQAAHE 和 APQN 等，它们都属于非政府型组织，有力地促进了各国在高等教育质量保障方面的交流，在一定程度上推动了跨境教育的发展，其他国家和国内的相关课程学分可以转换，境外高校学历也能得到国内认可。随着 INQAAHE 和 APQN 组织的不断发展和壮大，我国的相关社会组织机构也跻身其中，并积极发挥应有的作用。目前，我国已经有四五家社会组织机构成为 INQAAHE 和 APQN 中的一员。此外，我国的高等教育质量评估方案被各国大面积采用，我国《教育规划纲要》中指出，要积极探索与各国的高等教育评估合作模式，促进我国的教学评价发展并结合我国国情和教育特色制订合适的高等教育发展模式。所以，在全球进行教育质量交流的大环境下，我国的教育质量评估机构应该汲取他国的评估优点，不断做出改进，我国要主动参与其中，将自身的发展经验与他国交流，提升国际总体教育水平。总体而言，完善我国教育质量评估部门建设可以从以下几方面着手。

1. 参考国际标准完善质量保障机构

联合国教科文组织和经合组织在《保障跨国界高等教育办学质量的指导方针》中指出："一个国家的高等教育部门及其评估和监督工作的质量，不仅对于该国的社会经济发展十分关键，而且是影响其高等教育国际地位的一个决定性因素。"[1] 综合国力的提升离不开各国教育的发展，各国之间互相学习成功经验，积极参考相关评估活动，形成独具特色的教育质量保障体系，尽可能与其他国家的高等教育实现学分转换、学位认可、质量互认，争取将我国更多高校建设成为世界一流大学，提升我国高校质量，深刻认识我国高等教育体系的不足并加以改善。

要加强我国教育评估组织机构和其他国家的合作交流，有效途径是加入如 INQAAHE（国际高等教育质量保障组织）和 APQN（亚太教育质量组织）等国

---

[1] 高等教育质量管理模式研究 [M]. 南京：江苏凤凰美术出版社，2019.

际性或区域性的高等教育质量保障组织或协会当中。但这些组织都有一定的入会标准，如 APQN 的入会标准如下。其一，机构性质：主要负责高等教育中的院校类别评审及专业评估。其二，使用目标：要加入的组织或机构有清晰明了的工作目标和使命。其三，人员构成：机构的人员构成与其目标使命高度匹配。其四，独立性：机构的相关工作开展相对独立，其结果不会受其他外界因素影响。其五，资源：该组织或机构具备充足的资源，合理安排相关工作。其六，准则及程序：在进行质量评估时，相关规则和工作程序应该透明、公开，标注好评估过程中各部分工作的负责人。其七，质量监督：评估机构具有较强专业性，并对自身开展常态化评估。以上标准包括性质、准则、标准、规范、程序等各个方面，深刻表现出质量保障组织或机构应该具备的公平、独立和专业性。假如我国有相关组织或机构期望入会，则需要以此为标准，对照自身实际情况，不断改善自身的相关问题和不足，加强自身体系建设，塑造自身的公平性、独立性和专业性，逐渐获得国际地位。

2. 积极参加国际性活动

作为民间机构性质的国际性、非政府、非营利组织，教育质量组织主要是通过吸引广大组织机构成为其会员，开展交流合作，共同促进，从而实现互利共赢，如 INQAAHE，此协会的主要目标包括：大范围搜集相关教育质量保障的信息，包括理论和实践等多个方面；大力推广各国的有效经验；为所有质量保障组织或机构提供充足的经验和参考；加强各个组织机构之间的联系，促进交流合作；引导各会员制订跨境教育及国际学历互认的标准和规范；促进跨境教育，协助会员进行学分转换等相关工作开展；定期对各会员进行资格审核和认定。在此目标使命的指导下，INQAAHE 的工作内容涵盖了诸多方面，不仅要积极吸纳新会员，向各会员收发相关文件报告，定期出版相关刊物资料，还要定期召开相关教育评估研讨会、培训班等活动，采取符合国际的标准严格把控各会员的入会资质，促进经济发展较落后地区的高等教育质量，保障相关工作的顺利开展，给予相关地区和组织经济补贴、政策支持，通过多种渠道促进当地教育质量保障体系的发展，如 GIQAC 计划。

近年来，经合组织和欧盟大力推行"高等教育学习成果评估"（AHELO）、"培育优质教学"（FQT）和"多维度全球大学排行"（U-Multirank）等国际评估项目，分别从学生、教师和高校三个层面对高等教育质量进行全面评价。为深刻落实我国《教育规划纲要》中提出的"探索与国际高水平教育评价机构合作""加强与联合国教科文组织等国际性组织的合作，积极参与全球性、区域性教育合作""搭建高水平国际教育交流合作与政策对话平台""积极参与和推动国际组织教育政策、规则、标准的研究和制订"等要求，我们需要回顾以往的高等教育发展历程，对曾面临的问题以及解决、防范方法进行归纳整理，作为参考帮助其他国家教育解决问题、完善教育体系等，应当积极参与国际教育评估标准建设活动，展示中国方案，主动承担责任。只有发挥自身的主动性，在国际教育领域作出贡献，才能不断提升在国际社会中的地位，进而增加国际话语权，在国际舞台扮演更重要的角色。

我国高校种类繁多，欧盟和经合组织等国际性组织也积极吸引我国加入其中。因此，我国更要将相关活动组织好、开展好。在争取教育质量利益最大化的同时，要积极参与到与经合组织等的交流合作中，实现合作之下的灵活应对。我国相关评估机构可以在教育部门的坚强领导下，以国家评估机构的方式成为"高等教育机构管理"（IMHE）计划会员，牵头 AHELO、FQT 等项目实施，从宏观上加强指导、统筹协调。我国积极参加国际性组织，目的不仅是要借鉴国外的先进理论和评估技术、以国际标准衡量我国高等教育质量如何，更要通过取长补短、积极作为，不断壮大自身建设，争取在国际性相关标准制订中掌握一定的话语权，在国际舞台上扩大对中国高校优秀品质的宣传。

以"学习心、开放态"参与国际项目，以开放促改革，才能真正实现"为我所用，以外促内"的目的。在实际工作中，我国只参与了少数的国际性高等教育相关评价活动，在一定程度上存在"一叶障目，不见泰山"的问题。在国际组织形成的早期，我国没有竞争能力，随着国家日益强大，相关政策和进入准则不断完备，我国已经努力发展并达到进入国际组织的标准条件。标准包括：机构的运作和性质、使命和目标、人员结构、独立性、资源、质量保证准则和程序、自我质量保障。进入准则实际上就是组织机构的发展模式、特点和管理方式。首先，教育质量评估机构需要适应国情和国际发展的要求，具有兼容性和吸收性才能运作成功。其次，要有符合社会发展要求的发展目标以及核心目标，这样才能指导评估机构沿着正确轨道持续发展。再次，需要让工作经验丰富和工作能力优秀的工作人员参与其中，充分利用数据资源作为发展基础，通过独立运转形成自己的公信力和行业准则，创造良好的行业声誉。最后，能够认真对待行业发展和评估体系发展，通过强烈的社会责任意识，形成自我发展约束力，使评估机构良性发展。只有达到国际组织机构的准入条件后，才能进入审批流程从而加入国际组织，在其中创新发展，在贡献中国力量的同时持续输出我国教育软实力，提升国际影响力。

第六章 高等教育教学实践体系

高校的教学管理工作是学校管理工作中最重要的一部分，其他的管理都是为搞好教学管理服务的，学校教学管理的质量如何，决定着学校办学的兴衰。本章为高等教育教学实践体系，主要从高等教育教学计划管理、高等教育教学运行管理、高等教育教学管理制度三个方面展开研究。

第一节 高等教育教学计划管理

教学计划是关于教学的整体设计方案，包含人才培养的目标、标准、方法和过程等内容，是教学质量的基础保障，也是教师开展具体教学的基本依据。在设计教学计划过程中，需重点关注如下几点，培养目标的准确性、实现目标的有效性、课程设置的应用性、培养过程的实践性、培养途径实行产学结合的开放性、学生学习发展的主体性以及培养计划具体实施的操作性。此外，还需坚持根据党的教育方针和三个面向思想，结合本校和专业的建设情况与特点，制订特色鲜明的专业培养目标。

一、高校制订教学计划的基本原则

（一）主动适应经济社会发展需要

积极调查以全面了解社会对人才的需求情况，并重点关注和分析社会经济发展过程中呈现出的新形势和新特征。同时，尤其要重视社会主义市场经济未来发展趋势，以及各个专业的技术发展趋势，与时俱进地进行教学设计。

（二）坚持德、智、体、美等方面全面发展

始终坚持党的教育方针，树立现代教育观念，协调知识传授、能力培养和素

质提升的关系，以立德树人为重心，促进学生全面发展，培养其综合素质，从而全面优化教学，达成预定的培养目标。

（三）突出应用性、针对性和超前性

不同学院和专业在设计教学计划时应以提高学生技术应用能力为主。基础理论教学要落脚于知识的实践应用，增强学生对知识的理解和应用能力。专业课教学要结合技术发展与社会需求，引入专业前沿知识和技术，强调针对性和实用性，培养学生的社会适应能力，以及终身学习能力、可持续发展能力。

（四）培养实践能力

坚持理论知识与实践应用相结合，将教学的出发点和落脚点放到学生的能力培养上来。应该适当增加实践教学的占比并丰富其形式和内容，如采取实验、实习和实训等，适当缩减理论课上的演示和验证性实验占比，并专门开设实训课程，重点提升和培养学生可用于现实工作的基本技能和基本能力。

（五）贯彻产学结合思想

结合产业需求，加强与企业之间的合作，坚持产学结合理念。高校要积极拓展校企合作的渠道，在教学计划的设计和实施过程中，教师要与企事业工作人员充分探讨，按照教学规律和企事业生产和服务的实际需求、特点设计教学环节。

二、高校教学计划的构成与时间安排

教学计划的主要内容包括：专业的具体培养目标；人才培养规格要求和学生知识、能力、素质结构；修业年限；课程设置、教学环节及学时分配；教学进程表以及必要的说明等。

教学分为理论教学和实践教学。理论教学包括课堂讲授、课堂讨论、习题课等教学环节；实践教学包括实验、实习、实训、课程设计、毕业设计（论文）等教学环节。

三、高校制订教学计划的一般程序

首先，理解领会上级的教育教学指导文件与会议精神。

其次，全面充分地调查社会发展对人才的需求。

再次，讨论、明确各个专业的人才培养目标和基本规格。

从次，对学生知识、能力和素质结构进行合理设计。

然后，教务处明确本校制订教学计划的意见和要求，由系（部）制订教学计划方案，经校（院）教学工作（学术）委员会审议、主管校（院）长审核签字后下发执行。

最后，切实实施教学计划。教学计划作为教师教学的参考，是相对稳定的，但是教师也要结合社会发展形势的变动，以及教学过程中的反馈，及时合理地改正和优化教学计划。教学计划的调整修订或相应实施性教学计划的制订，由有关系（部）在开学前两个月提出，经教务处审查、主管校（院）长批准后执行。

四、高校教学计划的实施

在学校教学管理中，执行教学计划是至关重要的工作内容，只有在认真执行教学计划的基础上，高校方可完成教学任务、保证良好的教学秩序以及人才培养质量。在高校教学管理体系中，教务处是关键性机构，应认真履职，充分发挥自身作用，尤其要组织、监督和推动教学计划的执行。

首先，教务处需要合理安排每个学期的教学进度，并形成计划，立足宏观视角指导各个教学环节，并形成科学建议，合理配置和使用各个教学资源如教师、教具、教室、实验室等，并明确考核方式等。

其次，系（部）应当依照教务处的教学总计划和指导，明确本专业的学期教学计划，并上交教务处审核，交给主管教学的副校（院）长审批并执行。

最后，任何教师与管理者不可随意更改教学计划中的各项内容如学时、考核方式等。如果需要调整，必须经过严格的审批程序。

第二节　高等教育教学运行管理

一、高校课堂教学的组织管理

教学任务最终要通过课堂教学的形式来完成，因而必须做好课堂教学的安排和管理，其主要工作内容如下。

首先，精心挑选任课教师，他必须具有合格的学术水平，富有责任心，最好拥有充足的教学经验。若是教师缺乏实践经验或者担任新课教学，必须组织教师参与培训，并安排老教师听、评其试讲课，帮助其提升教学实践能力。

其次，组织课前教学研讨会议，安排课程教师共同分析、探讨课程大纲，开发本校的教科书，或者选用满足课程大纲要求和特征的教材等。

再次，教师需精心备课。对本校的教学计划和大纲进行深入分析和熟练掌握，按照教学任务书，设计本课的学期性授课计划和教学进度计划，并编写教案。学期性授课计划需充分考虑到各种教学形式和各个教学活动、环节，如讲授、实验、实习（实训）、习题课、课外作业、复习和考核等，理清它们的主次关系，抓住重点，同时科学合理地安排教学进度。

然后，教师需认真策划和实施课堂教学活动。在教学中，要坚持因材施教、循序渐进理念，创新教学模式，使用现代教学方法，如启发式教学、合作式教学、探索式教学等，在传授专业知识、技能的过程中，融入对学生创新创业精神、综合素质、思想政治素质的培育，实现知识传授、智力开发、能力培养的融合。

从次，定期安排教师参与教学研究活动，使其成为常态化活动。以物质奖励和精神奖励相结合的方法，奖励那些能够创新教学方法，使得教学效果显著，有效发展学生创新素养且表现突出的教师。

最后，大力普及现代教育技术，如计算机辅助教学、多媒体教学技术、虚拟技术等，提升课堂教学实际成效。

二、高校实践性教学的组织管理

实践性教学形式多样，含有实验、实习、实训、课程设计、综合练习、社会调查和毕业设计（论文）等。教师需认真按照教学计划要求精心设计、合理实施实践性教学。

首先，与时俱进地革新实践教学内容，添加综合性、设计性、应用性强的实践项目，尤其要重点组织和管理现场模拟教学，侧重于对学生基本技能和应用能力的训练。同时，学校也要对实践教学及其考核作出明确规范，从而确保实践教学获得良好成效。高校应积极建设一个可靠且稳定的校内外实习（实训）基地，持续完善产学结合机制。

其次,系(部)要根据本校的教学资源和社会实际合理设计实习(实训)教学计划,并交由上级领导批准后认真实施。其内容应当包括实习的性质、目的与任务;实习的任务、方式、实施场所以及时间安排;学生分组的情况以及指导教师的分配安排;实习成绩的评估和考核方式;以及组织和保障。

再次,以教学计划与大纲为基础,结合社会经济发展现实情况,以提升学生的观察、分析、解决实际问题的能力为出发点,进行课程设计、综合练习、社会调查的选题。安排专门的教师负责这一工作,并将设计成果上交教研室审核后,报系主任批准。

从次,作为实践性教学的重要环节,毕业设计(论文)的选题时应该突出针对性、应用性和实际操作性,由系(部)确定并上交教务处审核,以及主管领导批准。

然后,高校要选择聘请理论与专业实践经验兼优的实习指导教师或工程技术人员,对学生的实践活动进行指导。导师需遵循教学大纲的规定,精心筹划,细致指导,重点培养学生的基本技能、技术应用能力、创业精神和创新意识。

最后,指导教师需对学生提交的调查报告或设计成果进行及时、认真的批改,并结合学生在实践教学过程中的具体表现,对成绩作出合理、客观、准确的评定,并给予评语。通常情况下,实践教学活动都会独立设置,并且单独考核。

三、高校考核管理

根据教学计划要求设置的所有课程必须安排学生考核,以评估教学效果。在设计考核题目时,需要参考教学大纲,并适当更新考核的内容和方式,将重点放在对学生基本理论、知识和技能的掌握情况和实际应用能力的考察上。高校可以建立试题库或试卷库,将教学和考试相互分离,避免考核不够全面和客观。必须确立严格的考试规章制度,狠抓考风考纪,仔细策划考务工作,按照规定妥善惩处考试作弊者。评卷教师必须保持认真、公正以及客观的态度。考核的指导、组织和检查工作由教务处承担。

四、高校日常教学管理

高校应全面掌握各个学院内各个专业的教学计划,基于此设计相应的学期教学进程表、总课表和考试安排表，为教学工作的有序进行提供保障，还应建立管理制度和检查办法，记录并监督上述表格的实施情况。系（部）和教务处应当与教学督导员、辅导员、任课教师等保持经常性沟通，了解教学进度，强化教学督导和管理，以严格的审批流程避免上述表格的随意和不合理变更，并快速、科学地解决日常教学中的问题或事故。

五、高校学籍管理

此管理涵盖以下方面：审核学生的入学资格，注册和管理其学籍，管理学生在校学习情况、检查考核其毕业资格。高校需按照教育主管部门的相关政策要求，制定本校的学籍管理规章制度，建立并完善学籍档案，以保证资料的及时、完整、准确、规范。必须实施制定和严格的学期注册制度，以保障学校注册制度的严谨性，并不断研究和尝试改革学年制、学分制等方法，优化教育质量。

六、高校教学资源管理

高校应当合理配置各类教育设施、教学设备和图书资料，并加强对这些教学资源的规划建设和管理，同时围绕此建立完善的规章制度。提升已有教学设施和设备的利用率，确保满足教学需求，将校内教学资源的效益发挥到最大。同时应该大力挖掘、利用校外的社会教育资源，利用政策优势和企业、行业资源等，建设校外实习和实训基地。结合实际教学的需求，对教室进行合理改造，建设必要的多功能教室。

七、高校教学档案管理

学校应建立健全教学档案管理制度。教学档案实行分级管理，教务处和系（部）应安排专人负责，按年度分类管理、编目造册及归档；积极推行档案管理现代化建设，建立档案查阅制度，充分发挥教学档案的作用。教学档案的范围包括：

第一，上级教育主管部门下达的政策性、指导性教学文件及有关规定。

第二，学校制定的各项教学文件和教学规章制度。

第三，教学基本建设的各种规划和计划、师资培训计划和实施情况、教育资源（含教学设施及仪器设备等）统计材料。

第四，学校、系（部）和教研室的学期（或学年）教学工作计划和总结。

第五，校历、教学进程表、考试安排表、教师任课通知书及课程表、学期授课计划、课程教学总结、实验、实习（实训）计划及总结等。

第六，课程设计任务书、毕业设计（论文）任务书、优秀毕业设计（论文）。

第七，学生花名册、学生注册统计、新生复查情况、学籍变动情况、学生学业成绩、学生成绩统计分析、毕业生质量跟踪调查、毕业资格审核等材料。

第八，教学研究计划、行业（或区域）经济教育调研报告与资料、教学改革实施方案及总结、典型经验材料和教学研究刊物、学报、简报等。

第九，使用教材目录、自编教材（或讲义）、教学参考资料、参加全国或全省编教材的印本、实验（实习）指导书、习题集、试题库（试卷库）、试卷分析以及各种声像资料等。

第十，教师业务档案，包括教师基本情况登记表、教案及教学工作小结、教师考核资料、教学工作和工作量统计表、论文论著及成果、进修（培训）登记及考核材料等。

第十一，教学检查统计分析材料、教学工作评价（估）材料、教学工作量统计分析材料、教学工作会议纪要、教学管理成果及各种奖惩材料等。

第十二，其他有必要立档的教学文件和资料。

第三节　高等教育教学管理制度

现代教学管理不能光靠经验管理，必须根据教学规律和管理制度进行。教学过程是一个完整的流程，教学管理对教学过程的任何环节都不能忽视，凡是教学活动都要进行管理。教学管理与教学活动是密切联系在一起的，二者相伴发生。

教学活动的成效依赖于教学管理的力度，教学管理的成效又依赖于管理制度的执行。

一、高校制定教学管理制度的必要性

教学管理是对教学过程的管理，但教学管理本身也是一个过程，即教学管理

过程，也就是指教学工作。教学过程管理的流程，本质就是使教学工作的各环节有机地衔接、配合、协调，提高教学质量。提高教学质量是教学管理的终极目的和最高目标，但作为一个管理过程，为教学管理工作提出符合学校实际情况的阶段性管理目标并实施，更有利于提高教学管理的效率和本身的质量，更有利于保证教学管理总目标的实现。因此，实现教学管理总目标，必须制订教学管理制度。制订教学管理制度的必要性主要表现在以下几个方面：

第一，有助于建立正常的教学工作秩序。学校教学工作是一个多因素、多层次、多系列、多结构的复杂综合体。要高效、高质量地完成教学任务、实现教学目标，就必须建立一整套教学管理制度，使教学工作有规可循。只有如此，才能建立稳定的教学秩序，保证教学工作正常运行，使教学工作成绩显著。

第二，有助于调动师生的积极性、主动性。一所学校要建立符合教育工作规律、符合现代管理原理的教学管理制度，使每一个师生都知道应该做什么、不应该做什么，应该怎样做、不应该怎样做，以及自己的主要职责是什么，这样就可以明确责任，调动教师和学生教与学的积极性、主动性和创造性，把教学工作最优化地组织起来。

第三，有助于实现教学管理的科学化、规范化。制订教学管理制度意味着对学校教学工作的全过程予以规范，要遵循高等教育人才培养模式的基本原则和客观规律。需要通过教学管理制度的持续健全和优化，促进教学管理工作的不断改进，以及教学管理水平的提升。同时，构建和健全教学运行机制，塑造独特的教学特色，以提高教学质量。

二、高校制定管理制度遵循的原则

规章制度的建设是高校管理的一个组成部分，师生员工都必须遵守，由学校行政约束力来保证其实施。规章制度规定了学校事务参与者的权利、义务以及违反规章应给予的处罚，以达到维护学校正常秩序的目的。高校规章制度的制定要遵循以下一些原则：

第一，权威性。一是要有合法的依据，以国家的有关法规，特别是国家教育基本法规为指导，不可与之违背。二是要有合理的程序，应区分各种不同的规章制度，合理分配学校管理制度相关权限，明确制订者、批准者和颁布者。

第二，科学性。高校规章制度的制订，应当考虑高校的办学、教学和管理的科学规律，坚持现代教育理念。如遵循学生身心发展规律、教师在教学科研方面的工作特点等。

第三，可行性。必须坚持实事求是的原则，从客观实际出发，制订的规章制度要切实可行，行之有效，切忌生搬硬套、脱离实际和形式主义。

第四，民主性。尽管规章制度必然具有或多或少的强制性、约束性，但只有学生和教师认可、接纳的规章制度才能够有效实施。任何学校规章制度的修订都应力求得到广大师生员工的理解、参与和支持。因此在规章制度的制订过程中，要注意广泛听取师生员工的意见；对制订好的规章制度，除公布于众外，还应注意必要的宣传，使得校内人人皆知，以促使规章制度中对师生员工的要求成为大家的自觉行为。

第五，严肃性。制订规章制度要慎重认真，切忌草率从事。制度一经公布，就应严格执行。并且，高校需妥善平衡规章制度的连续性、稳定性与适时性、变通性。不能一味固守成规、机械地照章办事，要灵活地根据教育实际情况更改和废除不适合实际的、效果不明显的规章制度。同时，要避免随意更改，以免破坏其稳定性和连续性，关注正在实行的规章制度的时效性，不可随意废止仍然有效的规章制度。订立新的规章制度和更改原有规章制度时要注意吸取和保留原有规章制度中合理的成分。

第六，准确性。规章制度的内容要具体明确，切忌抽象含糊；条文要简明扼要，切忌繁杂冗赘；遣词用语上要力求准确无误，把握好分寸，无歧义，避免模棱两可和任何可能的偏差；逻辑上要严密、统一，尽可能无懈可击，绝不能自相矛盾。

要提高教学管理的效率和质量，建立健全一整套科学的、行之有效的教学管理制度是关键性的基础工作。教学管理制度就是一种教学规矩，就是指在学校教学管理过程中制订的教学行为规范和准则。只有严格执行教学管理制度，才能使教学工作标准化、制度化、程序化，同时也有利于增强管理者科学管理和依法管理的意识。

三、高校教学管理制度的主要内容

教学管理制度主要包括教学计划管理、教学运行管理、理论教学管理、实践教学管理、师资队伍管理和学业成绩管理等内容。

第一，教学计划及运行管理制度。此项制度主要包括教学计划、课程教学基本要求、学期进程计划、校历、课程表、教材、教学督导与检查、教学评价、教学档案等。

第二，理论教学管理制度。主要包括学期授课计划、备课、上课、辅导及作业批改、停课、调课、代课、考试等管理制度。

第三，实践教学管理制度。主要包括实验、实训、职业实践、毕业设计、答辩等管理制度。

第四，师资队伍管理制度。主要包括教师进修、"双师型"教师培养、教师业务档案等管理制度。

第五，学业成绩管理制度。主要包括理论教学考核、实践教学考核、学籍管理等管理制度。

四、高校教学管理规章制度的实施与监督

（一）高校教学管理规章制度的实施

高校教学管理制度的实施必须加强宣传。教学管理规章制度颁布后，需要采取多种途径进行广泛宣传，甚至可以组织师生开展专题研讨活动，以确保所有教职员工和学生都对其有充分的了解。学校和管理者在管理过程中，需以教学管理规章制度为依据，在自身的权责范围内进行。为有效执行教学管理的规章制度，学校需对其执行的部门作出清晰规定，并要求这些部门在执行过程中严格遵守实事求是和公平公正的原则，照章办事，合理惩处违反规章制度的行为。若是做不到上述要求，就算是再完善的教学管理规章制度，也无法发挥实际作用，无法做到规范化管理。

（二）高校教学管理规章制度的监督

为确保教学管理规章制度得到有效执行，高校需安排专门的监察部门以及其他相关部门监督其执行情况，坚持奖惩分明的原则，对那些遵守规定的杰出代表进行表扬，对触犯规章者进行批评、惩处。教学规章制度要接受教职工和学生的监督，可以由个人或职代会、学代会及其他群众团体开展该项工作。

第七章　高等教育教学实践创新

本章为高等教育教学实践创新，依次介绍了高等教育教学创新的思路、高等教育教学方法创新、高等教育教学模式创新、高等教育教学文化创新四个方面的内容。

第一节　高等教育教学创新的思路

一、更新教学理念

高等教育工作者要更新教育理念，坚持理论联系实际的观念，突出实践在教育中的重要性。只有通过系统的、具体的实践活动，高等教育所教授的种种理论知识才能够被学生真正理解、融会贯通、巩固消化并提升升华。我们要将科学教育与人文教育融合在实际教学中，坚持实践育人，注重对学生的实践能力和创新思维的培养，发展他们的科技素养和人文素养，以满足社会对人才的实际需求。高校应该构建创新创业的激励机制，形成鼓励创新创业、鼓励实践的校园文化，引导学生积极参与各类实践活动，尤其是创业创新实践活动，为其创造多样化的实践活动机会，推动全面的实践教育。

建立以人为本、以学生为中心的教学理念。我们应该充分认识和突出学生在教学过程中的主体地位，深入开发学生的潜力，完善其人格，促进其全面发展，要有机结合他们的个人发展意愿、社会发展需求和学校引导，以促进他们在德智体美劳等方面的素质，实现全面、均衡的发展，进而推动学生实现成长与成功。高校应将以人为本、以学生为中心的教学理念融入教学的全过程和各个方面。需创新教学模式，改变传统僵化的，将学生置于被动位置的，完全由教师控制的教学模式，采用弹性教学计划，构建并不断完善学分制和主辅修制等，增加学生学习的自主权，给予其自行安排学习的空间，培养其自主学习的能力，重点培养其创新和实践能力。需坚持"一切为了学生，为了学生的一切，为了一切学生"的教学目的。需积极采取师生双向互动式教学方法，使用项目式、情境式、探索式等多样化教学方法，引导学生在互动和探索中学会知识和技能，推动教师角色转变，从以往的知识灌输者转变为学生学习的引导者、教学研究者，推动学生的主动研究式学习。

高校需采取多样化的教学组织形式，推动传统教学方式向更灵活的方向发展，注重学生的个性化培养，激发学生学习的兴趣和热情，引导他们在探索研究的过程中掌握学习方法，培养其自主学习的能力，强调素质教育，将课堂教学的重心从传授知识调整到培养学生学习能力和综合素质上。将教学的中心从教师、课堂、书本转移到学生学习上，推动师生全面深入互动，倡导专题讨论式教学，引导学生自主探究与合作学习，以此开发和强化其批判性思维和探索精神。大力创新教学的各个要素，并根据学生之间的差异和学习特点进行个性化教学，增进师生关系，使之通过与教师的日常交流，潜移默化地完善人格。教学过程中引导学生参与实践，通过提供实践场所、学分激励、导师带徒等方式，激发学生的动手实践兴趣，使之学到新知识，并提升分析和解决问题的实践能力，以及交流与合作能力，进一步提高教学效果。

以政策的方式促进高等教育资源的均衡配置。需要公平公正地分配教育资源，使得不同类型、规模、级别的大学都能受益。不仅要着重支持"985 工程"和"211 工程"重点大学的建设和发展，我们还要加强对一般大学的支持，给予其足够的资源，改善其教育环境和办学条件。此外，需要针对当前高等教育区域性发展失衡越发严重的问题，采取合理的区域性高等教育支持政策，以促进各地区教育资源的均衡分配，从而加强区域高等教育的发展动力。对高等教育学科专业布局进行科学设置，不断创新教学内容和课程体系。高校应当根据社会需求，合理调整课程体系，不断更新办学理念、专业布局及教学模式，从而培养出社会发展与民族复兴需要的有用人才。第一，为了完善学科专业建设和完善人才培养体系，高校应遵循"夯实基础"的原则，以构建不同专业人才的基础知识、能力和素质结构以及培养体系。第二，要按照"宽口径"原则优化学科专业布局，适当扩大教学内容中专业知识的范围，促进专业设置逐渐从对口性转变为适应性，开展宽口径的专业教育，进一步调整和完善课程整体结构，采取跨学科课程培养方式，实施弹性化教学，以提高教学质量，促进学生的综合素质提升和全面发展，培养出社会需要的复合型优质人才。第三，高校应该充分发挥自身的特色，明确自己的定位并采取差异化办学策略，重点发展优势学科，兼顾一般学科，对教育资源进行合理配置，推动教育公平，促进高等教育的科学发展。

坚持个性化教学理念，坚持以人为本。个性化教学理念，指的是按照学生差异化的个性特点，采用针对性的教育方式和方法，制订出适合他们的个性化教学计划。要实现教育公平并非必须给予所有学生相同的教育，而是要给予每个学生最合适的教育，因此我们要坚持教育公平中的"适应性"原则。高校教育教学需要深刻理解学生在教育中的主体地位，他们是独立发展的个体，有其与众不同的个性。我们应当以学生为中心，根据学生学习的实际情况、客观规律和个性特点，科学合理地设计和选择教学目标、教学模式、教学内容和教学方法等，突出其主体性，开发他们的潜能，促进他们全面发展和健康成长，推动他们的个性发展和人格完善，在此基础上，努力实现教育公平。

建立高等教育教学质量保障机制。人们的全面发展以及经济社会的发展，深受高等教育教学质量的影响。首先，应当以相关政策法规为基础，构建高等教育教学质量保障机制，对学科专业建设做出合理规范，避免不必要的冗余建设，减少教育资源浪费；其次，应当积极建设具备独立性和权威性的高等教育教学质量评估机构，强化高等教育教学质量监督主体建设；最后，应当不断健全和优化高等教育教学评估制度，借助社会监督力量，确保高等教育教学质量合格。

总的来说，我们应当始终遵循科学发展观要求，在理念和实践上不断探索和创新高等教育教学，合理调整高等教育结构，提升高等教育教学水平，以促进人的全面发展，达到高等教育公平的目标。

二、办学特色

（一）办学特色的内涵

教育部在《普通高等教育本科教学工作水平评估方案》中明确了办学特色的定义以及内涵，"特色是指在长期办学过程中积淀形成的，本校特有的，优于其他学校的独特创新风貌。办学特色应当对于优化人才培养过程，提高教学质量有显著作用。办学特色有一定稳定性并在社会上有一定影响、得到公认。办学特色可体现在不同方面：如治学方略、办学观念、办学思路；科学先进的教学管理制度、运行机制；教育模式、人才特点；课程体系、教学方法以及解决教改中的重点问题等。"[1] 高校办学特色就是一所大学在长期办学过程中形成的本校特有的和已经被社会认可了的在某些学科领域方面优于其他学校的独特创新风貌和具有可持续性的发展方式，具有稳定性、认同性、创新性、独特性和标志性。高校办学特色的内容主要包括学科特色、科研特色、人才培养特色、校园文化特色四个方面。

《关于进一步升级高等教育本科教学工作的看法》中指出，我们的高等教育必须致力于大量培养全面发展的高素质专业人才，同时也要重点关注培养一批杰出的创新人才，高度重视人才培养质量的重要性。高校的办学特色是确保其质量的关键要素之一，也是打造学校教育品牌和名校形象的重要途径。高校应该注重突出办学特色，并通过打造优势专业来提升整体办学水平，提高高等教育的质量。

（二）办学特色的形成

首先，创新教育教学。每所具有特色的高校都有本校独特的教学理念和教育教学，它们可以在特定的时期和形势下为高校的办学思想和理念的发展提供指引，同时也能够满足时代和社会发展对教育和人才培养的要求，并满足教育创新与社会发展的普遍规律，促进高校教育创新，可以优化教育发展方向，促进学生的全面发展及人才培养过程的优化。同教育教学的创新随之而来的是教育思想的改变，进而推动先进的办学思想得到实际应用，如重新确定新的办学目标、明确新的办学模式标准，以及相应的实现方法和途径、对办学实践效果的综合评价。

其次，学科特色建设。高校办学特色的形成离不开学科特色建设。高校具备的三个基本职能为培养人才、科学研究和服务社会，上述职能的发挥主要依靠学科建设。其实际情况直接关系着高校的人才培养质量、科学研究成果、师资队伍建设以及专业建设情况，凸显着高校的办学特色，并且对学校的办学水平和层次的提高有着直接的决定性作用。高校的学科特色是办学特色的典型代表，是其核

---

[1] 张金辉. 大学章程的功能及其实现 [M]. 石家庄：河北人民出版社，2013：94.

心竞争力的重要因素。其主要包含两层含义，即特色学科和学科结构体系特色，前者是指某一特定的学科特色，是学科特色发展的基础；后者是指几个特色学科共同组成的学科特色，是学科特色的扩展壮大的条件。高校要想形成办学特色必须加强学科建设，此过程中要注意不可过分地追求"大""全""新"，而应该注重"精""尖"，结合本校内外部的各项要素和环境发展优势学科，利用其"品牌"效应才能逐渐形成办学特色。当下的一流大学往往先在少数学科领域取得突破性进展，进而整体办学水平逐渐提升，不可能同时在所有领域都达到世界一流水平。学校应当把建设重点放在最杰出的学科上，将其发展为强势优秀学科，以此带动其他学科发展。因此，在某种程度上，一所大学的学科优势就代表了这所大学的办学特色。

最后，弘扬大学精神。大学的"大"在于学术自由和思想自由；在于通过教育使完善人格，提高品格和道德水平；独立于政治权力之外，追求学术真理。所谓"大学精神"，是大学学术研究的一种心理状态和文化立场。每所大学都有自己独特的大学精神，这是本校的全体师生在办学发展过程中共同创造、传承和发展的一种精神理念。其被本校所有成员所认可，并能够代表本校的历史文化传统和当前的面貌状态，准确表达了本校的精神信念和意志品质，集中体现了本校的独特气质，是本校全体成员的精神支柱。大学精神之于大学就像品格之于个人，是对大学价值取向与追求和行为准则的高度抽象表达，是大学存在和发展的基础，也是大学的灵魂和本质。大学精神是大学永葆青春与活力的源泉，是在大学长期教育实践中形成的文化精华和精神象征。它是对大学所有成员的心理定式和精神状态的反映，是对大学的整体风格、水平、凝聚力、感召力和生命力的反映，进一步升华为独特的办学特色。

三、推进师资队伍建设

（一）优化高校师资队伍结构

高校师资队伍结构包含多个方面，如教师的学历、职称和年龄等，能够大致反映教师团队的质量、技能以及学术水平等。我国十分重视高校教师队伍建设，已经实行了多个针对性建设工程，如"高层次创造性人才工程"，但是整体来看，高校教师队伍的结构仍需进一步优化。尽管当下很多高校在教师招聘上提高了要求，要求其学历最低为研究生，将本科生拒之门外，然而，依然存在着明显的教师学历总体较低和高学历人才分布失衡的问题。从当下高校的教师职称和年龄结构来看，都存在中青年学术骨干和拔尖人才等高水平人才不足的情况。所以，高校应重点引进和培育骨干教师和学科优秀带头人，重点建设高层次带头人队伍。在政策上向高职称、高水平的优秀人才以及紧缺专业人才倾斜，优化高校师资队伍的职称结构。要采取行之有效的措施，来招募高学历人才，优化师资队伍的学历结构。坚持内部培育和外部引进双管齐下，有效汇集、整合教育师资人才与资源，从而不断优化高校教师的综合知识结构，进而促进高校师资队伍结构的协调发展。

（二）提高高校教师综合素质

高等教育的不断发展对高校教师提出了更高水平的要求，要求他们具备先进的教育理念、科学的知识结构、现代化的教学能力，具备良好的信息素养、信息化教学技术、教学和科研创新的精神和能力、理论和实践相结合的能力、将知识转化能力，以及沟通和社交能力。因此，我们需要积极适应上述要求，建立既具备较强的学术能力，又具备较高的综合素质的教师队伍，这是我国高等教育教师团队建设的长期任务和挑战。高校要以师德建设为关键和首要内容，它是教师素质培养的基础，是师资队伍建设的核心，必须强化师德建设，才能真正贯彻党的教育方针政策，才能培养社会需要的合格人才与社会主义建设者和接班人。高校师资队伍的建设应以人为本，引导和支持教师不断革新自己的教育教学思想，坚持终身学习，不断自我提升、自我发展，培养符合现代教育教学要求的、不断自我发展的高素质教师队伍。

高校开展师资队伍建设，需采取一系列措施提升教师综合素质，尤其是教学素质。教学是高校的核心职能和核心任务，教师是教学过程的组织者和实施者，教师的教学素质直接决定着高校的教育质量以及人才培养质量。以往的高校师资队伍建设往往侧重于教师的学历层次和学术水平，没有对教师的教学能力、教学水平给予充分重视，我们要改变传统思想，专业学术能力与教学能力并重。高校应当积极培养和重点考察教师的教育教学理论、方法的掌握情况，通过试课了解其教学实践能力，并鼓励教师自觉自主地提升自身教学能力；关注其科研能力，引导其参与科研工作，将教师的科研创新、科研成果与评优等挂钩，并创造良好的科研条件；重点发展和提升高校教师科研能力、学术水平和教师职业化水平，大力开展重点学科带头人、学术带头人、学术骨干队伍建设，将教师培养与优势学科建设结合，优先培养某一学科的优秀师资，带动其他学科的师资培养，积极打造学术大师和教学大师，努力提升高校教师的整体素养水平。

综合来看，高校务必重视高校师资队伍结构与整体素质水平，立足整体视角，以多样化的途径和措施，提升其教育教学能力、专业学术水平，并且培养其科学研究能力和科学文化素养，确保教师具备先进的教学和科研方法，具备与时俱进、开拓创新的精神和高尚师德，以高素质师资队伍，提高高校教育教学质量和水平，推动高等教育教学的创新。

四、创新课程体系及教学内容

（一）课程体系创新

高校需以市场为导向、以学生全面发展为目标，调整和创新专业课程体系，坚持因材施教、个性化教学、层次化教学方法，采取分类别培养方式，并且采取多种人才培养模式，如主辅修、双学位、定向培养、校企合作、中外合作等，适应当下社会人才需求多元化趋势、学生差异化特点与个人发展需求多样化趋势，整体上提升高校人才培养质量。通过重新组织课程结构，改善课程体系，摒弃单一课程结构类型，破除以分科课程、国家（或地方）课程和必修课程为主的模式，以达到更好的课程结构设计。在提升学生基础素质、专业能力的基础上，适当增加综合课程、必修课程和选修课程占比，为学生个性发展提供空间，强调"本科规格＋实践技能"的人才培养体系特征。坚持将理论和实践、人文教育和专业课程教学、课内和课外、校内和校外相结合，打造与学生发展规律和需求相适应的课程体系，重点培养文化素质和创新素质，提高基本技能、通用技能、专业技能和综合技能。

高校应当坚持专通结合，夯实专业课程教育的基础，进一步将思政教育、科学人文知识教育、创新创业教育、德育等通识性知识融入其中，建立一个综合、全面、立体的基础教育体系。应当积极建立全面、系统的实践体系，建设涵盖专业实验、实习、设计、毕业论文、德育实践、科技文化实践以及创新实践等各种形式的公共实践平台，还需大力建设实践能力的考核评估制度，科学合理地考核实践教学质量以及学生的综合实践能力。应当重点建设"创新课程"，综合心理学、社会学、经济学、文化学、政治学和生态学等各个学科领域，形成更加全面和包容的创新教育理论基础。创新不仅仅是指发明新的产品、提出新的理论、开发新的技术等，还包括对已有成果的重新认识、重新组合和设计应用。创新课程不同于一般课程，以实践探究为主要方式，强调让学生独立地研究性学习、设计性学习、体验性学习、实践性学习、反思性学习和生活性学习，而非将创新当成某个学科，单纯传授一套如何创新的知识、方法和策略。教师需要引导学生关注身边生活和社会话题，从中自主选择研究课题，独立思考，探究开放性、社会性、综合性、实践性问题，在探究过程中找到适合自己的学习方式，提高创新能力、实践能力。创新课程不是某个专门开设的课程，而是一种课程开发和教学理念，即在课程教学的实践环节引入干扰性因素，将原本的验证性实践转变为探索性实践，使之更具挑战性和复杂性，激发学生的探索欲望、求知欲望，培养学生的创造性和探索精神。

（二）教学内容创新

当下社会需要的是复合型人才，高校人才培养应当重视对学生综合素质的培养，应当坚持"厚基础、宽口径、强能力、重质量"原则，对教学内容和课程体系进行重新设计。以往的专科课程体系主要分为三个部分，即专业课、专业基础课、基础课，知识面不够广泛，强调的是专业知识、技能和能力的培养，是对口性教育。高校应当革新这种课程编排方式，将其重新规划为专业必修、专业选修、学科必修、公共必修和公共选修五大课程类别，并根据学科的主要课程类别平行构建学科专业类课程、新公共基础课程、文化素质教育课程和实践性教学课程等较大教学课程内容体系，合理调整必修、选修课程比例，适当增设选修课程，并对公共课采取分级分类教学的方法。

坚持厚基础原则，重点加强基础教学内容的教学，精心设计精品课程，增强学生对专业基础理论、知识和技能的掌握，并确保学生能够将之灵活地应用到对实践问题的解决当中，为学生的知识体系打下坚实的基础。加强学生对基础理论和知识、基本技能和方法的学习，为其创造实践条件，聚焦于优秀主干课程建设和基地品牌课程建设，增强学科专业基础课、主干课和专业课的基础性和适应性，为学生未来的多方向学习和发展夯实基础，打造符合国家精品课程标准的课程体系。坚持宽口径原则，不仅要让学生学得"精"，还要让学生学得"博"，扩展学生专业的知识面，不再局限于单一专业，适当拓展至跨学科和相邻学科，推动专业设置从对口性向适应性转变，重视发展学生的综合素质和适应能力。对课程整体结构进行合理调整和优化，拓展专业课程交叉培养，提升课程教学内容的知识质量，夯实大学生文化素养，增强教学弹性，摒弃以往僵化、死板的教学计划。可以在"公共必修"课程的基础上设立"学科必修"课程，根据人才培养的类型，而非仅根据学科知识体系建立课程平台，强调文理交叉，增加跨专业课程，渗透相邻专业知识的教学，推动学生的宽口径发展。让学生在基础学科上打好基础，优化知识结构，引导和支持学生按照个人特长、兴趣自由发展、个性化发展，不断拓宽专业口径，发展学生综合素质。坚持强能力、重质量原则，立足于全面发展和综合素质培养，以此为出发点，强化和优化实践教学，形成包含分析、模拟等形式的多元化教学方法体系，增加实践教学环节。尤其在课堂教学之外构建多元化的实践活动体系，安排组织社会实践、社团活动和专业实习等，发展学生的实践能力和操作能力，完善学生人格，最大限度开发其潜在能力，重点训练和培养其从一般到个别的解决能力、调查分析能力，引导其在实践过程中自觉进行可行性分析，强化学生能力。

（三）注重实践教学

随着教育教学改革不断深入，高校教学有了长足发展，但是仍存在一些问题，包括投入不足、管理薄弱和创新不够等。目前，高等教育仍未能彻底推翻传统教育观念，教学的模式、方式、内容等无法切实满足学生实际发展需求，与社会人才需求存在一定差异，特别是实践教育不够充分，从而导致培养出的学生缺乏创新能力和实践经验，不能满足当今社会经济发展的要求，这违背了大学服务于社会的初衷。为了解决上述问题，教育部和财政部共同发布了《实施高等教育本科教学质量与教学创新工程的意见》，提出了开展教育教学质量工程，并计划为此提供大量的资金支持。教育部还发布了《关于进一步深化本科教学创新全面提高教学质量的若干意见》，要求高校与教育主管部门加强实践教育，通过校企合作、社会化办学等方式，将行业、企事业、社会组织等力量引入高校实践教育建设中，加强实习与实践教学基地建设，丰富实习、实践的形式、内容和渠道，以便更好地培养大学生的实践技能。以多样化的措施、形式将教育教学与社会实践密切结合，为学生提供充足的、高质量的实践、实习机会，确保实践教育的效果。

高校应该采取多种方法，整合校内外教学资源，建设实践平台，建立稳定的实习、实训、实践基地，为学生提供丰富的社会实践、调研、实习等活动机会，并大力支持和鼓励学生参与其中，引导学生们逐渐形成敬业、艰苦奋斗和坚韧不拔的品质，逐步培养学生的职业道德素养。高校需有计划地、循序渐进地提升学生实践创新能力，在资金、师资、设备、场所等方面为大学生创新创业活动提供支持，积极培养大学生的创新意识、创新精神、创新能力等创新素质，这是建设创新型国家的要求，也是提升大学生就业竞争力的要求。

第二节 高等教育教学方法创新

一、基于体验的五步创新教学法

众所周知，教育是国、党之大计，因此应该严格遵从教育的基本规律，持续进行改革和创新，以培养全面发展的社会主义接班人以及建设者。当前，我国经济社会正在发生深刻转型，对人才培养提出了新要求。高等教育机构是人才培养的关键场所，特别是随着国家对人才培养的重视，近几年高等教育已经取得了显著的进步以及持久的发展。在新的历史时期，我国进入"大众创业、万众创新"的时代，为进一步推进中国特色新型城镇化建设进程，必须大力提升国民素质，大力发展高等教育。高等教育的普及化不仅涉及内容的增加，还涉及质的转变，这代表了高等教育在观念、职能等多个方面都将经历了深刻的变革。在这种背景下，高等学校的教学活动也发生了重大转变，教学模式也随之出现了许多新问题和挑战。现阶段，怎样有效地促进教学方法的革新，提高教学质量，并进一步推动高等教育向更高质量的方向发展，已经变成高等教育领域的核心议题。在这一背景下，"基于体验的五步创新教学法"应运而生，它是一种遵循"连接→呈现→体验→反思→启用"的教学逻辑方法，是一种能够充分满足新时代高等教育环境和发展需求的创新教学方式。

（一）基本含义

基于体验的五步创新教学法代表了体验式教学的一种创新方式，它的核心流程涵盖了连接、展示、体验、反思以及启动这五个关键步骤，就某种程度来说是一个将观念、认知和行为完美结合的学习过程，旨在通过对知行合一教学规律的综合分析和探究，最终达到预定的教学目标。在此过程中，教师引导学生参与知识建构活动，通过创设情境激发兴趣，让学生亲身感受到所学知识与实际生活的联系，从而产生强烈的好奇心。经过上述的学习过程，学生对于专业知识的掌握会从直观的理解逐渐升华到更为理性的认知，从而形成对专业知识的独到见解，同时进一步加深这种认知，使其能够在专业实践中得到灵活应用。

（二）实施步骤与方法

1. 精心设计连接主题

教师在教学中采用该教学方法的时候，首要任务是依据课程的核心思想、理论框架等，对连接主题进行精心设计。其次应依据学生的学习需求和认知水平，选择合适的课程内容与教学策略，并将之落实到具体的教学过程中，使其成为课堂教学活动的有机组成部分。教师在连接主题的设计过程当中应该做到以下几点：第一，必须确保教学内容与主题紧密相连，不能偏离课程的核心思想；第二，需要重点围绕核心议题来设计主题，并关注关键点；第三，要高度重视和强调难点、疑问以及热点问题，以将学生的探索兴趣与热情充分激发和调动起来；第四，主题应该和日常生活实践紧密相连。

2. 精心设计呈现形式

教师应依据连接主题的具体需求，精心策划展示方式。不同内容或同一教学内容有多种呈现方式，教师应选择适当的呈现形式以提高教学效果。在设计呈现形式的时候，教师一方面需要综合思考教学设备和场地的实际情况，另一方面选择那些不受教室设施束缚、不过分依赖教学工具、较少依赖于活动材料且内容生动有趣的呈现形式。

3. 引导学生参与体验过程

在大班的教学过程中，如果没有适当的引导，学生的参与热情通常会相对较低。所以，教师在课堂上使用五步创新教学法教学的时候，为了解决学生参与度低和沉默的问题，能够通过两人小组合作的形式，让学生参与并分享他们的体验。

4. 引导学生运用理论知识

教师需要正确指导学生去思考怎样在他们的专业领域以及日常生活中，对课堂体验的关键元素与重要内容进行有效的运用。教师有责任帮助学生进行或参与课外的实践活动，并指导他们使用课堂上的体验材料，同时教师也要加强自身修养与能力培养。课外实践活动不仅为学生提供了学习新知识的平台，还为他们提供了丰富的课堂体验资源，进而为新一轮的五步教学提供了宝贵的教学资料。通过对具体案例的分析与总结，教师采用五步教学法可以促进课堂教学效率的提高，并帮助学生提高和树立学习兴趣和自信心，培养他们良好的合作精神及团队意识等综合素养。目前，五步创新的教学方法已经形成了一个正向的循环，对全面提升教学质量十分有利。

（三）实施建议

1. 与课程教学目标相结合

五步创新教学法是否可以顺利实施，主要依赖于其是否与课程的教学目标保持一致。根据不同课程特点选择适当的教学模式，可以说是为成功实施"五步"创新教学法必须解决的问题。五步创新教学方法更适合于那些强调理论重点、重视技能培训与提高的课程，而不是那些内容丰富、分散且主要集中于理论学习的研究型课程，这类课程能够在某些特定章节中使用。

2. 要注重理论与实践的结合

在五步创新教学法中，"启用"被视为最后一个步骤，它是评估与检验教学效果是否满足预期的一个核心要素。教师必须根据课程特点和学生实际情况，合理地选择教学内容和教学方法，使之适合学生认知水平并符合其发展规律。在教学设计时，教师应将核心内容和实际操作结合起来，同时将结合点作为主要目标，不仅要重视专业核心内容的培育，还要将所学知识转化为实际应用的工具，另外还应该对呈现形式进行持续地创新，包括但不限于案例分析、讨论环节等多种形式。

3. 教师应具备扎实的专业知识

五步创新教学法重点强调教师应该对课程知识和理论有深入的了解，还应该正确引导学生进行科学反思，将理论与实践相结合，并按照学生的反馈提供实时和专业的评价与指导。这就决定了教师必须具备良好的理论修养和丰富的实践经验，同时还需掌握一定的教学方法与技巧，能够灵活地将各种方法融合于课堂教学之中。因此，对于教师来说，他们在理论知识、实践技能和教学过程的掌控上都需要有很高的水准和技能。教师在课程的设计、筹备等各个环节需要投入大量的时间，和学生共同经历知识在实际操作中的应用、验证、修订和持续创新的具体过程。

4. 要具备配套的评价体系

当教师在教学中采纳五步创新教学方法的时候，应当搭配一套具有合理性与科学性的评价体系，从多个维度对学生进行综合考核，如综合素质、知识等，并构建一个专门针对学习过程的评价体系。教师可以通过课堂观察、课后访谈及问卷调查等方式来了解和掌握学生对所学知识点的掌握情况以及存在的问题，从而为改进教学提供依据。评价的内容除了包括学生对学习材料的认知、理解和记忆能力之外，还应该考察学生在学习过程中的态度、参与度等多方面的素质。评价功能从主要侧重于筛选和甄别，逐渐转向更多地关注学生的个人发展，从而使课程评价能够起到激励和引导的作用，最终使教学效果得到全方位的有效提升。

总之，五步创新教学法完全满足了高等教育普及化背景下大班教学方式改革的实际需求，作为一种教学方法，它可以使学生的专业技能以及学业成绩得到十分明显的提升。

二、启发式教学法

启发式教学法作为教学方法的一种，实际上是按照高等教育的教学目标、教学内容等，通过多种教学手段，传授学生知识，培养和提升学生综合能力，从而促进学生主动学习，具有启发性、主体性、灵活性、实践性等特点。启发式教学法以教师为引导，以学生为中心，具有一定的科学性和民主性，它除了可以调动学生对学习的积极性和主动性之外，还可以将学生的求知欲和探索欲望进一步激发出来，促使学生动脑、思考、质疑以及实践，并且在教师的正确指导下带着问题进行学习研究，从而找出解决问题的正确方法，最终实现掌握知识的目的。启发式教学法强调"教"与"学"的互动，注重发挥学生的主体作用，重视培养学生独立分析和解决实际问题的能力。作为基础的教学手段，启发式教学方法还是一种独特的教学理念。在现代大学教育体系中，启发式教学已成为课堂教学的主要形式之一。所以，为了将学生的求知欲充分激发出来，同时不断增强他们的学习热情和探索欲望，并且培育他们的创新思维，教师在教学中需要严格遵循学生的认知心理模式，深入考虑学生思维的独特性，采用启发式和研究式的教学策略，以此来培养和提升学生在思维方面的相关能力。从学生的感知方面考虑，教师应不断地提出问题、创造学习背景，并抓住学生思维的火花。这样教师可以有序地引导和改进学生的思维模式和学习方法，使他们在持续的探索和研究中获得知识，锻炼思维能力，并从被动的学习方式转变为主动的学习方式，从而最大限度地挖掘学生的学习潜能。

三、实践式教学法

实践式教学法作为教学方法的一种，实际上是在实践基地中通过边讲边练的方式来教授学生理论课程，它主要通过将理论知识与实际操作结合在一起的方式，来促进教师和学生共同完成教学任务。这种方法强调以问题为中心，突出"教"与"学"的双边活动，重视对学生自主探究能力的训练和创新能力的培养。在教学活动中，教师应该高度重视对学生学习能力的培养，同时强调对学生知识获取与应用能力的整体提升。教师的教学和辅导应与学生的自主学习有机融合在一起，同时将科学研究以一种巧妙的方式融入教学过程当中，以培养和提升学生的研究能力以及创新思维；鼓励学生主动参与社会实践活动，开展社会调研和研究，并在这些实践中不断积累知识；注重对学生综合素质的培养，包括思想道德品质教育、科学文化素质、身体素质教育以及心理素质教育等；鼓励学生去进行各种形式的探索和创新，同时也要注意对学生创新能力的考核，以激发其学习动机与兴趣。在教学过程中，教师应注重知识的高效整合和结构化，确保学生能够深入理解和掌握学科的核心知识、结构和方法。另外，教师在教学中应对现代科技进行充分灵活地运用，不断优化教学工具，提高教学效果，改进考核方式和评价机制，激发教师的教学热情和创新精神，鼓励学生主动参与学习。此外，还要注意加强对学生自主学习能力、创造思维品质、合作探究能力等方面的教育，从而促进学生综合素质的进一步发展。教师在制订教学计划的过程中是学生学习活动的组织者和协调者，需要结合学生实际情况对创设情境进行精心、合理设计，按照预先设定的学习任务来规划教学内容，并设计一些源自实践活动的综合性学习任务。接着，教师应引导学生独立设定学习目标，使他们从一开始就可以参与到教学过程中，制订并逐步执行学习计划，并对整个教学过程进行合理评价，从而最终形成一种实践与学习相结合的教学模式。需要注意的是，教师应该将理论联系实际的原则贯彻到教学活动之中，使课堂内容更贴近社会生活实际，从而实现学以致用的目的。教师在实践教学的全过程中有多种教学方法可供选择，包括讨论式教学法、案例教学法等，这些方法不仅能激发和调动学生的学习兴趣，还可以培养和提升他们独立思考和解决实际问题的能力。

第三节　高等教育教学模式创新

一、翻转课堂模式

（一）理论基础与主要优势

翻转课堂教学模式是基于掌握学习和建构主义等理论，利用网络信息技术，通过互动教学、课前在线交流、课中小组讨论以及课后练习评估的方式，把课堂教学模式从之前的"先教后学"成功转变为"先学后教"，从而使学生在学习中掌握更多的学习主动权和自主权。目前，在国外已经得到了广泛应用，但国内不少学者和专家开始研究这一教学模式，并加以实践探索。课堂教学的核心理论涵盖了多个方面，如分层教学、支架教学等。与此同时，和国内外翻转课堂模式的相关研究有机融合在一起，对翻转课堂模式的理论基石和特性进行了深入分析，总结出自主学习理论的显著特点是自我监控、指导以及强化；混合学习理论的独特之处在于它融合了面对面的教学方法和信息技术辅助教学手段；合作学习理论的显著特征是通过小组讨论和合作互动的方式来进行课堂教学活动；情境学习理论的独特之处在于，它强调在实际应用场景中掌握知识和技巧；建构主义学习理论强调学生是意义的积极构建者，而教师则是其推动者和协助者，等等。

教师在教学中采用翻转课堂模式所带来的好处体现在以下几点：首先，教学视频内容简短，提供的教学信息清楚明了，能够明确地突出教学的重点和难点，并且具有很强的针对性，学生在学习中能够随时暂停或回放，这为课后的复习和巩固提供了极大的便利，从而有利于提升教学质量和效率。在传统的教学方法中，教学视频的时长偏长，且其核心内容并不明显，翻转课堂教学视频能够很好地弥补这些不足。其次，教师需在课前准备教学视频和其他相关资料，以完成信息的有效传递，并提前整理学生在学习过程中遇到的难点。教师在课上根据学生反馈调整教学内容及进度，并将知识点进行整合和归纳。教师面对学生在课堂上提出的各种疑问会提供针对性的指导和帮助。课程结束后，通过在线辅导、讨论和练习测评的方式，可以加强学生对知识的掌握。翻转课堂教学模式不仅提高了学生的参与度，还提升了教学质量，增强了教学效果。在传统的教学模式中，学习过程主要分为两个主要阶段：其中一个是信息的传递，另一个是吸收内化。前者主要是由教师主导在课堂上进行教学，而后者则主要依赖于学生的自主完成，缺乏教师的指导和帮助。最后，教师在教学中采用翻转课堂的教学模式能让学生快速地进行复习和测评，在教学视频的结尾部分设置了几个小问题，以便对学生的学习效果进行及时检测。同时，由于课前教师提供给学生的课程相关知识点都已被整理归纳，因此能够更加有效地引导学生进行自我反思和总结提升。学生通过在线学习平台，主动提出他们在学习过程中遇到的难题，这有助于教师更准确地评价学生对知识的掌握情况。传统教学模式下，教师一般都比较关注每一节课程的教学内容的讲解和练习设计，但这种方式只注重于知识点的讲授，缺乏全面细致的分析。传统的教学模式忽略了对每一节课的教学内容进行深入的评价和检查，这意味着即便在课堂上进行这样的检测，也会消耗大量的时间，因此很难准确地发现每一个学生的学习难点和真实的学习情况，同时也忽视了学生之间的自主性和差异性。

（二）翻转课堂教学模式对比

现今，被广泛采用且效果显著的课堂教学方法主要有以下几种：第一，情境交际模式，它的教学流程涵盖了在交际中加入话题、互动式学习的应用、在问答环节中的理解以及在练习中的检验；第二，综合实践模式的教学流程涵盖了确定教学主题、设计各种活动、学习和练习，以及交流和展示；第三，绘本阅读的教学方法涵盖了阅读、总结、讨论等多个教学步骤；第四，游戏操练模式的教学流程涵盖了知识回顾、游戏展示等多个环节；第五，信息技术辅助教学模式，其整个教学过程涵盖了情境的构建、信息量的扩充以及疑难问题的解答。

以学生为核心是翻转课堂的主要教学理念，而不是单纯地以教师为焦点；教学过程是师生之间互动交流的动态生成过程，而不是一个封闭的知识体系。教育的核心目标是充分激发学生的独立学习、自我探索和创新思维能力，而不是单纯地让他们面对考试或机械记忆；教学模式由"以教为主"转向"以人为本"。教师的核心职责是作为学生学习过程中的协助者和协调者，而非课堂的主导者；在学习方法上，学生通常需要在课前利用网络平台来阅读相关资料和观看视频，这样他们可以在课堂上更加主动和积极地参与，而非被动地听课；师生关系中不再只是知识的传递和接受，而是师生间情感的交流和沟通；在课堂上，学生更多的是进行分析、交流和合作，而不仅仅是简单的听和说；师生关系更加平等民主，不再是简单地老师教和学生学；课后的任务通常要求学生进行详尽的资料搜索和知识汇总，而不是仅完成书面的答题和家庭作业；在考核方法上，更多地依赖于课内外的学习记录、课堂的参与度和全方位的评估，而不是单纯的阶段性评价。

（三）翻转课堂模式在高等教育教学中的应用

1. 课前准备工作

首先，根据课前的教学目标，教师需要在课前精心设计教学视频，并确保相关的知识模块得到妥善设置。在此基础上，教师根据课堂实际情况对知识点及重难点进行适当补充和拓展，从而更好地实现课堂的教学目的。教师在设计教学任务时，应考虑到具体的课程内容，并明确教学的重点和难点。通过视频展示，能够加深学生对于知识点的理解，促进课堂效率的提高。其次，教师在教学中根据教学内容与目标，制作包括课程体系、重点、案例和作业练习在内的教学微视频。在这些视频中，教师能够将故事、歌曲和影视等元素融入其中，以激发和调动学生的学习兴趣，增强他们的专注力与注意力，从而提高教学的整体质量。借助网络技术将知识点融入微课之中，利用多媒体技术为学生呈现更多有趣的课堂活动，帮助他们更好地理解教材内容，提高学生掌握知识的水平。教师能够设置一系列的问题，鼓励学生在学习过程中独立思考并寻找答案，从而增强他们对教学内容的深入理解。针对不同学科的特点选择适合的教学方法和策略，将信息技术手段融入课堂教学过程中去，使课堂更加生动形象，增强教学效果；通过整合和整理教学内容，可以进一步加强学生对知识的理解，并更好地突出核心内容；通过网络课程资源平台，教师将课堂上讲过的知识点整理成"微课"供学生选择播放或下载，方便了课堂教学，同时也促进了学生更好地理解和消化所学知识。最后，设计一项自主预习任务。学生可以在课前观看教学微视频进行预习，并在网上进行讨论。学生需要在课前做好预习笔记，而教师则在授课前对学生在预习中提出的疑问进行收集和整理，然后在课堂上进行有针对性的讲解。或者，教师可以设计课前预习检测题目，检测重点基础知识，课后回收批阅，获取检测结果，以便及时掌握自学情况。课堂中实施"先学后教"的翻转课堂教学模式，优化翻转教学的各个环节，可以在一定程度上增强教师与学生之间的互动和交流，从而使学生的学习效率和自学效果得到较大幅度的明显提升。

2. 课堂中自主学习

在课堂教学中，首要任务是运用小组讨论和情景教学等多种方式来解决学生在学习过程中遇到的疑惑和难题。其中，情景教学是教师通过创造各种不同的情境，并以这些情境作为教学框架，激励学生在各种不同情境中积极参与对话和练习，同时也鼓励他们独立地解决遇到的各种问题，特别是突出学习的重点和难点，这样不仅能够让学生更好地掌握所学内容，也能使师生互动更加有效。其次，学生需要在现场进行练习，以巩固所学知识，教师则与具体的学习任务和目标有机结合在一起，从而为学生提供正确的指导，并对学生的知识掌握程度进行科学测评。翻转课堂允许学生在现场模拟并复述课堂内容，通过讨论、对话等多种方式，这不仅可以将学生的学习热情充分激发出来，还可以有效地提高他们的学习效率。学生在教师引导和指导下，他们能够自主思考，合作探究，培养他们的分析能力及创新能力。最后，在课程的结束部分，教师会进行点评，并详尽的解答学生提出的各种疑问和难点，以便学生能更有效地掌握各个知识点。

3. 课后复习巩固

学生在课后通过观看微课视频的方式来复习知识，可以多次查阅教学大纲、标准答案等，从而复习旧知，提高知识掌握的程度。教师则将知识点以任务单形式呈现给学生，并根据实际情况设计问题，让学生完成练习，巩固所学内容。在教学视频的正确引导下，学生主动进行学习效果的测评。同时，教师严格按照评价表的具体标准进行科学的数据统计，并通过学习交流平台与学生互动，以便及时掌握教学成果，对学生学习过程中遇到的难点以及不足之处进行详细解释与指导，从而使教学质量得到较大幅度的明显提升。

4. 全面系统评价

翻转课堂这一教学模式是通过一系列的测试、学习记录等多种方式，对学生的实际学习状况、知识掌握水平等多个方面进行合理评价的过程。翻转课堂教学模式将传统教学模式转变为以教师为主线进行"教"和"学"相结合的教学方式，使课堂教学更具有针对性和实效性。通过采用多样化的评价机制，有效地提升了教师的教学测评质量，并对学生进行了全方位和系统性的评价。翻转课堂教学模式下的课程评价应注重过程性和发展性。在教学过程中，翻转模式的评价能够被划分为两个不同的阶段，其中一个是阶段性评价，另一个是总结性评价。在阶段性评价中，教师会通过设计情境对话、小组讨论和辩论等方式，以对学生的知识掌握程度进行测试；在总结性评价中，教师主要关注的是学生在综合方面的整体能力。除此之外，为了保证教学质量和学习效果，需要构建网络教学资源平台，包括课前微课资源建设，课后作业布置与批改及在线答疑解惑三个模块。教师按照学生的自主学习反馈和翻转课堂模式的效果评价，进行第二次备课，并组织学生以小组的形式进行预习和讨论学习。通过对不同阶段的成绩分析，得出基于网络环境下翻转课堂教学质量评价模型。在高等教育机构进行网络课程教学的过程中，能够结合实际情况构建一个开放的课堂教学资源共享体系，同时对翻转课堂的教学模式进行充分参考和借鉴，在理论教学的基础上加入更多的案例分析，另外结合网络信息技术开展混合式教学模式，以提升教学质量。为了优化教学设计，教师在教学中可以通过案例式、启发式等多样化的教学策略，增强学生在课堂上的讨论和交流，从而培养学生的创新能力，最终激发学生的主动学习精神，增强他们在创新方面的操作技巧。翻转课堂的教学模式一方面符合新时代下课程教学改革的需求，另一方面还能将学生学习的主动性和积极性充分激发和调动起来。为了在未来能够更有效地进行教学实践，并加强师生在教学过程中的互动，十分有必要从几个关键方面进行持续的优化和完善。

首先，教师在教学中需要改变传统的教学理念和教师角色，借助各种方式加强师生之间的互动，为学生提供个性化的指导。翻转课堂模式强调教师是创造者，需要成为创造学习环境的人，同时也是学生成长过程中的推动者和指导者。因此，教师要充分了解学生掌握基础知识的程度、心理特点以及思维模式，根据不同情况制订相应教学策略，让每个学生都能够得到全面发展。为了确保课堂教学的正常和高效进行，教师应该紧随时代步伐，持续提升自己的专业素质和教学能力，对学生在课堂上的反应给予高度重视，以便可以及时采取和实施相应的策略和措施。

其次，不断优化和完善网络教学的环境。为了成功实施翻转课堂的教学模式，不仅需要具备基础的硬件和软件条件，还需要增加网络课程教学资源的投入力度，通过网络信息技术对网络教学环境进行不断的优化和完善。此外，为了实现教学目标、激发学生的学习兴趣并促进更加高效的学习，教师必须加强信息技术的应用能力，依赖这些技术制作出高品质的教学视频。

最后，增强学生独立自主的学习能力。翻转课堂模式中教师要善于利用多媒体手段和丰富的资源，为学生提供一个轻松愉悦的学习气氛。要想让翻转课堂在网络课程中充分展现其价值，学生需要能够对信息网络资源的查询功能进行熟练地使用，还应该有收集学习重点和加强信息处理技巧能力。此外，教师在教学中还应该持续加强学生之间的合作与交流意识，重视对学生团队合作精神的培养，鼓励他们在网络学习环境中积极讨论各种问题，从而使学生从被动接受知识转变为主动吸收新知识。

二、线上线下混合教学模式

（一）理论支撑与条件支持

1.理论支撑

经过多年的演变，线上与线下的混合教学方式及其背后的理论也正在经历变革。随着互联网技术的进步，线上与线下融合成为主流趋势，混合式教学应运而生。混合教学在初级阶段强调和注重教育目标的"行为主义学习理论"。然而，这种理论通常采用机械化和灌输式的教学方式，过于强调矫正而忽视引导，从而在一定程度上阻碍和影响了学生的个性化发展，也使得学生难以根据自己的个性选择合适的学习路径。随着信息技术不断革新和互联网时代的到来，混合式教学模式被引入到高校课堂之中，并逐渐成为一种主流的课堂教学模式。但是由于缺乏对学生全面的考虑和人文关怀这一教育应有的责任，反而不利于高等教育课程和教学的进一步发展。随着互联网技术的快速发展和应用普及，混合式教学模式开始出现并得到广泛应用。为了充分利用"线上线下混合教育模式"所带来的高度灵活性和丰富的教育资源，众多教育专家和学者在经过综合分析之后提出了一种全新的教育理论，即建构主义学习理论。建构主义学习理论认为学习不只是教师简单地向学生传递知识，更重要的是学生主动地构建知识的过程。也就是说，教育过程的核心与主体是学生。在这一背景之下，作为一种全新的教学模式，"线上线下混合教育模式"也应运而生并得到了广泛运用。在该教学模式中教师的角色需要从传统的课堂管理者，逐渐转变为帮助学生积极参与学习的推动者。因此，在课堂教学活动中，教师必须创设有利于调动和激发学生积极性的各种情境。无论是教师、教学环境还是环境中的教学资源等，这些构成教学服务的关键元素，旨在充分激发学生的主观积极性，从而进行有效的教学活动。因此，要实现这一转变，就需要改变以往单纯依赖教师讲授和灌输知识的教学方式，转而采用基于问题导向的新型教学模式。学生们不再仅是被动地吸收信息，而是基于他们之前的经验，不断地构建新的，具有综合性、复合性的知识和经验。在建构主义学习理论的推动下，教育界逐渐接受和认可了"线上线下混合教育模式"。

2. 条件支持

在教学过程中，教师不能仅局限于信息的传递，而应该鼓励学生从他们已有的知识中构建新的认知，这实际上也是一个加强知识转化的关键步骤。教师在这个过程中不仅要帮助学生构建认知结构，更要关注学生对已有认知结构的整合和重组，使之成为一个完整的系统。为了支持建构主义学习理论，教师需要提供更加丰富和与之紧密相关的学习环境。"只有创造一个教育人的环境，教育才能收到预期的效果。"① 此处所指的环境主要是为学生实现学习目标而专门提供的一系列必要的条件和支持。随着教育信息化的发展，互联网技术为教师提供了更多便利，而混合式教学则是利用信息技术整合线上课程和线下教学活动形成的新的教学方式。线上与线下混合教学模式的优点有很多，具体如下：一是高度的场景适应性；二是丰富的学习资源；三是支持多种互动交流方式。从实际应用的场景考虑，应当采纳线上与线下混合教学模式，以此来确保教师与学生、学生和学生之

---

① 文理主. 中华创新教育论坛[M]. 北京：中国计量出版社，2007.

间都可以进行问题的探讨,并在互动交流的过程当中提供答疑解惑的相关功能;学生应当获得更为丰富和多样的资源援助;教师可以通过多种教学手段辅助学生完成知识建构过程;为了让学生掌握所需的专业知识,模拟仿真环境的支持也是不可或缺的。因此,高校可通过搭建混合式教学平台,构建虚拟实验室等方式来为线上学习提供数据支撑,从而促进线上线下混合教育模式的发展。然而,为了有效地提供必要的支持,高校应该满足以下四项基本要求。

首先,学习资源。教学相关的微课、纸质教学材料和学术论文等,均被视为辅助学生学习的重要资源。通常,相关的教学材料会在具体的情境中通过具体的案例完整地展示出来,这可以帮助学生在这些情境中精准地识别问题,同时培养和提升他们解决问题的综合能力。

其次,认知工具。所谓的认知工具,主要是为了帮助学生更好地完善其认知结构而专门设计的工具和设备,它可以通过多种方式帮助学生理解知识。混合教学模式下的认知工具就本质而言是依赖于互联网的智能设备。在这些认知工具的帮助下,学生可以完成资源的获取、整理等任务,同时和相关的社会个体进行互动和交流。

再次,自我学习模式。在自主学习过程中,学生通常会遇到各种各样的困难与挑战,如认知冲突等因素的影响,导致其不能很好地完成任务和目标。学生在特定的环境中应该积极地去探寻知识,识别并解决存在的问题,从而实现他们期望的学习效果。所以,学生应当对收集到的反馈信息进行充分灵活运用,以此来加强对各种事物的客观认识,从而达到自我反思和知识掌握的最终目的。

(二)线上线下混合教学下课程教学的转变

1. 拓展高等教育领域

混合教学模式将互联网作为连接手段,不仅整合了大量的在线教学资源,还整合了学校经过筛选以及编辑的众多优质的教学资源,从而在潜移默化中促使教育资源向更高质量的方向转变,并为提高教学品质打下了坚实基础。高校课堂教学改革应充分结合信息技术优势,构建基于混合模式的课程教学改革新路径。高等教育在发展的期间能够利用混合教学模式来增加课堂信息的传输能力、丰富专业资源的内容,同时对传统的教学观念进行革新。首先,线上线下混合教学模式能够为学生开辟更多的资源渠道，帮助他们通过在线独立学习和课堂互动，实现知识的学习和内化。举例来说，学生们通过多种方式下载和搜索相关的学习资料，并利用咨询教师、在线搜索等多种手段，从而接触、认识和学习更多的知识，扩展他们的知识视角。此外，教师还可以利用网络资源开展网络教研活动，促进师生间互动沟通，实现教学资源优化配置。其次，在高等教育的课程教学过程中，线上线下混合教学模式能够为学生带来更丰富的学习资源。众所周知，传统教育以课堂教学为主，但随着时代发展及教学改革深入，混合式教学方法应运而生，它能够打破时空界限，让学习者通过网络进行信息共享和互动。学生在掌握了专业知识之后，还可以通过互联网资源来突破专业资源内容的局限性。具体而言，教师和学生通过混合教学模式，一方面可以加强资源的共享，另一方面也可以突破教育领域的限制，实现思维与实体空间的共同拓展。

2. 突破教育时空限制

线上与线下混合教学模式以互联网为支撑，不仅能够突破教育时间和空间的束缚，还能够让学生完全享有教育的自主权，为他们提供更为宽广的思考和学习空间。在教学中引入线上线下混合式教学模式，既能丰富课堂教学内容和形式，又有利于提高教学质量，培养出符合时代需求的高标准的优秀人才。教师在教学中利用混合教学模式，能够突破时间和空间的限制，从而增强和提升学生的自主性，并充分尊重他们的个性特点。因此，基于网络环境，教师应积极发挥自身优势，积极探索线上线下混合教学模式。首先，教师通过线上线下混合教学模式能够摆脱时间的束缚，利用互联网来实现真正意义上的课堂翻转，以加强对碎片化时间的充分利用，从而颠覆传统的知识传授方式，让教育时间得到有效扩展。同时，教师也可以通过网络平台开展个性化教学，提高课堂教学效率，激发学生自主学习意识和兴趣。其次，教师通过线上线下混合教学模式来打破教育的空间束缚，将课堂教学延伸到网络环境中进行教学，让学生能够更加便捷地获取与分享信息。在课堂学习之外，学生可以利用互联网来搜索相关的知识，从而突破传统的教育领域的束缚。最后，帮助学生更好地掌握认知工具。认知工具不仅能帮助学生解决了实际问题，还可以让他们更容易理解所学的内容。利用认知工具可以帮助学生跨越教育的时空界限，学生通过这些工具来查找新的知识，还能够与其他同学、教师进行流畅的交流，最终提高学生运用认知工具解决实际问题的能力。

除此之外，教师应该利用无障碍的沟通和互动手段，对学生有更加全面的了解，科学辅助与正确引导不同层次的学生学会利用认知工具进行学习，尽可能地把学习自主权归还给学生，使高等教育课程教学的灵活性得到较大幅度的明显提升，最终实现一对一以及一对多教学模式协同进行的目的。

3. 给予学生选择空间

在高等教育的发展历程中，传统模式主要是指导学生掌握教科书上的知识。学生需要在教师的引导下进行系统化的学习，而教师则侧重于关注学生遇到的共性问题，导致对不同层次的学生缺乏有针对性的关注和指导。同时由于传统教学方式存在一定的缺陷，使得学生难以从整体上把握自身的学习情况，这也是导致教学质量下降的原因之一。换句话说，如果教师不能在有限的课堂时间里为学生提供足够的自主选择空间，那么他们的教育指导效果将会不显著，一成不变的教育模式也会在一定程度上妨碍学生个性化的成长，最终使学生的学习行为失去自我控制与掌握的能力。因此，要想提高教学效率，就需要改变以往"填鸭式"教学模式。依赖于互联网的线上线下混合教学模式，在进一步扩展课堂教学的同时，也为学生提供了更多的碎片化学习的机会，从而让他们有更多的空间和能力来独立地控制学习的节奏。通过线上教学平台及线下教学活动的融合，可以让学生参与到课前准备、课上交流、课后巩固等环节中，实现线上线下相结合的教学模式，从而整体提高教学效果。简单来说就是，学生在混合教学模式中，可以通过自主学习或者讨论互动的方式来实现知识的内化。因此，混合教学模式对学生的学习效果会产生积极作用，但这种教学效果受多种因素的制约。通常来说，自主学习的过程大多是浅层学习。学生在被动地吸收知识的过程中，会逐渐形成机械性的记忆。在线上线下混合教学模式中虽然课前的自主学习主要是浅层的，然而当学生在课前对所学内容有了初步的了解之后，他们能够自主选择学习的重难点，同时在课堂上通过相互讨论的方式来完成深层学习。就本质而言，深层学习意味着学生在对知识有了初步的认识、了解与掌握之后，把新学到的课堂知识有序整合到他们的已有认知中，从而进一步完善和优化他们的认知架构。在讨论过程中，学生会更深入的掌握相关知识，以及学习怎样运用这些知识来解决日常生活中遇到的各种难题。这种方式不仅有助于提高学生的学习成绩，同时也能增强其独立思考、解决问题及团队协作等综合素质。线上线下混合教学模式为学生提供了更多的选择空间，从而增强了他们的能力。通过探究式教学让学生成为课堂主人，激发他们主动参与课堂教学活动的积极性，提高学习效率。学生在吸收以及充分理解新知识之后，可以选择适合自己的学习方法，并且对学习节奏进行自行调整。同时，在教师的指导和帮助下，学生可以更深入地了解自己面临的问题，并逐步解决这些问题，以确保学习的可控性，在个性化的成长过程中对学习节奏进行更好地掌握。

（三）线上线下混合教学模式的应用策略

1. 课前环节

首先，需要加强线上平台的选择，以推动高等教育和国际标准的接轨。在创造了优质的网络教学环境之后，高等教育还需要加强对教学内容的筛选，以便为教学活动积累更多的优质资源。因此，应该优化线上线下课程整合方式，不断提升教学质量，充分满足学生个性化需求。尽管线上教学可以帮助学生更好利用零碎的时间，但线上教学平台依旧应该包含交互、在线学习等模块，并利用这些功能为学生创建一个更加优质的学习环境，以更好地服务于学生。此外，还需要结合现代信息技术发展水平及高校信息化建设现状，开展线上线下相结合的教学模式创新，以实现更多优质教学资源和信息资源的共享。所以，学校需要更加重视对网络教学支持系统的筛选，并利用慕课、云班课等多种平台的独特优势，对教育环境与空间进行不断的优化与完善。同时，要建立专门网络平台及优化网络资源布局，以此来提高高校课堂教学效率。其次，需要加大网络开发的力度，对各种教育资源进行科学的有序整合。高等教育的课程教学可以利用互联网的开放性，对各种资源进行检索和收集。教师可以根据学生的需求来选择更多的教学资源，或者根据学生的个性特点来加强网络课程的重构，从而构建出符合学生发展需求的教学素材。最后，打造一个优质的网络教学环境。随着移动设备技术的不断升级和普及，智能手机成为师生日常学习中不可或缺的工具，其强大的交互性能极大提高课堂教学效率。在互联网时代，线上线下混合教学模式的引入，推动了高等教育向更加个性化的方向发展。在此背景下，高校教师应结合自身实际情况，不断优化教学内容与教学方式，以实现教育公平，提升教学效果。为了更好地满足教师和学生的需求，并确保教和学之间的无缝连接，应该不断地扩展线上教学模块的功能，尤其要增强个性化的定制功能。也就是说，教师能够根据自己的专业发展需求，对功能模块进行科学制订，以便为教学工作的开展做好准备。学生能够根据自己的喜好来定制相关的教学风格，这样可以更清晰地确定知识的呈现顺序和方式，从而更好地促进教与学的协同进步。

2. 课堂环节

首先，需要加强对学生的引导，帮助他们熟练掌握各种认知工具，深入了解教学环境，并利用互联网技术实现教学的创新，为高等教育的综合发展打下坚实基础。在大学中，学生通常要借助多种认知工具来获取知识信息，并且他们需要掌握使用各种认知工具的方式，以此获取更多的学习资源，并和各种不同的学习主体进行有效的交流与互动。因此，为了优化教育体系并指导学生掌握自主学习的方法，教师需要提前对教育计划进行详细的说明，通过合理布置作业等方式帮助学生完成课前的预习任务，并根据具体学情开展有针对性地教学活动，确保高效学习目标的达成。其次，激发学生的学习积极性，并提高他们在课堂上的参与度。教师要通过多种方式调动学生的积极性和主动性，帮助其形成主动参与意识。举例来说，在利用互联网实现教学突破的过程中，教师想要将学生的主观能动性充分激发出来，可以适当预留课堂的发言机会与时间，尊重学生的意见或者建议，利用科学的鼓励方法，为学生营造一个良好的课堂环境，与和谐的教育氛围，从而在将学生学习动机激发出来的同时，也可以优化与完善课堂的教学环节。最后，加强对重难点内容的讲解，教师可以通过交流环节或者答疑环节，以此来培养和提升学生的发散思维能力。教师通过线上与线下相结合的方式开展教学活动，不仅能让学生掌握知识要点，还可以培养其独立思考能力。与此同时，也可以提前强化学生对课程内容的整理，通过多种教学策略，增强对高等教育内容的动态呈现；通过课堂讨论环节鼓励学生从多个视角思考问题，培养他们的思考习惯。

3. 课后环节

首先，采用多媒体手段进行在线教学，通过在线智能答疑环节来帮助学生解决学习过程中遇到的疑问。教师教学中依托互联网平台开展个性化自主探究活动，引导学生从自身生活实际出发，主动构建知识体系，培养创新意识，提升实践能力。举例来说，教师在教学过程当中根据学生在课堂上的表现，对课后的复习环节进行调整，鼓励学生在复习过程中不断加强对内容的分析和认知，借助多种手段和方式为他们提供更宽广的探索空间。大多数学生在在线学习时可能会碰到很多疑惑，但教师可以利用大数据和人工智能等先进技术，对这些普遍存在的问题进行收集与整理，并为其提供统一的答案。另外，随着学生提出的问题数量持续上升，问题资源库也将日益丰富，这不仅有助于学生的独立自主学习，还能助力他们更好地掌握学习的节奏。其次，在在线交流与讨论环节中，需要进一步完善在线教学的评价机制。随着教育技术不断革新，传统教学方式已经无法满足当前社会需求，尤其对于高校学生来说更是如此。考虑到这一点，在高等教育的课程教学中应该鼓励学生积极在线互动与讨论，这样学生可以在不同的视角下进行观点的碰撞，通过这种互动他们能够更深入和全面地了解相关知识，同时也可以通过交互的方式将自己的观点完整表达出来，从而提高他们在逻辑思维方面的相关能力。除此之外，学生还能够在任何时间和地点使用相关的试卷进行自我测评，系统会自动进行批阅。如果部分试题具有很强的主观性，则能够交给教师进行批阅，从而对线上教学评价的反馈机制进行不断的优化与完善。

4. 评价环节

首先，需要创建一个完整的评价档案。学生的学习记录和他们之间的交流与互动都应被纳入档案中，这样可以让教师更好地了解学生，并激励学生利用这些档案进行深入的自我反思。因此，高等教育应该通过不同的方式努力提高档案的完善性，在对数据来源进行有效拓宽的同时，对学生在课堂上的互动发言内容、小组合作中的贡献资料等进行广泛收集与有序整理，并且将这些作为过程性以及结果性评价的重要依据。

其次，适当地运用考核测评，激励学生加强自测，并且学生的自测成绩将被应用于他们的自我评价过程中。教师在教学中通过对不同层次学生进行测试，可以发现每个学生的优势与劣势，从而及时调整自己的教学方式及教学内容，提高课堂教学效果。针对学生的自测这一点，智能教学平台应该设有自动批改模块，这样教师就不用在考试测评的过程当中投入过多的精力，从而能有更多的时间去发掘学生的潜在能力。学生可以通过自我测评的方式，不仅可以了解自己的学习质量，还可以掌握自己的学习效率，这样可以加强对自己的总结性评价，使学生在客观评价自身能力的过程当中，也能够对当前教学中的不足之处进行科学、合理的分析，并为教师提供适当的建议或者意见。教师一方面能够在与学生的交流中获取不同的观点，从而更加明确未来的教学计划，另一方面还能够在与学生的沟通过程中，及时发现并优化、完善教学中存在的缺陷。此外，教师通过不断的反思，可以推动高等教育课程教学的深层次改革，将评价的教育促进作用最大限度地发挥出来，从而争取在构建发展性教学评价之后对学生的潜能进行深层次挖掘，帮助他们全面掌握认知工具，在潜移默化中养成良好的学习习惯。

三、人工智能下的高等教育模式创新

（一）人工智能在教育领域的影响

随着科学技术的发展，我们已经完全进入了人工智能时代，人工智能不仅为社会带来了翻天覆地的变化，同时也对人们的日常生活和生产习惯产生了深远的影响。人工智能与教育领域融合发展是时代发展的必然要求。现今，我国已经深刻地意识到人工智能和教育整合发展的重要价值，并已制订了相应的发展规划。2019年2月，《中国教育现代化2035》发布，提出加快推进信息化时代的教育变革，建设智能化校园，统筹建设一体化智能化教学、管理与服务平台，利用现代技术加快推动人才培养模式改革[1]。

人工智能与教育的结合是完全可行的，它们之间存在许多共通之处，如知识明确性等特点。一是，人工智能可以与教师协同工作，实现双师教学模式，它能协助教师进行作业批改和试卷评估，同时也为教师提供了更多的时间来激发和调动学生在创造方面的能力。人工智能还能够对课堂进行监督和反馈，让课堂教学更加高效，有利于提高教学质量。二是人工智能有能力实现高质量资源的共享，消除不同地区间的资源障碍，从而促进教育的公平性。三是人工智能和学生建立了一种互动的良好紧密关系，让学生从被动接受知识转变为主动参与学习，重点强调学生的主体性，并实施一对一的教育模式。人工智能的应用不仅促进了学校信息化建设，同时也推动了教育改革和创新。人工智能的出现彻底改变了教育的目标设定、学习模式等多个方面，从而对整个教育生态系统产生了极为深远的影响。人工智能技术的应用，不仅会促进教学手段和方法的革新，也会在一定程度上推动教育理念的更新以及教学方式的转变。尽管人工智能与教育的融合处于初

---

[1] 李冀红，万青青，陆晓静，等. 面向现代化的教育信息化发展方向与建议——《中国教育现代化2035》引发的政策思考[J]. 中国远程教育，2021，（04）：21-30.

始阶段,但是作为科技进步的产物之一,人工智能无疑会对未来的教育改革产生一系列不容忽视的影响。

(二)在高等教育中人工智能的应用难题及解决方案

1. 人文环境的局限

社会的各个领域对于"人工智能+教育"的认同度相对较低,而教育从业者在将人工智能融入教育中的动作也显得不够积极。这与我国目前的科技发展水平和经济实力有关,但更重要的原因在于,缺乏对人工智能在教育领域广泛应用后所产生的新变化以及未来发展前景的认识。很多从事教育工作的人,例如教师、家长等,在人工智能方面的知识非常有限,尤其是对于人工智能技术在实际操作中的应用更是一无所知。因此,大多数参与者认为人工智能只是一种辅助手段,而非改变人类学习或教学的方式,并且他们还没有做好将这种尖端的人工智能技术应用于教育领域的准备,即使人工智能在教育改革中取得了不错的成就,但是依旧对其持疑惑态度,这种现状使得教育者在使用人工智能时面临着巨大挑战。与此同时,一些参与者也忽视了利用防篡改和永久保存技术来记录学习者成长数据的重要性,这使得人们有必要对人工智能在未来的发展进行重新思考。此外,阻碍人工智能与高等教育深度融合的主要因素是教师对"技术取代人力"的持续抵触,这可能会伤害那些故步自封的利益相关者,他们认为若人工智能和区块链技术在教育领域得到更广泛的应用,那么区块链技术的去中心化特性就可能会削弱教师在整个教育体系中的主导地位,对传统的第三方教育机构产生巨大的冲击。随着科学技术的不断发展,各个领域开始出现更多的新技术,多数情况下教育表现得最为保守和"畏缩",不太愿意勇敢地尝试新的技术和思维方式,同时也缺少为非传统教育方式提供资金支持的能力。其实,人工智能作为一种新型科技力量,它所带来的影响是全方位的,既可以促进高等教育质量的提高,又能为高校培养更多优秀人才提供技术支持。然而,无论是教育工作者还是教育部门,均对新技术持谨慎和保守的看法,从而导致了人工智能技术在高等教育领域的进一步应用缺乏强劲的推动力。

考虑到人工智能在高等教育中的应用所面对的各种挑战,有学者从改进教学方法和纠正教育者的观念等多个角度出发提出了一系列解决策略,逐步将人工智能融入传统教育体系,推广人工智能在高等教育中的实际应用,并提高社会对智能教育的信赖和接受度。此外，还需加强相关理论研究，为智能教育提供理论指导。为了改进教育方式，需要从传统的教学模式转向更为智能的教学模式：传统的精确教学通常依赖于教师对学生学习表现以及行为数据的记录和分析，然后由教师按照自己的经验对学习进度与教学策略进行及时调整，但这种方法受到了教师经验丰富程度的限制。随着人工智能技术的快速进步，智能教育模式开始逐渐采用这种技术来分析数据和模拟决策。结合大数据驱动的精确教学策略，这种模式能够实时、不受干扰地记录教师和学生在课堂授课、课后作业等各个环节的学习行为和数据，并据此生成精确的数据和分析报告，以便对教师的教学方法和学生的学习策略进行更有效的调整。基于此，可以预测未来智能教育将为大学提供一种全新的教学方式，即通过对学生学业成就进行多元表征来提高教学质量。智能教育模式能够对学生在学习过程中的状态进行实时追踪和记录，通过对这些多元表征数据的综合分析，从而持续、有效调整学生的学习态度，这有利于智能教学和自适应学习实现从教师传授知识到知识共生的转变。由此，人工智能教育模式必将成为未来教育变革发展的重要方向之一。在遵循不损害高等教育核心原则和价值观的前提下，教育工作者应当摒除偏见，用积极的态度去接受新的技术手段，并主动地参与到人工智能技术与高等教育的有机融合的宏伟进程中。

2. 人工智能教育有限的数据规模

尽管在高等教育领域，人工智能技术展现出了巨大的应用潜力，但是因为数据的严重短缺、种类的单一性等局限性，人工智能在教育领域的发展遭遇了不小的障碍。为了解决这一难题，必须借助大数据分析来提升教育质量和效率。大多数专注于各个细分教育领域的人工智能教育公司，普遍缺乏精确的数据支持。然而，在信息化时代背景下，这些企业和高等教育机构对精确数据的需求急剧上升。通过分析发现，高校和学生对个性化服务具有强烈诉求，而这些服务大多依赖于学校的信息系统。所以，为了进一步满足高等教育在日常生活中对数据的各种需求，如学生的学业表现、出勤率等，十分有必要将人工智能技术与教育系统进行深度整合。另外，由于数据评估的局限性，人工智能教育面临的主要问题是教育领域的学习数据尚未形成一个完整的闭环，学习过程数据等，一些十分关键环节仍然是缺失的。因此，在当前阶段，想要通过 AI 技术来进行有效的评估和推动学习改进是不可行的。人工智能教育所面对的一大挑战是传统的教育体系对落地教育场景的接受程度不足。

课程中未能充分整合人工智能，这是导致数据量不足的关键因素。随着我国经济与科技的快速发展，对人才要求越来越高，高校应加快推进人工智能教育教学改革进程。现今，我国正处于一个更高的发展时期，需要迅速确定新型教学内容、明确教学模式等，同时积极发展人工智能教育教学理念。人工智能技术与课程融合是实现智慧课堂的重要手段之一，也是推动我国高校教学改革创新的有效举措。在学生、教师和家长三方的共同努力下，以学校的人工智能教育为核心，积极利用智能设备，实现数据的互联互通，最终构建一个智能化的教育闭环。人工智能可以帮助解决学习困难问题，有助于实现个性化培养，提高教学质量，提升学生素养。人工智能作为一种创新工具，将其有机整合到当前的教育体系中，将极大地推动人工智能教育的进一步发展。

（三）在高等教育中人工智能技术的变革与应用

本书根据师生双方的实际需求，对传统教学模式中的"教""学"和"评"三个方面进行了深入探讨，以期在"教"的过程中，教师能够从简单的教学任务中解脱出来，增强课堂的活力，实现在"学"的过程中的个性化学习，从而更好地支持精准教学，在"评"中为学生提供及时的学习反馈，以助力提升教学质量，同时，结合人工智能技术的优势特点，探索将人工智能融入大学数学课堂教学中去的方法，以促进教学效果的提升。

1. 双师课堂

（1）智能助教

智能助教提供了一种依赖于对话方式的教学辅助服务。在教学过程中，学生与教师之间存在一定程度上的时空距离。在传统的课堂教学中，通常采用"签—授—答—辩"这一核心教学模式。随着互联网技术的发展与普及，师生之间互动日益频繁，使得这种教学模式逐渐被淘汰，取而代之的是更加便捷和高效的新型教学方式。由于课堂时间的限制，教学内容可能不够丰富，而智能助教的引入可以为传统课堂带来新的活力，帮助教师更好地调整他们的教学方法。通过课堂签到功能，教师可以更加高效地统计学生的出勤情况，而答题功能则可以全面了解每位学生在课堂上对知识的掌握程度，此外讨论功能有助于调整课堂的氛围。智能助教通过分析课程知识点特点及学习规律，提供相应的问题解决思路和方法，从而实现高效课堂教学目标。利用智能助教的众多功能，教师可以创建一个双师教学环境，其中教师起到了主导作用，而智能助教则起到了辅助作用，从而增强了教学的活跃性。

（2）VR/AR 教学

实验性的教学方法就某种程度来说是学生深入理解和掌握理论知识的关键途径。为了提高教学质量和教学效果，需要引入新的教学手段和方法。在传统的教学实验中，学生的熟练程度不足，从而时常导致设备的损坏和材料的浪费。为了解决这个问题，有学者提出基于虚拟现实技术的高校物理实验教学新模式。虚拟实验室是基于 Web 网络数据共享技术构建的，它通过 VR/AR 等虚拟设备来搭建一个实验平台。这个平台能够对实验设备和环境进行真实地模拟，学生也能够在这个虚拟实验室里进行各种操作和控制。这种教学模式一方面增加了学生进行实验和试错的可能性，有助于让学生的记忆变得更加深入，另一方面也提升了学生的自主学习能力以及教学的真实性。

2. 个性化学习

人工智能的应用使教学更加人性化，提高课堂教学效果，因此将人工智能和"学"有机结合起来，可以有效地克服传统教学方法的局限性，促使学生按照自己的实际需求和兴趣来制订个性化的学习计划，从而达到个性化教学的目的。

（1）教育机器人

教育机器人的主要目标是激发和调动学生的学习热情，并培养和提升他们在综合方面的技能和水平。随着人工智能技术的发展，越来越多的人开始尝试使用教育机器人进行教学或训练，但大多数情况下，教师仍需要花费大量时间在布置作业上，这对教师来说非常辛苦。现阶段，许多家庭属于双职工家庭，这导致他们在为学生提供课后学业辅导时缺乏足够的时间与精力。幸运的是，教育机器人的出现为家长提供了一个辅助工具，帮助他们更好地完成智能教育任务。教育机器人除了有能力指导学生完成指定的任务外，还能扮演游戏伙伴的角色，记录学生的各种行为，并充分了解他们的兴趣爱好。

（2）拍照搜题

拍照搜题是基于图像处理技术，并以大数据构建的题库为基准，针对图片上的信息，在题库中搜索相同的题型。学生答题时存在很多错误，教师在讲解错误题目的时候并不总是能够精确到每一个细节，而学生犯错的方式和题目类型也存在差异。在教学过程中利用拍照搜题可以帮助老师及时掌握学生答题情况和错误类型，从而有针对性地进行辅导，达到精准指导的目的。通过拍照搜题的方式，为学生提供一对一的答疑服务，同时推送类似的题目类型，以帮助学生更好的复习。通过合理地运用拍照搜题，不仅能够使学生间的学习差异明显缩小，还可以帮助他们更好地利用零碎的时间来提升学习效果。

3. 评估教学质量

（1）智能辅导系统

智能辅导系统（Intelligent Tutoring Systems ITS）实际上是一种计算机软件，它不仅具有高度的智能性，还具有一定的人性化设计。智能辅导系统依据学生的起始状态以及前置知识，构建了各种不同的学生模型；教师利用这些学生模型产生的相关信息进行课堂教学活动。教学模型是基于学生模型的信息构建的，然后利用算法来提取相关的学习资料，并将其提供给学习者；学习者在老师的指导下完成学习任务或问题的求解后，可得到相应的评价及奖励，如成绩等级、作业答案等。学习者在学习过程中，会把学习成果反馈给学习者模型，从而生成学情，并分享给他们的家长。这种以学生为中心的学习方式，让学习者能够参与到课堂活动中来，不仅能为学生提供个性化和互动性的支持，也是高校教师根据学生的特点开展教学的一种高效策略。目前，许多学校已开始尝试应用这种模式进行教学改革，并已经有不少成功案例出现。智能辅导系统与传统的大学课程教学方式相比，基本能够实现与面对面教学相似的教学效果，在智能辅导系统的协助之下，一些学生甚至有可能取得更为"亮眼"的成绩。

（2）智能批改

作业批改在传统的教育模式中是一项繁重且效率低下的重复性任务，这既消耗了教师的精力，也无法很好的优化和完善教学内容，甚至还可能导致学生的学情反馈滞后，从而对学生及时巩固新的知识产生一系列不良影响。因此，要实现作业批改智能化，就要改变传统教学模式，让学生能够自主选择学习内容并进行个性化练习，同时提高其学习积极性与主动性。人工智能在高等教育领域的运用，本质上是作为教育活动的补充以及替代手段，其中作业智能批改便是人工智能技术在教育实践中的高效替代，实际上就是通过使用计算机编程软件，实现作业智能化批改功能。基于人工智能的高等教育模式教师能够按照学生学习进度在平台上发布作业，并设定完成的具体时间。智能批改系统会自动分析每一个作业题，生成对应的答案。当学生递交作业后，系统会自动进行批改，并将作业的具体内容告知教师。教师通过学习智能批改系统，能够及时掌握学生的作业状态。智能化的作业批改方式，显著缩短了教师批改作业所需的时间，使教师的工作负担得到较大幅度降低，并确保作业批改工作能够高效地进行。此外，智能批改系统能够对学生的错题情况进行完整记录，从而帮助教师为学生提供更为个性化的教学建议。

第四节　高等教育教学文化创新

一、高等教育学术与教学关系

首先，高等教育和基础教育的教学活动在"知识传播"上存在明显的差异。从教学目标的角度看，高等教育重视培养学生的探索和创新能力，这意味着不仅要让他们知道事物的表面，还要教他们理解背后的原因。高等教育的根本目的不是传授专业知识或技能，而是通过教育过程使受学生获得一定的心理发展水平、社会适应能力及良好个性品质等方面的综合素质，从而促进其全面发展。高等教育教学活动是继承了基础教育的方法，并在一般教育学和教学论的科学指导下，采纳了"知识本位"的教学理念；基础教育教学活动则是基于高等教育的独特性以及固有规律，采纳的"能力本位"的教学方法。高等教育教学活动代表了高等教育教学中的一个重大问题，基础教育教学活动则是一个亟待改进和持续努力的发展方向。

其次，高等教育的教学活动应该培养大学生的内在素质，如创新思维等，就某种程度来说该思想素质不是"传播—接受"模式能够实现的，并且纯粹的"传播式"教学无法真正实现这个目的，而是应该在相关的学术探究活动体验中，在潜移默化的过程中让学生逐步"养成"。学术探究活动是一种具有开放性和创造性特征的实践过程，它能使师生双方都获得新知识、新技能，将教学过程与学术研究活动紧密融合，可以将学生的学术热情充分激发和调动起来。

最后，高等教育的教学活动在其教学内容以及方法路径上应该具备一定的探究性。教学过程中所需的知识信息需要不断更新，同时根据教学传播的实际需求，重新加工和处理这些知识，以更快速地适应教学对象的需求，而非仅是某一已有知识的"原生态"。教学过程也不应该局限于某一种教学方法或某种教学模式，在高等教育的教学过程中，如何选择教学内容仍是一个"未定型"知识的问题。多年来，学生在选择教学内容时主要依赖"定型"知识，因此他们在教学活动的过程当中很少涉及对未知知识的探索。高等教育教学活动本身就应该具备开放性特点，即其内容、形式都应随着时代的进步不断地加以充实与丰富，使之能够满足社会发展的要求。此外，随着技术进步，高等教育教学活动的方法和手段，也需要持续地进行优化和改进。

二、高等教育学术文化的核心是创新

要构建高等教育的教学学术文化，关键是要融入学术的创新元素，从而推动教学方法和教学手段的革新，这就意味着在教育活动中必须重视学生创新能力的培养。就本质而言，创新是学术文化的重要核心要素。在知识经济时代，教学与研究之间存在着一种新的互动关系，这使得高校必须以学术研究为依托来构建自己的学科特色和优势。教学活动在过去，与学术活动之间存在一定的距离，简单来说就是游离于学术之外，学术创新的特性也在其影响下逐渐远离教学活动，这使得教学和教学方法的创新变得异常困难。

高等教育文化的核心特征是以创新为轴心的学术文化，而对高等教育文化的定义则包括探究性、整合性等多方面的学术文化。大学作为一种组织形态，其基本功能在于培养人，而大学所具有的教育职能则体现了这一本质要求。每一次的创新，都植根于此。大学作为一种组织形式，其存在与发展都离不开对自身功能的认识、定位以及创新。从大学的功能角度来看，每一个功能的实施过程都隐含着创新的元素。因此，创新文化不仅指研究、教学方面的创新文化，还包括科研、人才培育和社会服务三个方面的创新文化。毫无疑问，科学研究的过程应该将创新作为核心武器，同样无论是人才培养还是社会服务，均应该以创新为引领。高等教育在社会服务方面的功能，实际上是从将高等教育的科研成果转化并解决社会在生产、技术等多个领域的问题开始的，这和科研活动有着直接的联系，甚至可以看作是科研活动的延续或场所的迁移。从某种意义上说，没有科学理论就不可能有新发现，更不会产生出重大科技发明。所以，在应用知识的过程中，创新是不可或缺的。

在培养人才的过程中，特别是在教学活动这一人才培养的核心环节里，创新元素始终是一个普遍存在的重要因素。以教学内容为例，最初的教师基本上就是教学内容的具象化，没有教材或其他知识载体，教师不断更新和积累的思想学说就是教学内容，并将其应用于教学活动中。然而，在信息载体变得越来越丰富和发达之后，无论是教师的思想还是理论在其影响下反而变得"稀缺"，有些仅是更新而不是创新，这导致了师资力量的不足。再比如教学模式，传统的教学模式已经不能满足学生学习需求了，于是出现了新的教育模式——翻转课堂教学方式，这种全新的教学模式可以说是一种突破。以教学技术为例，从传统的口头授课方式到结合粉笔和黑板的教学方法，这代表了一个与现代网络课堂技术同等重要的教学创新。从本质上讲，创新也属于学术文化范畴。因此，在当前的语境中，创新被视为高等教育学术文化的中心，而从其起源角度看，创新无疑是高等教育人才培训活动的关键所在。大学教育的根本目的就是培养创新型人才，而创新型人才培养必须通过课堂教学来实现。所以，在高等教育中，教学展现出了以创新为核心的学术文化特质。

三、重视高等教育教学学术文化

在高等教育中，教学活动占据了绝对的主导地位。教学具有一定的社会属性和历史规定性。教学价值的走向主要是由教学的文化生态模式所决定的。作为大学教育中最基本的实践形态之一，高校的课堂教学文化具有独特而丰富的内涵，但由于各种原因却存在着一些问题。站在是否存在创新元素的角度来看，现代高等教育的教学文化生态缺乏一定的"学术性"，因此也失去了"创新"这一核心精神，并且这种情况逐渐演变为一种追求短期利益或者是颓废的"应景文化"。学生参与教学活动是为了满足教师某些机械化的需求，而教师参与教学活动则是为了完成学校规定的工作量并获得相应的报酬，他们的共同特点是消极应对。在高等教育的过程当中，除了学生的文体活动、社团活动等，教师的科研、研发等活动也是重要的文化活动。这些活动所展现出的积极、无私，甚至是疯狂的价值观,均和传统的教学文化有着显著的差异。

以创新思维为核心,重振高等教育的学术文化是推动高等教育教学方法创新的关键策略。在当前中国教育转型与改革中,"教什么"和"怎样教"都面临着新问题和挑战,这也决定了高等教育教学学术文化必须进行相应变革。创新的教学方法并不是简单地创造新的工具,而是要创造和提供一个合适的学习环境和良好氛围。高校作为知识生产机构和传播机构,在其自身发展过程中必然会形成自己独特的教学学术文化氛围,并以此维系着教师和学生对教与学方式的选择。充满创新精神的高等教育学术文化,不仅代表了过去的教学生态样式,同时也是当前亟须大规模修复以及重塑的教学生态。当前,我国高等教育教学实践正经历着一场深刻变革,其最重要表现之一就是高校内部正在发生由知识本位向能力本位转变的过程,这一趋势将对高等教育教学学术文化产生深远的影响。对教学文化传统模式的失衡进行追溯,有极大的可能是受到了高等教育科研和社会服务这两大新兴功能的直接影响。当前,重振高等教育教学学术文化的目标不是对这两大功能中的创新元素进行削减或者淡化,而是要加强三者之间的相互渗透和融合,特别是现代研究型大学的强大科研功能以及大量应用型大学的社会服务功能,这将为教学活动注入无限的创新潜能。

四、重视高等教育教学管理文化

构建教学学术文化不仅是系统化的项目,同时也是一个需要长时间投入的过程。从目前来看,高校教学改革和发展正面临着前所未有的挑战,而其中最为突出的问题之一便是教学学术文化的缺失。作为关键的推动力,构建高等教育的教学管理文化一方面是当前的紧迫任务,另一方面也是一个行之有效的推动方案。当前,我国高等教育教学管理中存在着严重的功利化倾向,这种趋势已影响到了高校教育教学质量的提高和人才培养质量水平的提升。多年来,在"教学非学术"的背景下,形成的一系列教学管理制度和文化已经成为高等教育教学学术文化建设或教学创新的主要障碍。

经过深入分析管理制度,不论是针对学生还是教师的教学管理,它们基本上可以被归纳为三种不同的属性,分别是机械管理、规范管理以及科学管理,其中以科学为基础的教育管理,又可分为三个层次,即制度化、规范化、标准化。机械管理、规范管理以及科学管理代表了现代高等教育教学管理文化的基础发展轨迹，然而它们在不同的国家、地区以及高等教育体系中都存在着时间上的差异。从历史上看，机械管理和规范化管理都曾为大学的发展做出过重大贡献，而今天却逐渐被科学的管理手段所代替。机械管理曾被视为"科学化"的同义词，它替代了长达数百年的"自由教学"模式，这在某种程度下对于扩大教学规模，特别是在组织班级教学方面，无疑是一次具有深远意义的管理变革。规范管理并不是一个全新的概念，它更像是机械管理的进阶版本。无论是从教学对象还是教学方法的角度看，机械管理和规范管理均会在一定程度上抑制了创新，而忽视了每个人的独特性。当涉及教学方法的创新时，彼此之间会形成阻抗，越是强调和重视规范，也会使得创新变得更为困难；创新程度越高的教学手段，就越有可能打破现有的规范束缚。科学管理关注到了各种独特性质的存在，并在教学方法上展现出一定的伸缩性和灵活性，这和教学方法的创新是相容的。科学的本质在于充分尊重和遵循教学方法的内在规律，并且按照这些规律进行科学的教学管理，能够将教学方法创新的潜能和作用淋漓尽致地发挥出来。

如果重视和强调高等教育的教学管理文化，那么应该选择科学管理方法，对教学学术的文化属性进行重点关注和强调，使得教学管理无限趋近于学术管理。仅从教学方法和创新的视角出发，自由被不少专家和学者视为创新的核心动力。不管是在现代科学研究中还是在教学创新中，如果管理方式过于标准化和机械化，那么创新的自由度就会降低，从而导致创新成果产生的可能性减少。如果教师和相关部门都缺乏对教育事业的激情与责任感，那么教育的发展就是无源之水、无本之木，最终必然会导致教育的失败。所以，教育相关部门应当倡导教育的自由性，同时，想要实现教学自由，首先需要从教学管理的改革入手，赋予教学管理更多的自由和创新元素。在适当的控制条件下分开教学自由，特别是教学方法的自由，是完全能够分开的。

参考文献

[1] 李代丽，姜家宗. 高等教育创新型人才培养模式研究 [M]. 北京：中国原子能出版社，2017.

[2] 顾基平. 高等教育法规概论 [M]. 长沙：湖南师范大学出版社，2021.

[3] 梁育科，苟灵生，王兴亮. 高等院校内部教学质量保障体系研究与实践 [M]. 西安：西安交通大学出版社，2017.

[4] 刘道玉. 中国高等教育改革论 [M]. 武汉：武汉大学出版社，2018.

[5] 马廷奇. 高等教育教学改革与质量保障 [M]. 武汉：武汉大学出版社，2017.

[6] 徐奇伟. 开启创新之门高校创新人才培养的实践与探索 [M]. 长春：吉林人民出版社，2017.

[7] 王建华. 重估高等教育改革 [M]. 南京：南京师范大学出版社，2018.

[8] 慕彦瑾，李芳，段晓芳. 当代基础教育改革和发展研究 [M]. 成都：四川大学出版社，2012.

[9] 张登玉. 教师教育改革与发展研究 [M]. 湘潭：湘潭大学出版社，2016.

[10] 朱永新，汤敏，周洪宇. 教育改革进行时 [M]. 太原：山西教育出版社，2015.

[11] 孙君，赵海涛，沈建华. 探索高等教育改革创新之路——品德和劳动教育为高等教育保驾护航 [J]. 高教学刊，2023，9（28）：1-7.

[12] 李雪. 高等教育改革与学生创新精神的培养探究 [J]. 淮南职业技术学院学报，2023，23（02）：49-51.

[13] 李向明. 乡村人才振兴与高等教育改革协同推进路径研究 [J]. 中国果树，2023，（06）：155-156.

[14] 陈守婷. "双一流"建设背景下中国高等教育改革探析 [J]. 大学教育，2023，（04）：5-8.

[15] 何静. 新时代背景下高等教育改革发展研究 [J]. 黑龙江教师发展学院学报, 2023, 42（02）: 1-3.

[16] 李俞慧. 大学职能指引作用下高等教育改革策略探究 [J]. 国家通用语言文字教学与研究, 2023,（01）: 19-21.

[17] 王建华. 高等教育改革的迷思与反思 [J]. 华东师范大学学报（教育科学版）, 2023, 41（01）: 75-88.

[18] 吴岩. 中国式现代化与高等教育改革创新发展 [J]. 中国高教研究, 2022,（11）: 21-29.

[19] 刘磊, 潘大东. 我国高等教育改革范式分析与反思研究——基于1985年以来国家政策文本的视角 [J]. 关东学刊, 2022,（03）: 51-67.

[20] 刘燕飞, 胡嘉迅. 论我国高等教育改革的阶段特征及时代性使命 [J]. 大学, 2022,（02）: 11-15.

[21] 田旭. 改革开放以来中国共产党民办高等教育政策演变研究 [D]. 兰州: 兰州交通大学, 2022.

[22] 温红超. 新中国高等教育发展的治理变革 [D]. 长春: 吉林大学, 2021.

[23] 唐菡悄. 改革开放以来高等教育与就业关系的变迁研究 [D]. 芜湖: 安徽师范大学, 2021.

[24] 赵云桦. 扩招以来我国本科教育改革政策变迁研究 [D]. 南京: 南京师范大学, 2021.

[25] 贾佳. 未竟的改革: 中国高等教育的第三次转型 [D]. 南京: 南京师范大学, 2021.

[26] 唐姝敏. "互联网+"时代成人高等教育教学改革研究 [D]. 湘潭: 湘潭大学, 2020.

[27] 刘龙. 高等教育综合改革背景下高校负责人经济责任审计研究 [D]. 烟台: 山东工商学院, 2020.

[28] 张雪. 高等教育供给侧改革的价值与思路研究 [D]. 西安: 陕西师范大学, 2020.

[29] 孙勇. 博弈与调适: 教育改革的逻辑 [D]. 上海: 华东师范大学, 2019.